20세기 한국민중의 구술자서전 2. 농민편

박현수 엮음

흙과 사람

“이 책은 한국학술진흥재단 2002년도 기초학문육성지원
사업으로부터 지원을 받고 출판되었습니다”

20세기 한국민중의 구술자서전 **2.** 농민편

박현수 엮음

흙과 사람

이태우 · 이양호 · 정은숙 · 변화영

小花

'일러두기'는 지면관계상 35쪽으로 옮겼습니다.

목차

흙과 사람

| 책머리에 |

지금 아니면 안 되는 일: 民衆生活史의 記錄과 解釋

遠近法의 必然性

한국의 인문학도들이 몇 해 전에 가까운 옛날의 民衆生活을 記錄하고 解釋하자고 모여들게 된 것은 사회나 문화變動의 過速에 대한 현기증을 참을 수 없었기 때문이다. 물론 어느 시대에나 사람들은 자기네 시대가 급속히 변하고 있다고 생각했다. 공자는 급변하는 시간이 사람을 타락시키고 있다고 하여 걸핏하면 "古之君子는…" 하였다. 인류 역사에서 변화를 심각하게 느낀 것은 19세기의 서구인들이었을 것이다. 우리의 선조들이 변화하는 것을 '세상' 또는 '風俗'으로 파악할 때 서구인들은 그것을 '社會' 또는 '文化'라고 하였다.

그러나 오늘날의 변화는 어느 시대, 어느 사회에서나

느꼈던 그러한 변화가 아니다. 변화는 사회나 문화에 그치지 않고 자연에서도 일어나고 있다. 인류의 역사와 비교할 수 없을 만큼 유구한 역사를 가진 까치나 감나무를 보라. 해류나 기후를 보자. 자연이나 생태의 변화도 결국은 인간의 문화변동의 결과에 지나지 않는다.

碧初의 『林巨正』을 처음 읽은 1970년대에, 나는 30년대의 그 벽초가 1970년대보다 1500년대에 더 가까운 사람이 아닌가 생각하였다. 그러나 지금은 그 70년대조차 16세기에 더 가까웠던 것이 아닌가 생각하게 된다. 우리가 살아온 이 시대는 그만큼 중요하다. 변화의 주체였던 우리와 우리 부모도 그렇다.

그러나 우리와 우리 시대는 합당한 대우를 받지 못하였다. 공간적으로나 시간적으로나 사회적으로나 가까운 것은 별로 관심을 끌지 못하였다. 원래 가까운 것이 크게 보이게 마련이다. 원근법 없이는 살 수도 없다. 遠近法은 회화의 表現技法일 뿐만 아니라 우리의 事物認識 方法이기도 하다. 그것은 공간에만 적용되는 것이 아니다.

단위시간당 역사교과서에서 차지하는 페이지 숫자는 확실히 가까운 시대가 많다. 그렇다고 해서 우리의 시대, 20세기가 제대로 대접받고 있는 것은 아니다. 현대사의 중요성을 주장하는 것은 일반 원근법 때문만이 아니다. 20세기의 특수한 의미가 이런 주장을 강요하는 것이다.

시간적, 사회적, 문화적 원근법은 우리에게 現代 生活歷史 작업을 요구한다. 홉스봄에 의하면 진정한 역사는 사회역사(history of society)여야 하며 그것은 역사의 하위 부분 또는 특수 분야로서의 사회사(social history)이기를 거부해야 한다. 이러한 명제는 우리가 구체적으로 추진해야 할 역사 연구에도 그대로 적용되어야 할 것이다. 역사란 생활역사(history of life)일 수밖에 없으며 그것은 결코 기존 역사(학)의 部分(學問)일 수 없을 것이다.

우리가 지향하여야 할 생활역사라는 거창한 개념은 오늘날의 긴박한 상황에 구체적으로 적용되어야 한다. 그렇다면 현 시점에서 우리가 현재의 사회와 문화를 이해하고 기존 역사학이 채 수행하지 못한 현대사 연구에 기여하기 위해 해야 할 일은 무엇인가 생각해 보자. 가까운 것에 대한 경시와 아울러 개발의 열기 및 세대간의 傳承空間 축소가 植民地時代와 6 · 25 시대의 자료를 말살하고 있다. 모든 학문이 경계를 넘어 해야 할 중요한 것은 이 시대를 위해 앞선 시대의 자료를 남기고 다음에 올 시대를 위해 이 시대를 증언하는 일이다.

過去事와 歷史談論

최근 한국에서 일어난 현대사에 대한 관심은 歷史라는 말과 過去事라는 말을 구분시켜 주고 있다. 또한 역사를 역사학의 학문영역에서 시민사회의 영역으로 풀어 주고 있다. 이제 차츰 역사란 특정계급만의 것이 아니라는 생각이 대중화되고 있다. 人類學은 이른바 역사 없는 사람들에 대한 연구에서 출발하였지만, 자의식적인 자기 성찰로 역사에 접근토록 하였다. 인류학의 역사 연구는 특히 한국 생활역사 연구에 많은 것을 보여 준다.

역사가들이 역사를 서술(historiography)할 때 인류학자들은 문화를 서술(ethnography)하였다. 역사가들이 他時代의 무한한 事象에서 취사선택하여 역사를 구성한다면 인류학자는 他文化 또는 他民族의 무수한 사상을 취사선택하여 에스노그라피를 작성한다. 그런데 두 가지 작업은 독립된 별개의 작업일 수 없다. 역사는 여러 사회에서 나름대로 문화적으로(문화에 의해) 짜여진다. 그 逆의 명제도 타당하여 문화의 틀은 역사적으로 짜여진다. 문화란 본질적으로 과거의 소산이며 과거에 대한 담론은 문화 속의 중요한 부분이다. 그것은 거기에 그냥 있는 것이 아니라 여기서 엮어 내는 것이다. 역사 연구는 문화 연구일 수밖에 없으며 문화 연구와 역사 연구를 구별하는 것은 무의미하다.

문화 연구를 위해서나 역사 연구를 위해서나 우리가 우선적으로 연구하지 않을 수 없는 것은 한국 현대 생활역사다. 한국 인류학의 경우 긴급한 것은 가까운 과거에 관한 연구다. 한두 세대 전의 사회와 문화에 대한 연구의 경우에도 역사학은 문헌을 중요시하는 나머지 유물과 유적, 그리고 구전 자료 발굴에 소홀하였다. 이러한 작업이야말로 인류학이 주도적으로 수행할 과제다. 여기서 중요한 당면 연구과제로 등장하는 역사란 過去之事 그 자체를 말한다.

누구나 땅 자체와 이를 묘사한 地圖를 별개의 것으로

인식하고 있으며 文化 자체와 그것에 대한 敍述인 에스노그라피를 구별한다. 하지만 過去之事 그 자체와 이에 대한 서술을 歷史 또는 history 등의 이름으로 同一視하거나 혼동하는 일은 흔한 일이다. 공간이 극복될 수 있는 데 반하여 시간은 극복될 수 없으므로, 땅이나 문화는 지도나 에스노그라피 없이도 확인할 수 있지만 과거지사는 이에 대한 서술 없이 확인하기 어렵기 때문일 것이다. 그러나 적어도 개념상 양자는 구별되어야 한다. 역사라는 말로 표현되는 두 가지 개념, 즉 존재로서의 역사(Geschichte), 즉 과거지사와 인식으로서의 역사, 즉 역사담론(History)이 동일시 될 경우에는 역사가의 책임회피가 쉬워지기 때문이다.

흔히 역사는 언제나 새로 써야 한다고 주장한다. 그러나 역사 서술이 一回用이라면 이와 과거사의 관계는 어떻게 되는 것일까. 역사허무주의를 최소화하자면 "써야 한다"를 "쓸 수밖에 없다"라고 수정하여 M. 블록이나 E. H. 카를 수용해야 할 것이다. 불가능한 줄 알더라도 과거의 실체에 도달하려 노력하는 것이 필요하다. 우리는 어떠한 에스노그라피도 한 문화의 실체에 이르지 못한다는 것을 알면서도 이에 접근하려 노력하는 것이다. "모든 역사는 동시대의 역사"라고 한다면 모든 에스노그라피는 자기 민족, 자기 문화의 에스노그라피일 것이다. 그것은 "자기 문화와 타문화의 대화"일 것이다. 모든 대화가 상대방에 대한 실체 확인을 바탕으로 하듯, 역사와 민족지는 대상 시대와 대상 문화에 대한 정확한 인식 없이 성공할 수 없다.

실증주의 사학의 보수성에 대한 역사학계의 반발은 근래에 과거가 '어떠하였는가' 라는 문제보다 '어떻게 보고 있는가' 라는 문제에 비중을 두게 하였다. 이러한 경향과 무관하지 않겠지만 인류학에서도 사람들은 세상과 옛날을 '어떻게 이야기하는지' 밝히려 애쓰고 있다. 과거사에 대한 인식과 이의 서술은 문화의 중요한 항목인 만큼 이러한 노력은 한국 문화 연구의 중요한 공백을 채우는 작업이다.

그러나 한국 인류학의 현 단계에서 기대되는 것은 (타자로서의) 원주민들의 신화나 민중의 역사 인식을 찾는 에스노히스토리(ethnohistory)의 전통을 극복하여 과거사 규명에까지 나아가는 것이다. 현장의 자료를 중시하는 인류학은 스스로 역사를 기록하지 못하고 기록되지도 못한 '역사없는 사람들' 의 역사 담론은 에스노히스토리라는 이름으로 연구하여 왔다. 그러나 이제는 이들의 역사를 ethno~가 아닌 진짜 history로 복권시키는 일이다. 자신들의 역사는 과학적이고 믿음직하지만 문자 기록이 없는 연구 대상자의 그것은 신화적이며 믿음직하지 못하다는 생각에서 딴 이름을 붙이는 것이야말로 에스노센트리즘의 노출이다.

조금 떨어져 바라보기

지난 2년 반 동안 연구단은 결코 적지 않은 일을 하였다. 시민사회와 인문학의 발전을 위한 이 유례없는 작업은 장시간에 걸친 기획을 요구하였다. 그러나 시대의 증인과 물증의 취약성 때문에 현장출동이 더 강조되었다. 엄밀한 준비를 위한 지연은 자체모순일 수밖에 없기 때문이었다.

작업 자체도 실험적이었지만 연구 작업의 진행과 연구단 운영 방법도 실험적일 수밖에 없었다. 컨소시엄의 규모도 컸지만 이를 구성하는 단위의 숫자도 많았던 것이다. 서울에서 후쿠오카에 이르는 넓은 분포지역도 여러 가지로 실험적 조건이 되었다.

음성 영상 아카이브를 지향하는 이 작업은 조사지역에 대한 공간 파악으로 시작되었으며 차츰 각종 생업군에 대한 조사로 전개되었다. 여러 성격을 지닌 대표성 있는 증인들의 생애사 조사 작업은 차츰 작업의 중심 영역이 되었다.

그 동안에도 쉬지 않고 20세기 민중생활사를 보여 주는 물증들은 사라져 갔으며 증인들은 세상을 떠났다. 가까운 옛날의 사실들은 여전히 왜곡되거나 외면당했다. 복원이라는 이름으로 청계천이 파괴되었다.

오래 된 역사 연구와 가까운 시대의 역사를 연구하는 데에는 방법상의 차이만 있는 것이 아니다. 우선 고대의 역사에 비하여 가까운 과거의 역사는 직접적인 이해 당사자가 많아 연구에 어려움이 생긴다. 예컨대 친일 문제라든가 양민 학살 문제 또는 광주사건 연구가 어려운 것은 사료의 부족뿐만 아니라 관계자들의 압력 때문이기도 하잠재적으로 많은 증인이 있더라도 이들의 작용은 부정적일 수 있는 것이다.

눈앞에서 벌어지고 있는 역사왜곡과 그에 대한 외면은 20세기 역사에 대한 또 다른 필요성을 깨우쳐 준다. 역사왜곡뿐만 아니라 20세기 역사 자료, 특히 민중생활을 보여 주는 자료의 급격한 소멸은 우리에게 위기를 느끼게 한다. 이런 위기감은 정체감의 상실을 불러온다. 정체감이란 나의 경험을 사회와 시대의 역사 속에 자리잡게 하는 것이기 때문이다.

지난 2년 반 동안에 20세기민중생활사연구단은 시민들과 지식인들의 관심 속에 실험적 작업을 해 왔다. 이제 작은 매듭을 지어야 할 때다. 이제 스스로를 돌아보고 자기를 성찰함으로써 학계로부터 주어진 일, 시민사회로부터 맡았던 일들이 보람되도록 해야 할 것이다.

이에 우리는 이번 심포지엄을 연구단의 협력기관이 있는 후쿠오카에서 개최하게 되었다.

우리는 20세기와 한국과 민중과 생활로부터 조금 떨어져 그 대상을 원경으로서 살펴보고 또 우리 자신의 모습을 돌아보려 하는 것이다. 이러한 疏隔은 조금이나마 觀照(theoria)를 가능케 해 줄 것이다. 볼리바르는 가까이서 관찰하고 떨어져서 판단하자고 했다. 우리의 소격은 어디까지나 密着觀察을 위한 것이다. 어려운 시대가 왔다고들 이야기한다. 가까운 관찰은 어려운 때일수록 필요하고 힘든 때일수록 성공한다.

현대 생활역사의 物證

우리가 현대 생활역사, 특히 민중의 생활역사를 구성하는 데에 있어서 가장 기본적인 자료는 물적 증거일 것이다. 현대생활에 관한 문자기록이나 서술이 기본적으로 심증적인 언증(증언)일 수밖에 없는 데 비해, 유물이나 유적은 일단 物證이기 때문이다. 물증도 잘못 해석될 수 있지만 그 자체로서는 거짓이 없기 때문에, 보수적인 많은 역사학자들이 보조적 사료로서 평가 절하함에도 불구하고 중요하다.

문헌사료보다 더욱 가치 있는 것이 물증적 사료이지만 그것은 한국 역사학으로부터 제대로 이용되지 못하고 있다. 따라서 이런 증거들은 인멸되기 일쑤다. 더군다나 개항기 이후 일제 강점기에 이르는 유물, 유적은 순수성을 인정받지 못하여 제대로 그 가치를 인정받지 못하고 있다. 이들이 제대로 보존되지 못하는 것도 이 때문이다. 식민지 시대의 체험을 떠나 오늘의 한국을 설명한다는 것은 어불성설이다. 식민지 시대를 부정한다는 것은 역사 왜곡이며 과거 은폐다.

물증에 의해 과거의 사회와 문화를 복원한다는 고고학도 요즈음 개발의 치닥거리에 바쁜 데다가 오래 된 것일수록 중요하게 다루는 전통에 빠져 있어 가까운 과거에는 눈 돌릴 겨를이 없다. 뒷날에 이 시대는 고고학 자료의 공백기로서 기록될 것이다. 어차피 전해 오는 삼국시대, 고려시대, 조선시대의 물증은 앞으로도 보존되겠지만 인멸

되어 버린 이 시대의 물증은 어떻게 할 것인가. 골동 애호가는 물론 학계로부터도 아무런 대접도 받지 못한 채 사라져 가는 한두 세대 전의 유물 유적은 영화나 방송 드라마 제작자들의 관심밖에 끌지 못하고 있는 것이 사실이다.

현대 한국의 생활역사에 대한 본격적 관심은 한국보다 외국 인류학자나 박물관에서 잘 나타난다. 한국 농가 한 채를 완벽하게 실어간 외국 인류학자나 현대 한국의 일상적 물질 자료를 체계적으로 수집, 정리한 외국 박물관은 우리들로 하여금 식민지적 상처를 재발시키게 한다.

현대 생활역사의 물증에 대한 우리의 천대는 민중 계급에 관한 경우에 더욱 심하게 나타난다. 예컨대 서적의 경우를 보자. 서정주의 시집은 보존되지만 유행가 책은 보존되지 않는다. 『사상계』나 『현대문학』등은 전질이 보존되어 있지만 『아리랑』이나 『야담과 실화』 같은 책을 누가 보존하고 있는가. 당시 민중의 정서에 미친 영향력을 볼 때 미당의 시집과 세로보다 가로 길이가 길었던 삽화가 실렸던 유행가 책, 어떤 쪽이 보존 가치가 더 큰지는 쉽게 말할 수가 없다.

우선 개괄적인 유물 · 유적 종합조사부터 실시되어 인멸과 파괴로부터 보존해야 한다. 도시 개발을 위한 환경평가의 일환으로 이루어지는 고고학적 조사에 당연히 현대 생활역사를 대상에 포함시키거나 별도의 조사 작업을 설정해야 한다. 개발을 위한 파괴가 불가피한 경우, 지역주민들의 생활에 관한 조사가 선행되는 것은 너무나 당연

한 일이다. 그것은 사라져 가는 것에 대한 예절일 뿐만 아니라 우리와 부모에 대한 자존심이기도 하다.

서울의 경우, 6 · 25 이후에 형성된 판자촌이나 청계천의 영세 봉제 공장은 물론 신문로의 호화 주택도 보존되어야 하였다. 가회동이 어느 정도 보존되는 것은 그것이 조선시대의 주택을 보여 준다고 생각되기 때문이다. 군산의 일제 건물은 물론 서울 보문동의 과도기 한옥도 조사, 연구되어야 한다. 한국의 초기 산업혁명을 상징하며 농촌의 공업을 대표하는 정미소, 식민지 지배자로 군림하던 일본인들의 주택들도 보존되어야 한다. 이들이 사라지고 나면 가까운 장래에 없어진 이것들을 복원한다고 막대한 자원과 인력이 허비될 것이다.

복원이라는 이름의 공사는 역사복원을 방해한다. 그것은 가벼운 구경거리를 제공하는 데 그쳐야 한다. 진짜 복원은 무형의 복원이어야 한다. 복원은 필요 충분한 근거를 전제로 한다. 그것들을 결여한 유형의 복원은 날조일 수밖에 없다. 황룡사 복원 논의는 많은 것을 시사한다. 보존 없는 복원이란 난센스다.

고고학이 선사고고학과 고대사, 역사고고학에 머문다면 이러한 現代生活에 대한 '歷史考古學' 또는 '考現學'的 작업들은 연구 대상의 성격과 방법론적 특징 때문에 인류학이 단독으로 감당할 수밖에 없을 것이다. 그러나 한국의 인류학도들은 인류학의 한 분야인 물질문화 연구에 별로 관심이 없다. 이 분야에 대한 연구는 시급한 과제인 만큼 연구인력의 양성도 집중적으로 추진되어야 할 것이다.

사진은 책과 마찬가지로 정보를 담고 있지만 시각적 매체다. 시각적 정보를 담고 있는 사진은 사라진 사물에 대한 물증이 된다. 한 장의 사진에서 읽어 낼 수 있는 정보의 양은 피사체와 그 배경에 대한 지식에 따라 달라진다. 지난 백년간 한국인들은 공적으로나 사적으로나 적지 않은 사진을 찍히고 찍었으며, 이를 보존하고 있다. 그러나 세월이 지나면서 이를 제대로 판독하고 해석할 능력을 갖춘 사람들은 사라지고 있다. 개인적으로 간직하고 있는 사진들을 발굴해 내고 이를 수집, 정리하여 치밀하게 판독, 해석하고 과학적으로 보존하는 일은 현대 생활역사 연구를 위한 필수적 작업이다. 봉투에 담아 장롱 속에 넣어 둔 사진, 액자에 담아 안방 입구 높은 곳에 걸어 둔 사진, 그리고 인쇄된 학교 졸업 앨범은 그냥 추억거리로 남겨 두기에 너무 아까운 것들이다.

歷史小說과 現在小說

일찍이 洪以燮은 소설이 갖는 사료로서의 가치를 높이 평가한 바 있다. 그 가치는 현대 생활역사 연구의 경우에 특히 강조될 만하다. 우리는 소설의 작자가 자기 시대를 직접 다루었을 때 그 작품을 현재소설이라 하며 동시대가 아닌 과거를 다루었을 때 역사소설이라 부른다. 그러나 문화와 역사가 양립할 수 없고 과거와 현재가 二分法的으로 구분될 수 없다면 역사소설과 현재소설도 단절되는 것이 아니다. 역사기록이나 민족지는 사실 서술을 지향하는 데 반하여 敍事文學 작품은 사실주의적 소설을 표방하는 경우에도 픽션이라는 울타리 안으로 피신할 수 있어, 양자의 자료적 가치는 일단 구분된다. 하지만 역사 기록에도 史料批判이 필요한 것은 신뢰도에 문제가 있기 때문이다. 기록과 소설의 사료적 가치는 연속선을 이룬다. 역사 기록의 사료비판이 참되지 못한 부분을 가려내는 작업이라면 문학 자료의 사료비판은 참된 자료를 골라내는 작업이 되어야 할 것이다.

현대 생활역사를 총체적으로 구성하는 데에 나타나는 자료의 공백을 채우고 그 시대의 전체적 에토스를 이해하는 데에 소설은 중요한 자료가 된다. '典型性' 을 추구하는 문학작품들은 다른 자료들에 비하여 문화적, 사회적 事象을 밀도 높게 정제하고 있는 경우가 많다. 특히 자료의 原初性이라는 시각에서 볼 때 역사소설보다 중요한 것은 작가 자신이 살았던 사회와 시대를 배경으로 하여 집필한 현재소설 작품이다. 追體驗보다는 直接體驗이 진짜에 가까운 자료를 제공하기 때문이다.

1930년대 지방도시 소시민을 그린 蔡萬植의 "濁流" 를 분석한 洪以燮은 자신이 '조선 사회를 역사적으로 보는 의식의 한 소재로서 채만식의 문학' 을 보았지만, '역사 증거로 채만식의 현실인식을 추구' 했어야 했을 것이라고 말하여 Lukacs의 "역사소설론" 에 접근하고 있다. 역사학자 홍이섭조차도 작가정신이라든가 역사인식, 현실인식을 중요시했으나 지금 우리에게 소설 자료가 중요한 것은 그러한 인식 자체보다 인식의 대상이 된 역사적 사실과 현실에 대한 자료다.

6 · 25를 전후한 시대에 대한 증언으로서 권정생, 하근찬, 박경리, 박완서, 박정요 등의 작품과 이보다 앞선 일제강점기를 그린 이기영, 채만식, 염상섭, 박태원, 최서해 등의 작품을 이용하기에 앞서 우리는 자료적 부분과 허구적 부분을 구분해 놓아야 한다. 그러나 이러한 작업은 동시대 사람이 아니면 어려운 일이다. 작가 자신의 설명과 同時代에 同社會를 살아온 사람들의 텍스트 분석이 필요하다. 이러한 작업이 시급한 것은 이러한 사람들도 생명에 한계가 있기 때문이다.

□述史의 중요성과 인류학적 방법

애당초 지배계급의 전유물이었던 문자는 나아가 물신화되었으며 문자 자료는 구술자료보다 진정한(authentic) 것으로 평가받게 되었다. 따라서 기록되지 않은 사회의 역사는 Geschichte건 Historie건 이를 ethnohistory라 하게 되었으며 문자 아닌 구술 전기는 biography라는 말 대신에 생애사 또는 생애담(life history)이라는 말로서 차별해 왔다. 역사 기록이 없는 사람들의 역사를 구성하자면 구전자료를 문자자료와 동등한 가치를 가진 것으로 인정해야 하며 생애담은 문자로 정착된 전기와 동등한 대우를 받아야 한다. 자료의 원초성이라는 관점에서 보자면 꾸밈 없는 이야기로 된 구전 자료의 가치는 작위적인 문자 자료의 가치보다 앞설 수도 있다. 우리는 5 · 18 당시의 '유비통신' 이나 '카더라 통신' 과 제도권 언론의 보도 내용의 차이를 통해 이러한 사실을 확인할 수 있었다. 더군다나 역사상 중요한 결정이나 명령은 문서보다 말로 이루어지는 경우가 많다. 예컨대 일제시대와 6 · 25 전쟁이 한국 민중에게 무엇이었으며 그것은 현대 생활에 어떠한 조건으로서 작용하였는가. 역사문헌은 이러한 생활역사 구성에 별로 도움이 되지 않는다. '노근리 사건' 같은 事件史조차 전쟁 기록을 통해 밝힌다는 것은 불가능하거나 아니면 터무니없이 답답하고 힘든 일이다.

歷史라는 두 글자의 단어에는 원래 문자 기록이라는 의미가 강하게 내포되어 있었다. 그러나 이 말은 이제 '히스토리' 의 번역어로 쓰이고 있으며 이 단어의 뿌리인 historia라는 그리스 말은 원래 이야기라는 뜻이니까 구술 자료일 수밖에 없었다. prehistory니 protohistory니 하여 히스토리를 문자 기록에 국한시킨 것은 근래의 일이다. 원래의 뜻에 따른다면 구술된 역사를 그냥 history라 해야 하고 기록된 역사를 written history라 해야 할 것이다. 그렇다면 구술사라는 말이 없어지고 기록사라는 말이 생겼어야 할 것이다.

기록된 역사에서 가장 많은 부분을 차지하는 것이 개인의 전기인 만큼, 앞으로 수집되길 기대되는 구술사 자료도 대부분이 구술 전기(라이프 히스토리)가 될 것이다. 구술된 개인의 역사 또는 전기들은 제각기 하나의 과거사를 여러 관점에서 보여 주어, 이야기가 "羅生門" 식으로 전개될 수밖에 없지만 이 점은 구술된 전기만의 문제가 아니다. 문자로 기록된 전기도 다를 것이 없다. 또한 구술 역사나 구술 전기에는 과거의 사실과 현재의 관점이 어울려 과거사가 그것 자체로서 서술되지 못하는 경우도 많다. 하지만 이 점도 기록된 역사와 다를 바가 없을 것이다. 문자 기록과 구술 사이의 차이는 본질적인 것이 아니다.

우리는 기록되지 않은 부분을 찾아내어 이를 구술사 자료로써 채워야 할 뿐만 아니라 구술사 자료를 주된 자료로 삼아 역사를 다시 인식하고 서술해야 한다. 이를 위해 시급한 작업은 직접 생활 터전에 나아가 자료를 수집하는 일일 것이다. 현대사의 중요한 사건들과 그런 사건 속에서 개인이 겪은 외상들은 자료 수집에 좋은 조건이 된다. 더군다나 책 한 권으로는 어림도 없다고 생각하는 할머니들의 '신세타령'은, 그것이 '자서전'으로서 복권되는 한, 한국 현대 생활역사 자료의 무한한 재고목록을 이룰 수 있을 뿐만 아니라, 歷史의 民主化에도 크게 기여할 것이다. 현재 전국에 무수한 잠재적 구술사 자료가 있듯이 인류학을 비롯한 인문, 사회과학계에는 적지 않은 학문 예비군이 있다. 위기에 처한 기초학문을 살리고 한국의 인문 사회과학을 독자적인 것으로 발전시키는 길의 하나가 현대 생활역사의 발굴과 그 결과물의 연구에 있을 것이다.

현대 생활역사의 물증들이 인멸되고 있듯이 증인들도 사라지고 있다. 일본의 岩波書店이 "私の昭和史"라는 제목으로 개인사 자료를 공모한 것은 소화시대가 끝난 직후였으며 S. Terkel은 대공황 40년 뒤에 이에 관한 구술자료 *Hard Times*를 엮어 냈지만 6 · 25는 50년이 되었으며 일제강점기가 끝난 시점도 60년 전이다. 우리가 수집할 수 있는 직접체험 자료의 上限은 기껏해야 70년 정도다.

이제까지 적지 않은 회고록과 전기류가 간행되었고 '논픽션' 이라는 사건 기록들도 나왔다. 그러나 대부분이 자기의 처지를 변호하는 명사들의 것이거나 큰 사건의 뒤안길을 이야기하는 데에 그치고 있다. 일단 문자로써 스스로를 표현할 수 있는 계급의 기록이라는 데서 한계가 주어진다. 민중 생활의 역사를 내세우는 "~어떻게 살았을까" 류도 총체적 접근과 거리가 멀고, 문헌주의를 벗어나지 못했다. 이런 문제를 극복하여 사람들의 생활 모습을 빠짐없이 겹침 없이 밝히자면 조직적으로 상당히 많은 수의 증인을 채택하여 각 증인의 전기를 체계적으로 채록하여야 한다. 우선 순위는 자료수집에 있다. 자료의 비판과 해석, 그리고 편집과 텍스트의 문자화 작업은 자료 수집을 바탕으로 하기 때문이다. 소수의 대상에 대한 집중적 자료 발굴은 결코 안전한 방법이 아니어서 O. Lewis의 *Five Families*에서 보이는 바와 같은 조사 방법은 일단 유보할 수밖에 없다. 시급한 상황에서 그런 방법에는 너무 큰 위험이 따르기 때문이다.

이 과정에서 필요한 것은 그 내용의 콘텍스트에 대한 이해다. 이런 이해를 위해서는 문헌사학의 성과에 의존하지 않을 수 없을 것이다. 문헌주의 역사학과 마찬가지로 경계해야 할 것이 문헌을 무시한 채 유물, 유적과 구술 자료에만 의존하는 에스노히스토리의 전통이다. 적지 않은 문헌이 이용 가능한 만큼 한국의 현대사 규명을 위해서는 이의 이용이 필요하다. 구전자료 이용에는 철저한 준비작업이 필요하다.

結語

바야흐로 세기가 바뀌었다. 세월이 비연속적으로 진행할 수 없다면 세기의 전환이란 별 의미가 없는 것이다. 그러나 시간의 매듭은 우리가 못 다한 일을 마무리할 기회를 준다. 한 시대를 정리하지 않고 다음 시대를 준비한다는 것은 있을 수 없는 일이다. 새로운 세기에 들어서는 이 시점은 늦었지만 더 늦기 전에 우리가 살아온 시대를 증언하고 그 시대의 증거를 지킬 것을 요구한다. 볼테르는 18세기에 역사가 손가락으로 꼽을 수 있는 소수에 관한 기록에 머무는 것을 개탄했다. 20세기에 들어와 역사학은 보통 사람들의 일상생활에 주목할 것을 주장하였다. 그러나 대다수 민중들의 비근한 생활 모습은 여전히 역사에서 물러나 있다.

어느 시대에나 사람들은 자기 시대가 가장 급변한다고 보았지만 우리가 겪은 백년 세월은 진정 미증유의 세기였다. 이 시대의 자취를 보전하고 역사에서 소외된 보통 사람들의 역사를 그들의 입을 통해 받아 내는 일이야말로 오늘의 우리가 피할 수 없는 무겁지만 영광된 사명이다. 역사학과 달리 인류학은 발생 초기부터 역사 없는 사람들을 다루어 왔다. 역사 있는 민족이 역사 없는 민족을 연구하고 역사 있는 계급이 역사 없는 계급을 조사했다. 그러나 이제는 역사 없는 민족이란 허구이며 그들은 제국주의에 의해 역사를 빼앗긴 것이라고 생각하게 되었다. 역사로부터 소외되어 온 계급의 역사를 새로 구성하려 하고 있다. 그러나 역사를 빼앗긴 채 살아온 사람들의 역사를 대신 기록한다는 자세에는 문제가 있다. 우리는 그들이 스스로의 역사를 표현할 기회를 마련하여 주고 이를 정리할 각오를 해야 할 것이다.

현대 생활역사를 연구하거나 이를 위해 자료를 수집 보존하는 일에는 엄격한 방법론적 준비가 선행되어야 한다. 그러나 대상은 방법에 선행한다. 방법은 목적 또는 대상에 의해 결정된다. 목적지가 길을 규정하는 것이지 길이 목적지를 정해 주는 것은 아니다. 매일 없어지는 물증과 증인은 우리에게 탁상의 논의를 허용하지 않는다.

엮은이 20세기민중생활사연구단장

박현수(영남대학교 문화인류학과)

| 농민편 서문 |

20세기를 산 민중들의 구술생애사: 그 의미와 특징

구술생애사의 의미

20세기민중생활사연구단은 한국학술진흥재단의 2002년도 기초학문육성사업의 지원을 받고 지난 2년 동안 민중들의 이야기를 모아 왔다. 출범 당시 연구단이 내건 기치는 지난 세기를 살면서 격동의 역사 속에 묻혀 있었던 사람들에게 역사를 돌려주고자 하는 시대적인 소명의식이었다. 세계사에서도 유례를 찾기 힘들 만큼 변화를 겪으면서 살아온 우리 민중들의 삶을 되돌아보는 중요하고도 의미 있는 기회였다.

민중생활사연구단에서 중점적으로 모아 온 자료는 구술생애사이다. 구술생애사란 사람들이 자신들의 생애를 이야기하는 것을 말한다. 왜 이 방법이 민중생활사연구의 중심에 서게 되었을까. 첫째는 민중을 행위의 주체로, 나아가서 역사의 주체로 이끌기 위해서는 스스로의 이야기를 통해서 가능하기 때문이다. 지금까지 역사의 객체로만 머물러 있던 한국의 민중들을 역사의 주체로 바라보는 연구단의 시각은 역사학의 입장에서 보아도 일보 전진된 것이다. 이러한 시각을 대안적 역사라고 부르기보다는 올바른 역사 연구의 실천이라고 보아야 한다. 그러므로 민중이 스스로 하는 이야기는 그 자체가 역사로 기록되는 과정이다.

둘째는 20세기 초반에 태어나서 그 이후의 역사를 증언할 수 있는 사람들이 벌써 풍전등화 같은 존재가 되어 버렸다. 고령이나 질병 등으로 곧 역사의 무대에서 사라질 날이 얼마 남지 않았기 때문이다. 한시라도 빨리 만나서 이들의 경험담을 듣는 일이 시급하다.

셋째는 새로운 역사 연구 방법의 창안이라는 점에서 의미가 있다. 기존의 역사 연구에 있어서 구술사 채록은 보조적인 자료수집의 한 방법이었을 뿐이었다. 그러나 민중들이 경험한 기억을 구술한 내용을 하나의 사료로서 끌어올리는 작업은 기록의 역사 못지않게 필요한 영역이다. 그래서 연구단에서는 구술사를 긍정적으로 인식하면서 구술자료의 신뢰도와 타당도를 높이는 일에 힘을 기울이고 있다. 예를 들면, 구술된 내용의 사실 여부를 확인하는 작업을 충실히 하고 있다.

넷째는 구술생애사는 구체적이고 상세한 내용을 놓치

지 않음으로써 다른 자료에서 구할 수 없는 사실을 밝힐 수 있다는 장점이 있다. 더욱이 전체사의 흐름 속에서 한 개인이 겪은 미시적인 생애사는 역사의 실제를 만나도록 해 준다. 경험과 기억의 장치를 통과하여 나오는 구술생애사는 특정한 정치적 이념에 의해서 기록된 역사도 아니고, 이론적 틀에 맞게 쓰여지는 역사는 더 더욱 아니다. 단지 한 개인의 삶 전체를 통해서 역사적 실재를 만나게 될 뿐이다. 때로는 치열하게 부딪치면서, 때로는 초월자처럼 담담하게 살아온 한국 민중들의 삶을 있는 그대로 그릴 뿐이다. 이것이야말로 이론, 논리, 그리고 이념을 뛰어넘어 조우할 수 있는 역사적 진리가 아닐까 하고 생각한다.

마지막으로 구술생애사는 일방통행식의 연구가 아니라 상호교류가 강한 공동작업이라는 점에서 민중생활사연구에서 꼭 필요한 방법이다. 민중을 이해하기 위해서는 연구자가 정해 놓은 틀이나 작업가설 등에서 벗어나야 한다. 다시 말해서 구술자와 면담자가 만나서 함께 말하고 듣고 기록하는 공동작업을 통해서 역사를 새로 기록하는 일이다. 이 작업에서는 구술자는 되도록 자신을 객관화시키면서 신뢰성이 높은 이야기를 하는 자세가 필요하다. 면담자도 개인적인 욕심을 줄이고 상대편의 입장에 서야 한다. 면담자들이 원하는 방향으로 질문을 유도해서도 안 된다. 한편으로 면담자는 직업적인 감수성을 총동원해서 구술의 상황—목소리, 눈빛, 손짓, 몸짓 등—을 빠뜨리지 않고 구술사 채록 속에 넣어 두는 일도 중요하다. 이야기의 컨텍스트가 그 내용이 제대로 전달되도록 돕기 때문이다.

연구단의 구술생애사 채록 작업은 한국 민중들의 실제 경험을 역사화하는 일이다. 이 방법은 면담자 혹은 연구자의 입장에서는 쉽지 않은 작업이다. 구술자들을 만나야 하고, 함께 이야기를 끌어내고, 기록하는 등의 어려운 과정을 거쳐야만 한다. 그럼에도 불구하고, 민중들의 구술생애사는 지금까지 소홀히 다루어져 온 민중들의 삶을 조망하면서 새로운 역사쓰기로 나아가기 위한 초석이 될 것이다.

구술생애사 내용의 특징

스무 명의 연구자들이 만난 스무 명의 민중들의 삶의 모습은 그야말로 각양각색이다. 결국 마흔 명의 작업이기에 일사불란하게 구분을 지워서 통일된 내용과 형식을 갖추어서 낱권으로 만들어 내기는 어려웠다. 각 화자와 청자의 입장이 다르다는 점을 존중해 주어야만 구술생애사의 진면목이 살아난다. 또 한 개인의 생애가 마치 파노라마처럼 펼쳐지기 일쑤여서 이들을 특정한 집단에 분류하는 것도 어렵다. 예를 들면, 농사를 지으면서 이십 년, 장사를 몇 년 하다가 품팔이 노동을 하면서 이십여 년, 그 후 다시 농촌으로 돌아가서 농사를 짓는 일도 드물지 않다. 이러한 민중들의 생애를 어떤 기준을 가지고 분류할 수 있을까? 이들을 직업별 또는 계층별로 나눌 때 농민에 속할까, 상인에 속할까 아니면 노동자에 속할까?

구술자들의 이야기를 명쾌하게 구분짓기는 어렵지만

이들의 생업활동 가운데에서 공통점을 찾아서 묶어 주기로 하였다. 마침 연구자들이 2차 연도 작업의 일환으로 민중들의 생업활동에 주목하면서 구술을 받았다. 조사를 위해서 사용된 생업활동의 분류는 농업, 어업, 노동, 그리고 상업이었다. 이러한 기준을 가지고 만난 사람들의 구술이기에 이 책에서도 우선적으로 유사한 생업활동을 기준으로 내용을 묶어 보았다. 그러나 한 동아리로 묶어 놓기는 했어도 그들의 생애가 유사하다고 보기에는 어색한 경우도 많다. 이 점을 미리 알려서 독자들에게 양해를 구하고자 한다.

20인의 이야기를 크게 다섯 권으로 묶어 보았다. 첫 번째 권 『짠물, 단물』에서는 바다에 기대어서 한평생을 살아온 네 사람의 이야기가 들어 있고, 두 번째인 『흙과 사람』, 바로 이 책에서는 땀 흘리며 정직하게 땅을 일구며 살아온 네 사람의 시골농사꾼의 기나긴 인생여정이 펼쳐진다. 그리고 세 번째 권 『장삿길, 인생길』에서는 사회적으로 합당한 대우를 받지는 못했지만, 부지런히 그리고 최선을 다하며 산 상인 또는 가내수공업자의 이야기를 담았다. 네 번째 권, 『굽은 어깨, 거칠어진 손』은 막노동꾼으로부터 전문직 노동자에 이르기까지 모두가 힘을 다해서 산 네 명의 노동자들의 생애이야기이다. 다섯 번째 권인 『고향이 어디신지요?』, 이 책에서는 태어나서 살던 곳을 떠나 낯선 곳으로 옮겨 살게 된 이주민들의 애달픈 이야기가 실려 있다.

이 책 농민편에서는 『흙과 사람』이라는 제목 아래 한평생 땀 흘리며 정직하게 땅을 일구며 살아온 네 명의 농부 이야기가 펼쳐진다. 한곳에서 줄곧 농사를 짓다 보니 유별나게 기억할 것도, 들추어서 말할 것도 없다는 것이 이들의 입장이다. 자연에 대한 겸손함이 몸에 밴 이들은 자신의 과거에 대해서 말하는 것조차 과분하다는 뜻에서 할 말이 없다고 했다. 그러나 이들의 이야기 속에서는 한국의 농촌사회가 겪은 변화의 소용돌이가 숨어 있고, 이들이 그것을 몸소 부딪치면서 살아왔음을 알 수 있다. 한편, 같은 농사꾼이라고 해도 지역과 시대에 따라서 경험의 차이도 많고, 빈부의 차이도 있다. 김포에서 농사를 짓다가 부농으로 올라선 이재구와 김제에서 평생 소작을 했던 이기돌의 삶은 농사꾼이라는 점을 빼고는 많이 다르다. 또 성주에서 참외농사를 지으며 시설재배를 시작한 초기의 상업적 농민인 김재덕과 화전민으로 산비탈의 돌밭을 개간하면서 밭농사와 씨름하며 살아온 김제수의 삶도 서로 다르다.

독자들은 이들의 이야기뿐만 아니라 이야기와 관련된 사진들까지 곁들여서 볼 수 있으며 때로 구술자들이 소장한 사진이 없을 때는 직접 손으로 그려서까지 자신들이 걸어온 삶의 작은 부분을 드러내 주는 정성과 수고로움까지도 느껴 볼 수 있다. 그래서 이 책 속의 네 분이 자신의 생애이야기를 언어로만 들려 준다기보다는 온몸으로 보여 주고 있다는 것을 독자들은 깨닫게 된다.

구술생애사 구성 방식

구술생애사 채록작업이 화자와 청자 두 사람의 공동작업임을 보여 주기 위해서 이 책에서는 시각적으로 각각의 공간을 분리하였다. 화자가 말하는 부분과 청자가 들으면서 해설하고 해석하는 부분이 바로 그것이다. 민중생활단 연구단에서는 이곳을 구술자의 공간과 연구자의 공간으로 부른다. 구술자의 공간에서는 말하는 사람의 이야기를 될 수 있는 대로 그대로 드러나도록 하였다. 구술자의 사투리, 어눌한 말솜씨, 반복적인 내용 등도 독자들에게 그대로 전달될 수 있도록 하였다. 이러한 의도는 구술된 내용이 일차 자료로서의 기능을 유지하도록 하는 데 있다. 연구자의 개입을 자제하면서 구술자의 이야기가 잘 전달될 수 있도록 하는 것이다. 그러나 구술자의 이야기가 문자로 옮겨지면 대부분의 경우 가독성이 떨어진다. 구술이 문자로 바뀌는 순간 연구자들은 독자들의 입장에서 가독성을 생각지 않을 수 없다. 그리하여 이 책에서는 연구자들에게도 공간을 할애하였다. 연구자들이 독자들을 위하여 해설을 하기도 하고 주요한 내용을 뽑아서 간추리기도 하였다. 때로는 독자들이 이해할 수 없는 내용은 주를 달아서 친절하게 설명을 붙이기도 하였다.

이러한 구성상의 세심한 배려는 구술생애사가 단지 흥미로운 이야기의 차원을 넘어서 당대의 사회적, 경제적, 정치적 상황과 민중들의 인식세계를 알아볼 수 있는 사료가 된다는 점을 나타내기 위함이다. 이 구술생애사집은 각 개인들의 사적인 기억 속에 들어 있던 이야기들을 끄집어내서 구술케 하고, 그것을 공적인 자료로 만들어 내는 데 그 목적을 두었다. 민중들의 구술이 개인적인 경험담의 범위를 넘어서서 당대의 문화를 보여 주는 자료집으로서도 기여할 것으로 본다.

이 책을 돋보이게 하는 생애사 연표와 좌담회 회의록에 대해 덧붙여서 설명하고자 한다. 생애사 연표를 작성한 이유는 두 가지이다. 하나는 국가적으로 중요한 일이 일어난 시점에 민중들은 어디에서 무엇을 하고 있었는가를 생각해 보도록 하는 것이다. 두 번째로는 각 구술자의 행적을 추적하면서 비교해 볼 수 있는 이점이 있다. 이 연표를 통해서 20여 명의 구술자들이 언제 어디에서 무엇을 하고 있었는가를 서로 대조하여 볼 수 있다. 이 책이 아니었더라면 한 장소에서 모두 만나 보기 힘든 사람들을 모아서 독자들에게 한꺼번에 만나 볼 수 있도록 한 것이 우리들의 임무이다.

이 책의 장점은 구술생애사를 표방하면서도 구술자료에만 치중한 것이 아니라 사진, 기록 및 물증 자료를 최대한 많이 수집하였다. 그 결과, 책에서도 다양한 볼거리를 제시하고 있다. 이 자료들은 구술자의 이야기를 보충하는 자료로 제공되고 있다. 물증자료 그 자체가 말해 주고 있는 나름대로의 이야기도 있다. 또 독자들은 사진이나, 그림, 가계도 속에 들어 있는 인물, 옷차림, 거리풍경, 건물, 집안의 물건 등을 통해서 구술자가 살아온 시대의 사회적,

경제적 상황을 알게 된다.

또 연구자들이 좌담회를 개최하면서 그 동안 생애사를 수집하는 과정에서 경험한 문제들을 허심탄회하게 논의하였다. 그 좌담회의 내용을 여과 없이 실었다. 연구자들이 현지조사를 나가서 구술자를 선정하고 그들의 이야기를 듣게 되는 과정을 진지하게 논의하였다. 뿐만 아니라 생애사 수집이 끝나고 연구실로 돌아와서는 녹음을 풀어야 하는 어려움도 맞닥뜨리게 된다고 고백하였다. 그리고 연구자들이 집필하면서 느꼈던 문제점 가운데 특히 구술생애사가 자료로서 또 민중들의 진정한 역사서로 거듭나기 위해서 짚어야 할 점들을 지적하였다. 이와 같은 연구자들의 성찰적 자세가 구술생애사 연구를 발전시킬 수 있을 것으로 기대된다.

이 책이 기획되면서부터 출판되기까지는 예상보다 많은 시간과 노력이 들었다. 우선은 20명 개개인의 작업을 하나의 시리즈로 묶기 위해서는 크고 작은 문제를 해결해야 했기 때문이다. 일의 성격상 일사불란하게 움직여지는 작업이 아니었다. 그러나 이 작업이 책으로 나올 수 있었던 것은 전적으로 박현수 교수님의 지도 아래 지난 2년 동안 동고동락하며 다져 온 연구교수들의 끈끈한 동지애와 팀워크의 결과였다. 또한 뒤에서 묵묵히 이 작업을 도와주었던 많은 연구원들의 노고도 빠뜨릴 수 없다. 그리고 마지막 공은 역시 출판팀에게 돌아가야 한다. 어렵고도 고된 작업인 줄 알면서도 선뜻 승낙하며 꼼꼼히 교열을 봐 주시고, 참하게 정성껏 꾸며 주신 소화가족들에게 감사드린다.

그리고 이 책을 만드는 데 가장 큰 공로를 세운 사람들은 바로 구술자 자신들이다. 연구자들이 수 차례 방문하면서 귀찮게 구는 것을 마다하지 않고, 자신들의 이야기를 진술하게 해 준 구술자들에게 이 자리를 빌려서 다시 한 번 감사를 드리는 바이다. 지금까지 누구도 돌아보지 않았던 힘없는 민중들의 이야기를 듣는다는 것은 새로운 역사의 시작을 예고한다. 다시 말해서 역사의 민주화를 향한 노정이 시작되었음을 의미한다. 20세기민중생활사연구단의 이러한 역사적 사명감에 동조해 주신 구술자분들과 가족들에게 감사의 마음을 전하는 바이다.

20세기민중생활사연구단 공동연구원
함한희(전북대학교 고고문화인류학과)

일러두기

1. 책은 다음 순서로 구성되었다. 1) 책머리 2) 서론 3) 개인 생애사 구술 (①개인 약사 ②개인 가계도 ③개인 연보 ④개인 구술) 4) 생애사 좌담회 5) 20인 연보. 단, 좌담회의 경우, 본 생애사 시리즈 제5편 '고향이 어디신지요?' 에만 실었다.
2. 생애사 좌담회는 생애사 구술 텍스트 작업에 참여한 20명의 연구자들이 구술 생애사에 관해 논의한 내용을 정리한 것이다.
3. 20인 연보는 생애사 구술에 참여한 구술자 20인의 연보를 하나의 연대기 속에 묶어 대비(對比)한 것이다.
4. 개인 생애사 구술 부분은 구술자의 구술을 중심으로 구성하였다. 그리고 독자의 이해를 돕기 위해 연구자 영역을 두어 용어나 자료 해설 및 핵심 구술 등을 첨가하였다.
5. 개인 가계도는 구술자의 상황에 따라 생략하기도 했다.
6. 구술은 최대한 구술자의 발음을 그대로 살렸으며 부분적으로 잘못된 사실관계나 이해불가능한 내용은 연구자가 바로잡았다.
7. 개인 구술 중 (   )는 구술자의 몸짓이나 표정 묘사, 사투리 해제 및 설명을 위한 부호이며 [   ]은 구술에서 생략된 말이나 이해를 돕기 위해 연구자가 첨가한 말의 부호이다.
8. 전문 용어나 부연설명이 필요한 단어들은 각주처리하였다.

옛날에는 그저 논 안에 들어가기가 무서웠어요

—성주 참외농사의 산 증인 김재덕의 일과 삶

이태우(영남대학교 인문과학연구소)

김재덕(남, 73세)은 1933년 경북 성주군 선남면 도흥리에서 김해 김씨 삼현파 집안인 부친 김술용과 모친 고월선의 2남 5녀 중 장남으로 출생했다. 가난한 농사꾼의 아들로 태어나 어릴 적부터 집안의 농삿일을 도와 오다가 17세 때인 1949년 같은 지역인 선남면 용신동 출신의 동갑내기 부인 백말선과 결혼했다. 한국전쟁이 막바지에 이른 1953년 징집1기로 군에 입대하여 경비대대 근무와 지리산 공비 토벌대로도 참가한 경력이 있는 참전유공자이다.

군대생활 4년 4개월을 만기 제대한 후 지금까지 고향을

▲ 성주 참외 농사의 산 증인인 구술자 김재덕의 최근 모습. 몇 년 전부터 건강이 나빠져 참외농사 일선에서 은퇴하고 평생을 바쳐 일군 참외농사를 두 아들에게 물려주었다.

떠나 본 적이 없는 성주의 토박이 농사꾼으로 서숙, 벼, 보리농사부터 수박, 참외 시설재배에 이르기까지 일제 강점기부터 최근까지의 성주의 농업 변동과 70년대 전후에 시작된 수박, 참외 등 시설재배 정착의 전후 사정도 소상히 알고 있는 성주 농업의 산 증인이라 할 수 있는 구술자이다.

3살 무렵, 누님 등에 업혀 처음 교회에 다녔고 젊은 시절 교회 내 성경구락부를 조직하여 농촌계몽운동에도 적극적으로 참여했으며 20년(1983~2003)간 도흥교회 장로직을 역임한 바 있다. 한때 소작을 하기도 했으나, 성실하게 농사를 지은 덕에 차츰 농지를 넓혀 현재 남부럽지 않을 만큼 농사를 짓고 있다.

구술자는 소탈하고 진솔한 성품의 소유자로 자신이 체험해 온 20세기 농민의 삶과 일을 짧고 간략하지만 분명

하고도 담담하게 말씀해 주셨다. 비록 머리는 백발이었지만 언뜻 언뜻 내비치는 미소 속에서 여전히 동안의 모습이 남아 있었다. 이 글은 2003년 12월 30일과 2004년 1월 27일 2차례에 걸쳐 선남면 도흥리에 있는 구술자의 출석교회인 도흥교회 교육관에서 이루어진 면접과 2004년 7월 6일 구술자의 자택에서 이루어진 보충 면접을 바탕으로 쓰인 것이다.

김재덕의 가계도

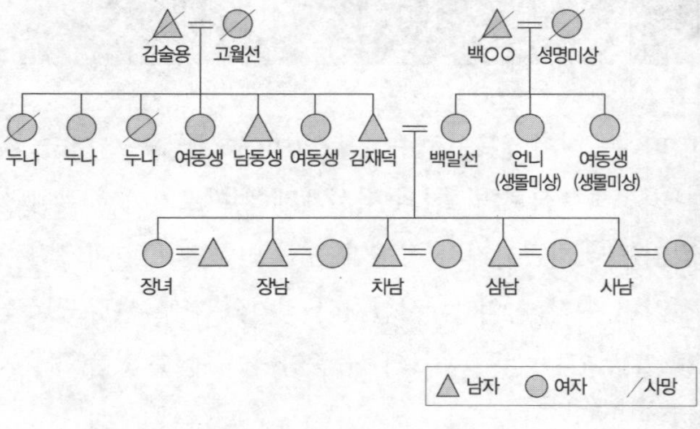

김재덕의 연보

1933년(1세)　경북 성주군 선남면 도흥리에서 부친 김술용과 모친 고월선의 2남 5녀 중 장남으로 출생.
1935년(3세)　누님 등에 업혀서 처음 교회에 나감.
1940년(8세)　국민학교 대신 서당에서 한학을 익힘.

1948년(16세) 모친 고월선 별세.

1949년(17세) 같은 지역인 선남면 용신동 출신의 백말선과 결혼.

1953년(21세) 휴전 직전 징집1기로 입대. 제주도 훈련소에서 훈련 후 제1경비대대에 배속되어 부산의 미군 보급창에서 군복무 시작.

1954년(22세) 지리산, 내장산, 장성, 정읍 등지에서 공비 토벌대로 참가(참전유공자).

1957년(25세) 4년 4개월의 군복무. 제대 후 수박재배농사 시작.

1959년(27세) 결혼 10년 만에 첫 아이(장녀) 출생. 현재 4남 1녀를 둠.

1962년(30세) 교회 내 성경구락부 조직 활동.

1965년(33세) 그 동안의 소작과 수박농사 수익금에 조합 빚을 얻어 밭 400평을 매입, 후에 밭 750평을 더 매입, 1,300평의 밭을 경작.

1968년(36세) 4H클럽 자원지도자상 수상.

1970년(38세) 성경구락부 경북지부 모범지도자 표창장 수상.

1972년(40세) 부친 김술용 별세.

1974년(42세) 참외재배농사 시작. 이후 최근까지 30여 년간 참외농사.

1982년(50세) 그 동안 모은 저축과 조합 빚으로 논 1,025평을 매입. 성실히 농사를 지은 덕분에 5년 후 조합 빚 상환.

1983년(51세) 선남 도흥교회 장로 피택.

2002년(70세) 건강상 농사일을 장남과 차남에게 물려줌.

2003년(71세) 가족 친지들의 축하 속에 결혼 54주년 금혼식에서 처음으로 결혼사진 찍음.

2003년(71세) 선남 도흥교회 장로 퇴임.

13대째 여기 살고 있어요

우리는 김해 김간데 여(여기) 들어온 지는 13대째 됩니다. 입향조가 익자 경자 어른인데 이곳에 온 지 몇 백년 되었을 거라. 그분이 우리 여기 들어온 시좁니다. 익자 경자. 파는 삼현파입니다. 삼현파! 김해 김씨 삼현파. 입향하기 전에는 원래 세거지가 아니고 그때는 뭐 청도라 카던가 청도에 있었지.

"우리는 김해 김간데 여기 들어온 지는 13대째 됩니다. 입향조가 익자 경자 어른인데 이곳에 온 지 몇 백년 되었을 거라."

여기 이 동네엔 함평 노씨들이 많이 살아요. 이 동네 토박이로 우리가 참 빨리 들어온 택이지만(셈이지만) 그 사람들[함평 노씨] 손이(자손이) 마이(많이) 퍼졌어. 지금 이 [도홍리] 마을에 성씨들은 노씨, 그 다음에 우리 김가고 박씨 몇 집 살고 권씨 몇 집 살고 그 다음에 뭐 저쪽 마을에 저하고 우리 사는 지역하고 성씨 여러 가지 성씨 몇 집이 있는데 석씨도 있고 뭐… 강씨도 있고 임씨도 있고 없는

▶ 구술자 김재덕 부부의 최근 모습

성이 없어요. 한 집 두 집 보통 요즘 많이 와가(와서) 사는 사람들이 썩이(섞여서) 살고 있어요.

지금 여기 뭐 [문중] 제실도 있습니다. 제실이 있고 뭐 [제실에 달린 문중 소유의] 토지도 몇 마지기 있고. 문중행사는 지금 뭐 하는 것도 별로 없어요. 뭐 명절이 되면 제실에 그믐날부터 며칠 동안 나(나이) 많은 사람들 모여 있으면 뭐 먼데 있던 아~들들(자식들) 오면 뭐 와서 세배하고 뭐 그런 간단하게 그렇게 뭐… 옛날 유교적인 이런 거 하는 거는 없어요. 나는 뭐 교회 댕기는(다니는) 바람에 유교에 대해선 크게 관심이 없어 가지고 문중행사에는 참석 잘 안 합니다.

태어나서 밖에 나가 본 것은 군대생활이 전부라

나는 인자 여기서 태어나서 밖에 나가 본 것은 군대생활하고 뭐 그것밖에 안 했지요, 딴 데는 안 갔어요. 내 형제는 남자 동생 하나 있고 우로(위로) 누님이 세 분, 여동생 둘, 7남매라. 지금 돌아가신 분 두 분 있고. 살기는 여 대구도 있고, 고령도 있고, 뭐 여러 군데 흩어져 있어.

옛날에 요 마을은 지금 형태 그대로가 아이고 마이 변했지. 옛날에 우리 알기만 해도 요 마을은 뭐 좀 조금 어울려 살았지만 저쪽 마을에는 혹 가다 드문드문 한 집썩(한 집씩) 있었어요. 지금은 많이 커졌는 택이지. 대부분 시골이 크게 줄어드는 편인데 저 [도흥] 3리는 옛날보다 동네가 마이 커졌지요. 그리고 이 마을은 젊은 사람이 마이 와서 살아요. 특수작물 이것 때문에 도시에 나갔던 사람들이 많이 와 가지고 또 출퇴근하면서 많이 [농사] 하기 때문에 아이들 공부시킨다고 대구[와 성주]에서 보통 두 살림, 젊은 사람 보통 두 살림하고 있어요. 낮으로는 여기 [성주] 와서 일하고 밤에는 [대구로] 들어가고 전부. [성주에서 농사지으며] 대구에 사는 곳은 서부, 주로 달서구지. 그럼 성서 지구로 이리 많이 삽니다. 거기 있는 아파트에는 주로 거의 성주 사람이 많아요. 계명대 그 근처 그쪽하고 그 안에 조금 들어가 가지고 많이 살고 있어요.

여기가 지금 도흥린데 요짜 요리는 1리고, 저짜 저 우리 있던 데가 3리고. 지끔 내 사는 데는 저짜 저기 살지. 도흥 3리. 원래는 여(여기) 1리[서] 있었고[태어났고]. 이 [도흥] 마을의 원래 이름은 신흥리. 여기가 신흥입니다. 여기가 신흥이고 나도 여기서 살다가 나와 한 20년 돼서 저 나갔는데 저(저기)는 원래 마을 이름이 뭐 조천동이라 카기도 하고 방천거리라 카기도 하고. 옛날에는 동네가 뭐 저래 모여 있지도 않앴고(않았고) 뜨문뜨문 하나씩 이래 있어 가지고 호수도 몇 호 되지도 않았어 그때는. 인제는 뭐 [호수가 많아졌지]. 지금은 백 한 50호 될란가?

"대부분 농촌 마을에는 인구가 줄어드는데 여기는 외지에서 [사람들이] 드러와가 거꾸로 인구가 자꾸 많아져요."

대부분 농촌 마을에는 인구가 줄어드는데 여기는 외지에서 [사람들이] 드러와가(들어와서) 거꾸로 인구가 자꾸 많아져요. 여기 특수작목 할라고 와가(와서) 남의 논 경작하는 이런 사람도 있고. 그런데 사실 대구에서 출퇴근하면서 낮에 여(여기) 와서 일하고 가는 사람까지 친다면 [더 많지]. 그 사람들 내나(마찬가지로) 포함해 가지고 여도(여기도) 집이 있고 대구도 집이 있고. [애들 교육 때문에] 여 뭐 젊은 사람들 돈벌어서 거기서 아파트 사 놓고 뭐 또 여기도 집 좋은 거 가 있는 사람도 있고 그래요.

옛날에 뭐 여기[성주 쪽 낙동강변]에는 여름 되면 강 건너 저짜[달성 하빈 쪽 낙동강변] 가서 풀도 좀 많이 뜯어오고 뭐. 강 건너갈 때는 그때는 가물어 가지고[1] [갈 수 있었고], 또 물이 뭐 조금씩 될 때도 [건너갈 수 있어요]. 그때는 기냥(그냥) 갈 수 있었어요. 물이 적어 가지고. 여 저저 [성주]대교 안 됐을 때는 요리 배 타고 건너 댕기거든요(다녔거든요). 배 타고 건너 가가지고 저서(강 건너편 대구 쪽에서) 버스 타고 대구 댕기고. 그래도 그래 못 오면 저 왜관을 둘러서 성주로 거쳐서 이리도 오고. 여 대교 난지는(생긴 지는) 얼마 안 되잖아 저기.

옛날에 버스는 없었고 대구까지도 걸어댕기는 사람 있었어. [대구에 있는] 우리 작은집에 급할 때는 쌀 같은 거 짊어지고 요 하빈으로, 조리(저리) 고개만디로(고개 위로) 넘어 가지고 그래 댕기는 [때도 있었어]. [그럴 때는] 하루에 못 갔다 오지. 잤다 와야지 뭐. 올라카만 밤중 돼야 오지. 옛날에는 뭐 성주 같은 데도 장이(시장이) 있어 가지고요. 선남 면소재지에도 장이 있고 그랬는데 차가 없으니까 주로 걸어가 가지고 거(거기) 가서 점심 사 먹고… 그러니까 그 장이 참 형성이 잘 되었는데 요즘은 장이 있어도 그 음식점 같은 게 잘 안 돼요. 차 타고 뭐 퍼떡(금방) 해 가지고(장 봐 가지고) 집에 쫓아와뿌고(달려 와 버리고) 뭐 먹고 시간 보내는 사람이 없으니까네. 장이 그기 참 요즘 같은 시장은 그게 참 안 됐어요. 옛날에는 [장에] 가면 해가 지도록 술 먹고 뭐 늦게사 집에 걸어온다고 젊은 사람들 마중 나가고 [그랬지]. 그전에는 장이 시끌벅적해서 장 같았어요.

여 도로가 처음 생긴 지는… 요거는 길은 왜정 때 났어

"저 [성주]대교 안 됐을 때는 요리 배 타고 건너 댕기거든요. 배 타고 건너 가가지고 저서(강 건너편 대구 쪽에서) 버스 타고 대구 댕기고. 그래도 그래 못 오면 저 왜관을 둘러서 성주로 거쳐서 이리도 오고."

"옛날에는 [장에] 가면 해가 지도록 술 먹고 뭐 늦게사 집에 걸어온다고 젊은 사람들 마중 나가고 [그랬지]. 그전에는 장이 시끌벅적 해서 장 같았어요."

1 가뭄이 들어 수량이 줄어들어서.

요. 길은 왜정 때 났는데… [도로포장은] 한 70년대, 80년대 되가 났어. 80년 넘게 되어가 포장했어. 아이들 학교는 대구 나가가 둘은 대구 나가서 했어요. 막내이는 초등학교 5학년 때 [대구] 가 가지고(가서) 했고. 셋째는 중학교 때 나갔는가 뭐. 지금은 여 뭐 [대구까지] 통학해도 돼요. 옛날에는 뭐 그것도[자녀교육도] 고생 많았지. 부모들이 [대구까지] 왕래해야 되고 뭐.

나는 학교도 모했어, 한학하고 야학 좀 배앗고

이 동네에 학교는 여 초등학교 캐봐야 여 간이학교라꼬요 우골(위의 골짜기) 안에 있었고. 저짜 가믄(저쪽에 가면) 왜놈들이 하는 국민학교라 카민서 있었어. 여 이 학교(도홍 초등학교) 이거는 없었고. 나는 학교도 모했어요(못했어요). 그때[는] 뭐 저 학교 댕기는 사람도 별로 없었고. 여기 뭐 여기 60년대 70년대 카면 그때는 가정형편이라든지 모든 생활이 뭐 참 빈약했거든요. 여기 옳은 곡식도 제대로 못해 먹었지 이래노이끼네(이러니까) 중학교 가는 사람도 별로 없었어요 그때. 국민학교 졸업하만 전부 뭐 집에서는 산에 가서 나무나 하고 맨날(매일) 그런 식으로 살았지. 그래서 인제 교회가 들어와 가지고 인제 계몽을 좀 하고 뭐 문맹퇴치 카면서 야학도 하고 또 뭐고 국민학교 졸업하고 학교에 가지 못한 사람들 고등학교, 중학교 졸업한 사람을 선생으로 채용해 가지고 뭐 가르치기도 하고 그래해 가지고 뭐 지내 왔지.

내가 글을 배운 거는 성경도 주로 보지만은 그 인제 마,

일반 학교 상식 같은 거도 좀 먼저 가서 교육받은 중학교 고등학교 졸업했는 사람들 들다가(데려다가) 선생을 채용해 가지고 각자 과목을 맡겨 가지고 이래 가지고 가르치도록 이래 좀 내가 주로 많이 했어요. 성경구락부라고 카며 창설해 가지고 그때 여(여기) 선교사 경북 지부장이 구희룡 선교사인데 그분이 제시하여(지도해서) 여기서 많이 십 몇 년 동안 내가 주로 많이 했어요. 나는 뭐 학교도 가지도 안 했고 한학하고 뭐 주로 야학 좀 배앗고(배웠고) 그렇지 뭐 한 것도 없어요. 내가 학교 가지 못했기 때문에 마, 원이(소원이) 그기기(배우는 것) 때문에 많은 사람들 위해서 조금 노력했는 게 그거지 딴 거는 없어요. 그때 글 배운 동네사람들 지금 한 오십칠 세 뭐 육 세 그런 사람들 여게(여기) 이 마을에도 아직까지 많이 자라고 있고 딴 곳으로 가서 마이 활동도 하고 그렇습니다.

"나는 뭐 학교도 가지도 안 했고 한학하고 뭐 주로 야학 좀 배앗고(배웠고) 그렇지 뭐 한 것도 없어요. 내가 학교 가지 못했기 때문에 마, 원이(소원이) 그기기(배우는 것) 때문에 많은 사람들 위해서 조금 노력했는 게 그거지 딴 거는 없어요."

누님 등에 업혀 처음 교회 나갔지

교회는 어릴 때부터 다녔는데, 누님들 등에 업혀서, 손잡혀서 더러 왔다 가고. 군대 갈 그 무렵에는 뭐 쪼금 교회 잘 안 나갔지. 그리고 갔다 와 가지고 [열심히] 댕깄어(다녔어). 우리 웃대 어르신들은 교회 안 댕깄어요(안 다녔어요). 여기 교회라 캐도(교회라고 해도) 온 것이(생긴 것이) 내 나이하고 비슷해요. 부친까지 반대를 마이 했지요. 허허. 내(늘) 술자시고(술 잡숫고) 오마(오면) 마 내 교회 간다고 뭐라카고(나무라고) 캤어요.

"여기 교회라 캐도(교회라고 해도) 온 것이(생긴 것이) 내 나이하고 비슷해요. 부친까지 반대를 마이 했지요. 허허. 내(늘) 술자시고(술 잡숫고) 오마(오면) 마 내 교회 간다고 뭐라카고(나무라고) 캤어요."

초창기에 처음에 그 초가집에 교회가 처음 섰을 때 누

님들이 열심히 댕겼어요(다녔어요). 그래서 거 업혀서 가고 손목 잡혀서 가고 이래가 좀 댕깄는데, 좀 사춘기 되가서는 또 여기 뭐 지금 목사님이지만은 원로목사님 나이 많애(많아) 가지고 서울 가 있는데, 그분이 계몽운동 한다고 카민서(하면서) 매일 아이들 모다 놓고 국문 가르치고 이런 데 마이 댕깄어요.

그때가 해방되고 나서쯤인가, 해방되고 이내(곧) 전쟁 바로 났지예. [교회 역사가] 70주년 조금 못 됐어요. 한 69년이나 이래 됐을 끼라. [교회는] 일제시대에 생겼지요. 그때 장로님들이 [일본 사람들에게] 붙들리 가 가지고 며칠씩 좀 감금되고 이래 했어요. 신사참배 이것 때문에도 그렇고 교인들이 뭐 왜놈들 눈에는 뭐 좋게 안 보였거든요. 독립운동 하는 사람들 주로 뭐 그분들이 많았고 이래 놓으니끼네 못 믿게 주로 뭐 그랬고.

그때 그 당시에는 성주 여기가 유림이 아주 유명한 동넨데 교회 다닌다고 하면 동네 사람들이 곱게 보지 않았

▶ 청년 시절 교회 주일학교 선생님들과 야유회에서 찍은 사진. 앞줄 왼쪽에서 세 번째가 김재덕

어요. 처음에 여 교회를 개척해 가지고 오신 분이 거 노종수 씨라고 저 장로님인데 그분이 개척잔데 자기 처가집이 저 우리 면내지만 동암동 카는데 거(거기) 있습니다. 거 성주읍 교회보다는 [생긴 역사가] 늦을 낍니다. 성주서는 거 뭐야. 금수 거 무슨 교회고. 거 오래 된 교회가 있어요. 거 백주년이 넘었는데. 성주읍교회도 동암교회보담은(보다는) 빨랐을 기라. 동암[교회]도 오래 됐어. 우리 장로님이 마침 어디 댕기다가 몇 사람이 분리해 가 와서 여기 초기 교회 설립해 가지고 몇 분[이] 이래(이렇게) 설립해 가지고 이래 됐어. [신도 수는] 초기에는 안 많았어요. 요 몇 사람 안 됐어요. 제일 신도가 많았을 때가 한 2백 명쯤 넘었을 끼라. 요 앞에 요 소학교회라고 있지예. 그거하고 요 우에 가면 대흥교회라고 있어. 여 사람들이 여기 다 댕깄거든. 저 기도실이었는데, 그러다 자기들이 댕기기 불편하다고 캐서 분리해가 초가 몇 칸 지어 가지고 나간 기라. 저 두 교회가.

교회가 일찍 들어온 바람에 이 동네 여러 성들이 잘 어울릴 수 있었지. 그때는 교회 영향이 많았지. 요즘은 뭐 교회가 교회 구실을 잘 못한다고 해샀지(하기도 하지). 옛날에는 참 교회[가] 큰일을 했는데 뭐 옛날 장로님들, 돌아가신 분들이 그것도 앞장서 가지고 수리[시설] 이런 것도 땡기는데 전적으로 노력하고 뭐 이렇게 한 일이 있지. 옛날에 교회 다니시던 분들은 많이 성실한 택이지. 술 안 먹고 담배 안 피우고 이래 하이끼네 조금 뭐 앞장서 나갔지 뭐. 지금은 좀 달라져 가지고 세속화되어 가지고 뭐 교인인지 아닌지 분간할 수 없는 이런 상태로 있고 뭐 여러 가지 어려운 일도 많이 나고. 그렇지만 옛날에는 교인이라 하면

*"교회가 일찍 들어온 바람에
이 동네 여러 성들이
잘 어울릴 수 있었지.
그때는 교회 영향이 많았지.
요즘은 뭐 교회가
교회 구실을 잘 못한다고 해샀
지(하기도 하지).
옛날에는 참 교회[가]
큰일을 했는데."*

▲ 성경구락부를 조직하여 활동하던 젊은 시절, 성경구락부원들과 경주 첨성대 앞에서 찍은 사진. 오른쪽에서 두 번째가 구술자 김재덕

그래도 뭐 교회 안 댕기는 사람보다 성실해야 되고 모범이 되어야 되고 이런 관점을 가지고 살았는데 지금은 그런 뭐시(것들이) 많이 없어졌어요.

옛날에 여기도 교회 다닌다고 마을 사람들하고 충돌이나 핍박을 많이 받았지요. 교회 댕기면 밤으로 와 가지고 종도 치고 분탕도 지기고 막 젊은 사람들 와 가지고 여러 가지 일들이 많이 있었지만 차차 세월이 지나가니깐 저기 [괜찮아졌어요].

"농촌계몽운동도 하고 교회로서의 본분을 많이 했는 택이지. 옛날에 여 뭐 뒷산 이런 데에 서낭당이라고 카면서 보름날 되면 제 지내고 하는 이런 뭐시 있었거든. 교회인들이 가서 나무도 베어 버리고 못하고로(못하게) 만들었뿌고(만들어 버리고) 인제 했지. 교회에서는 우상이다 해 가지고 몇몇 사람이 가 가지고 나무 큰 거 다 베어 버리고."

그때는 농촌계몽운동도 하고 교회로서의 본분을 많이 했는 택이지. 옛날에 여 뭐 뒷산 이런 데에 서낭당이라고 카면서 보름날 되면 제 지내고 하는 이런 뭐시 있었거든. 교회인들이 가서 나무도 베어 버리고 못하고로(못하게) 만들었뿌고(만들어 버리고) 인제 했지. 동제 지내는 게 그기거든. 산에 올라가 돼지 잡아 놓고 차가운 강에 가서 목욕하고 그러는 거 섬기고 그캐 샀는데(그렇게 하는데) 교회에서는 우상이다 해 가지고 몇몇 사람이 가 가지고 나무 큰 거 다 베어 버리고. 그 다음부터 동제가 없어졌지. 지금 없어진 지는 오래 됐지. 교회 들어와 가지고 한참 됐을 끼라, 한 50년 가까이 안 됐겠습니까?

처음에 교회 신자들이 나무 베고 이런 것에 대해 그때 말썽이 많았지. 싸움하고 그런 거는 없고 [동네사람들이 신주단지 모시는 그 나무를 그렇게 베었으니까] 말은 많이 있었지. 허허!

옛날엔 모래가 펄펄 나는 밭이었어요

농사 첨 시작한 거는 뭐 옛날에 벼농사, 보리농사 그기지 뭐. 특수작물하고부터는 수박농사 그기 지금 비누루(비닐) 저거 안 씌우고 노지, 저 밭에 나가가 요 쪼맨한 거 요거[2] 덮어 씌아(씌워) 가지고 그래 가지고 하다가 여러 해 했지. 그러고 인자 참외재배 시작어가(시작해서) 마이 했지. 오래 했지.

옛날에 그때는 이 수리[시설]가 안 됐거든요. 강에 물을 모(못) 올렸는데. 그때는 이기 집 앞으로 요리만 논 행세를 했어요. 비가 와 가지고 모 심는 거. 저짜 높은 데 저 넓은 데 저런 데는 옛날에 모래가 펄펄 나는 밭이었어요. 장맥 같은 거 뭐 보리 겉은 거. 콩도 뭐 요즘 콩 겉은 거 말고 째맨한 거(조그마한 것). 그랬지 뭐. 여 인지 옛날에는 아주 살기가 좋지 모했어.

지금은 이렇지만 그때는 이 들이 들 형세도 모했다커이. [허허허 웃으며] 수리 물도 못 퍼 올리고. [근처에 낙동강이 가까이 있는데도] 그때는 거 [수리시설을 만드는] 기술이 없었어요. 그때 뭐 일본 사람 토지라카민서 여 마이(많이) 있었어. 근데 그 사람들 뭐 직접 농사짓는 거는 아이고 토지만 저거 끼라고 뭐 점령해 가지고 뭐 일반 농사짓는 사람이 조금씩 이래 부치고 해도 옳은 곡석(곡식)을 생산해 내지 모했어 그때는. 저 밑에 저 성주대교 바로 건너서 그 밑으로 그 들이 거도(거기도) 컸는데 물이 잠어 가지고(잠겨 가지고) 거도 다 날라 갔어요. 거(거기에) 옛날 일본 사람들 뽕나무가 참 마이 있었어. 저기 대교 잤에(곁

2 비닐하우스가 등장하기 전 하우스 대용으로 수박 모종을 덮어 씌우기 위해 대나무 위에 기름종이를 덮어서 만든 것.

에) 소학이라는 데 그 밑으로 그리 큰 기(큰 게) 하나 붙어 가 있었어요. 물이 자꾸 잠기고 하니까 떨어져가 강이 되뿌렀는데(되어 버렸는데) 거는 전부 뭐 일본 사람들 뽕나무가 탁 있어 가지고 그 하는 공장(생사 공장)도 있었고 뭐 있었어요.

처음에 어렸을 때 이 들에는 저 복판에 소나무가 우리 어릴 때는 큰 게 있었어요. 그래 뭐 풀 베러 가마 새들이 뭐 지저귀고 이런 시대도 있었고. 그 담에 그 뭐 들에 농사짓는 밭이라 캐도 모래가 펄펄 날고 뭐 곡식이 잘 안 됐어요. 옛날에 거 장맥. 장맥 그거 심고, 또 자라콩이라 카는 거 이런 거 심어 가지고 뭐쫌 하고 뭐. 장맥이 뭐냐 하면 와 키 큰 밀 있잖습니까. 지다꿈한 거(길쭉한 것). 그것도 사람들, 지금 사람들은 아무도 먹을 사람이 없을 끼라예. 그때는 뭐 양식이라꼬도 없어서 못 먹는 그런 시대이께. 일제시대 때는 뭐 어른들 농사짓는 걸 보먼(보면) 다 참 눈물날 일이 많지요.

"처음에 어렸을 때 이 들에는 저 복판에 소나무가 우리 어릴 때는 큰 게 있었어요. 그래 뭐 풀 베러 가마 새들이 뭐 지저귀고 이런 시대도 있었고. 그 담에 그 뭐 들에 농사짓는 밭이라 캐도 모래가 펄펄 날고 뭐 곡식이 잘 안 됐어요."

거 뭐 보릿고개라 카는 게 항상 있었기 때문에 배고픈 시절이 많았고. 양식이 있어도 자기들이 보관해 가지고 먹고 지낼 수가 없었어요. 뭐 일본 사람들이 공출 얼마끔 배당됐는 거 대고(바치고) 남은 거 있으믄 발견되면 뺏어 가고, 군량미 한다꼬. 그래서 마 [배당량을] 안 대믄(바치지 않으면) 뭐 잡아다 막 몽둥이로 뚜드리기도(때리기도) 하고 이랬어요. 그라고 목화 같은 거. 그런 것도 해 놓으마 전부 다 뺏어 갔어요. 밤으로는 소리 안 나라꼬 이 쐐기라카는 기 있는데 쐬삐, 목화 씨 빼는 거, 그걸 그 비누칠을 해 가지고 [베틀] 소리가 안 나도록 할머니들이 돌려서 거 길쌈해 입고, 그런 일들을 더러 보고. 또 뭐 산에 가서 소나무

관솔, 그런 거 해 가지고 와 가지고 일본 사람들 기름짠다고 돌라카고. 가마이 또 짜 가지고 공판 대라카고. 뭐 풀도 베가 주고. 산에 그 쏙세피,[3] 말 양식한다고 일본 사람한테 관청에 갖다 줘야 되고. 그런 뭐 고통스러운 일들이 우리 눈으로 보기도 참 딱한 일들이 많았지요.

일본 사람들 공출해 갈 때 최소한 먹을거리는 남겨 둬야 될 것 아인가 하지만도 그 사람들 그런 거 안 봐줬어요. 뭐 자기 눈에 비먼(보이면) 뭐 다 뺏어가고 이렇게 했으이까. 그때는 뭐 [교회] 종도 일본 사람들이 뺏아가고 놋그릇 같은 거 다 가져가고 집집마다 숨겨 놨는 거 뺏아가고 뭐 양식한다 하면서 산에 가서 요즘 그 뭐고 속 부드러운 거 비어다 말라가 솔끼 그거 따 가지고 또 비행기 [기름] 장(늘상) 갖다대라 하고 또 뭐 가마니 갖다대라 하고 맨날(매일) 사람이 고달프도록 만들었어요. 그때는 껌정고무신 그것도 뭐 배급 나와 가지고 뭐 한 번 타신 기나 뭐 이런 정도지 뭐. 고무신도 없었어요. 짚신 삼아 신고 전부.

겨울철에, 한창 겨울철 농한기 때, 우리 클 때는 뭐 산에 가가 나무하고. 허허 그런 걸 주로 마이 했지. 그때는 연료가 없으이께. 주로 밥만 묵으마 산에 가가 지게 지고 가가 나무해가 와야 돼요. 그래가 불도 땠고 장 뭐 밥도 해 먹고 뭐 그렇지. 요즘 뭐 전기도 있고 가스도 있고 하지만 뭐 그때는 그런 기 없었거든요. 전부 뭐 성냥불로 나무에 불 댕겨 가지고 밥도 해 먹고 뭐 오만 거 다 했지. 새끼도 꼬고 가마이도 마이 짜 가지고 놓고. 또 팔기도 하고. 공판 대고. 옛날에 그런 기 마이 있었어요.

3 우리나라 산과 들에 많이 흔히 자라는 들풀의 일종으로 소나 말을 키울 때 먹이로 많이 먹였음.

고개 중에 젤로 넘기 힘든 고개가 보릿고개라

고개 중에 젤로 넘기 힘든 고개가 보릿고개라 카는데 그때 우리 군대 갈 때까지도[4] 참 뭐 무지한 고생을 했거든요. 뭐 양식 같은 거 좀 뭐 농사 지어 놓아도 왜놈들이 와서 전부 빼앗아 가고 뭐 이랬거든. 그래 놓으니 우리 어머님 시대에 나 많은 사람들은 이곳에 쑥 같은 것도 없었어요. 저기 골짜기로 저리 가가지고 하루종일 뜯어 가주고(가지고) 오만(오면) 젊은 사람이 마중을 나가 가지고 어둡도록 까가(까서) 그것 가(그것 가지고) 이자 뭐 삶아 가지고 먹고 소나무 껍질도 빼겨(벗겨) 먹고 뭐.

"소나무 껍질 그게 맛이 게안아요(괜찮아요) …뭐 그때는 대변을 해놓으면 새파란 거 풀잎 맨드로(처럼) 그런 대변을 많이 봤지요."

소나무 껍질 그게 맛이 게안아요(괜찮아요) 그것도. 우리 어릴 때에는 산에 나무하면서 뭐 소나무 겉은(같은) 것도 직접 배가 고파서 깎아 먹기도 하고 했어요. 그게 단맛도 나고 떨부리하기도(떫은 맛이 나기도) 한데 그 뭐 배고프고 하면 뭐 그거라도 먹어야지요. 껍질을 베끼면 안에 속껍질[이] 나오거든요. 그거를 빼겨 가지고 말라 가지고(말려서) 물에 담가 가지고 빠아(찧어) 가지고 물 울아가 내고(우려 내고) 콩고물을 묻여 가지고 떡을 만들어 먹기도 하고 그래했어요. 그냥 산에 가서 뭐 날거로 먹는 그런 예도 많았고. 우리 저 어릴 때는 이 참 뭐 그때는 대변을 해 놓으면 새파란 거 풀잎 맨드로(처럼) 그런 대변을 많이 봤지요. 쌀이라꼬[는] 뭐 별로 구경 못했어요.

그때 사람[들] 삶이야 뭐 참 뭐 우리 상상도 못합니다. 요새 사람은 거기(그때 사람들에 비하면) 뭐… 요즘 맨드로(처럼) 이런 기계적인 방아가 없거든요. 디딜방아 그거를

4 구술자가 군에 입대한 1953년 전후 무렵을 말한다.

보리를 찌면 온 밤새도록 찌어 봤자 몇 때 꺼리도 못 찧는 다카이. 매일 찌어야 되고 또 옷감도 주로 손으로 목화 심어 가지고 실 뽑아 가지고 밤잠 안 자고 베 짜 가지고 이래 옷 해(만들어서) 입히고 그랬기 때문에 그 어른들의 삶이라는 것은 참으로 우리는 뭐 말하기조차 참 어렵습니다. 요즘 사람은 도저히 이해할 수 없는 그런 삶이지요.

산에 뭐 이런 야산에는 그땐 나무도 별로 없었어요. 소솔 포기도 요만한 게 남지도 않았으니깐. 그때는 기름 없지 탄(연탄) 없지 주로 나무로 사용했으니깐 들에 가서 나락 껍떼기 같은 거 그런 거 얻어 [불] 때고. [그게] 잘 타도(타지도) 않아요. 불똥도 없어요. 그런 거는 그런 뭐 짠대이(잔디) 같은 거 뜯어다가 말라가 [불] 때고 뭐 요새 전부 뭐 말도 못했습니다. 해방되고도 뭐 오랫동안 그렇게 고생했지. 50년대에 해방 되었으이께네 6 · 70년대까지는 고생들 마이 했지. 그때(6 · 70년대) 조금 나섰다고(나았다고) 봐도 크게 넉넉한 살림은 못했고 그때도 고생 계속했지. 몸이 아파도 병원에 갈 생각도 모하지 뭐. 요즘이야 조금 아프만 병원 가 가지고(가서) 치료하고 하지만 그때 병원도 이런 데 없었고. 약방 째매끔(조그만)한 거 동네 이런데 떠돌이들이 와 가지고 채려 놓고 있는 거 약 쪼메(조금) 지어 먹고 뭐 이런 그런 게 있었고 큰 의사도 없었고 그때는 참 무슨 병으로 죽는지 그것도 모르고 마이 죽고 [그랬어요].

"1년 중에 원껏(마음껏) 한 번 쌀밥 제대로 먹어 본 적이 없어요. 여기 그 집에서 상어른은 그 밥하는 사람들이 쌀을 조금[이라도] 뜨고. 딴 사람들은 그렇게 안 돌아가거든 뭐 할아버지들은 또 그거를 먹다가 남겨서 손자가 귀하다고 쪼매끔씩 주고 뭐 그런 일들도 있고 참 어려운 세월을 살았지."

1년 중에 원껏(마음껏) 한 번 쌀밥 제대로 먹어 본 적이 없어요. 여기 그 집에서 상어른은 그 밥하는 사람들이 쌀을 조금[이라도] 뜨고. 딴사람들은 그렇게 안 돌아가거든 뭐 할아버지들은 또 그거를 먹다가 남겨서 손자가 귀하다고 쪼매끔씩 주고 뭐 그런 일들도 있고 참 어려운 세월을 살았지. 우리 군대갈 때만 해도 뭐 참 그 해도 숭년이 많이 들어가지고 대변 봐 놓으면 전부 풀 뭐 그 벡에(밖에) 없었어요. 그 당시에 식량이 귀해 쑥을 마이 먹었는데 쑥은 쪄 가지고 무슨 뭐 밀가루라든지 또 어떤 보리가루라든지 이런 거 섞어 가지고 쪄 가지고 그래했지. 무슨 죽처럼 그래가 끓여도 먹고. 간식은 뭐 그런 건 없었어. 세 때도 [제대로] 못 얻어먹었지 옳게.

나중에 미군들 그 뭐 저 원조 식량 들어왔을 때 밀가루 많이 들어왔지 밀가루 마이 들오고. 옷가지 같은 거. 헌옷 이런 거 많이 들어왔지. 교회 구제품 카고 가져와 나누어 주고 그런 거 많이 봤어요. 수로 만들 때 그때 와서 막 일하만(일하면) 밀가루를 갖다 주고 이랬어. 일 대신, 노임 대신. 그때는 육체적인 노력으로 전부 저저 수로 저거 만들고 했거든. 요즘이야 뭐 기계로 다 하지만은 글때는(그때는) 동네 사람들이 막 지게 지고 전부 수군포(삽) 가지고 일하고 처음에는 아이고 그래 그랬어요.

해방 후에도 한참 동안 그런(벼, 보리) 농사를 지었지요. 여 뭐 아직까지 수리가 저기 안 돼 가지고 [땅이 척박해서] 그대로 있을 때는 토지 행세를 모했어요. 저기. 토질이 나빠서. 물이 올라오고 그래 가지고 인제 벼 심기 시작하고 그러고부터는 들이 살아나기 시작했지. 그때는 이제 낙동강이 저래 가까이 있어도 물을 땡길 수 없어 가지고 [농사 제대로 못 짓다가] 이자(이제) 좋아졌어요. 이것도 처음에 한다꼬 산 흙을 객토를 막 해마중(해마다) 여 돋우고 하거든요.

없는 사람 더 없게 그런 삶을 살았어

예전에는 뭐 다른 집에 머슴일 한 사람도 있었는데 나는 그거는 안 해 봤어요. 나는 누님이 세 분이기 때문에 귀한 아들이라고 그래도 뭐 재산은 없어도 뭐 그래(귀하게) 컸어요. 누님들이 참 고생 많이 하셨지요. 비단하고 맨날 그런 일을 많이 했지. 그것도 목화 그거 방울로 이래이래 돌리면 소리가 나거든. 그래 일본 사람들한테 안 들키려고 거기다가 비누칠을 하만 소리가 안 나이 그래가 하고. 그 사람들 눈 피해 가지고 옷감을 만들어 가지고 아이들 해 입히고 전부 그래 살았다카이. 지금이야 뭐 참… 주위에 전부 밭이고 한때는 목화도 심구고 그래 했는데 지금은 그기(목화가) 하나도 없어졌지. 산 누지 가지고(개간해서) 위에는 전부다 밭이고. 요(이) 앞에 요 동네 앞에 요가(여기가) 논입니다. 엎지라지면(엎어지면) 논이고 이렇지. [여기만] 모심고 그래야지 딴 데는 모도 못 심으고. 보리농사는 그때[해방 후에]는 마이 했어요. 그때는 했는데 지끔은 [보리]농사 하나도 안 해요. 벼농사는 인자 수리되고 나서 했지. 한 60년대 지내서일 끼라요. 여기 수리된 지가(수리시설이 만들어진 지가). 그전에는 주로 보리도 하고, 농사여(여기) 앞으로 이런 데 하는데. 옛날에 그 피라카는 거 그것도 심고. 또 비가 안 와 가지고 물에 이 [모를] 심지도 모하고 호미로 파 가지고 이래 꼬지모라 카는 걸 했어요. 전에. 그래가 비 오면 거 [모 심은 게] 살고, 그때 뭐 저 수확도 마이 하도 안 했고 뭐. 그런 식으로 하이끼네 뭐 맨날 배고프고 그랬지 뭐.

"누님들이 참 고생 많이 하셨지요. 비단하고 맨날 그런 일을 많이 했지. 그것도 목화 그거 방울로 이래이래 돌리면 소리가 나거든. 그래 일본 사람들한테 안 들키려고 거기다가 비누칠을 하만 소리가 안 나이 그래가 하고. 그 사람들 눈 피해 가지고 옷감을 만들어 가지고 아이들 해 입히고 전부 그래 살았다카이."

그때 농사지을 때 농기구는 주로 뭐 괭이, 삽, 지게, 소 등에 매 가지고 양쪽에 싣고 댕기는 거[5] 그런 기고. 길도 쪼브다 하이(좁다란 하니) 뭐 그래 가지고 하나 가마(한 사람 지나가면) [길] 비키 줘야 되고(비켜 줘야 되고) 그랬지.

농지는 뭐 대중없어요. [농지를] 마이 가(가지고) 있는 사람도 있었고 뭐한 사람은 남의 소작하는 사람, 뭐 그런 사람이 만앴지(많았지) 주로. 부자들은 뭐 남으(남에게) 소작 줘 가지고 곡수 받아 가지고. 요즘 맨드로(처럼) 그런 곡수를 주믄(주면) 하지마는 뭐. 옛날에는 거의 다 뺏어가는데 뭐. [그때는] 그런 없는 사람 더 없게 그런 삶을 살았어.

[해방 후에 토지개혁이나 그런 걸로] 변화가 있기는 한번 있었어요. 있었는데, 남의 도지 부친 사람 자기 토지로 신고해 가지고 부친 사람도 있고. 양심에 또 그러지 모해 가지고 그대로 뭐 [도지로] 해 나간 그런 사람도 있고. 그렇지. 옛날에 여 골짝에 여 도흥 2동이라 카는 데가 있어. 거 최○○이라고. 그런 사람이 부자고. 여기저기 토지 마이 있어 가지고 소작을 주고 주로. 우리는 소작을 마이 했어요. 농토가 우리 꺼는 별로 몇 마지기 되도 아 하고(안하고). 소작하면 소작 비율은 보통 뭐 삼칠제, 사육제 이런 정도이고. 옛날에는 지주 수는 한정돼 있고, 소작인 수는 많고 그래서 그것도 뭐 잘 얻어야 [소작이라도 얻어] 가지고 뭐. [지주가] 소작을 줄 때는 신분 관계로 뭐 [결정을 했고]. [소작을] 주고 안 주고는 부자들 저거 마음대로 안해요?(하지요)

일제 때도 소작료가 있었어요. 인자 소작료라 크는(하는)기 무슨 규정이라고 정해진 게 아이고 그 해 농사짓는 거 자기 눈으로 와서 보고 올개는(올해는) 얼매(얼마) 내라.

5 써레나 쟁기같이 큰 농기구.

부자가 뭐 자기 정한 대로 줘야지. 그때 마름이라고 지주 대신에 소작료 거두는 그런 사람도 있었어요. 거 참 이래 못땠게 굴고 그런 사람 있었지요. 허허. 왜놈들 앞잽이 되가지고 댕기민서(다니면서) 뭐 괴롭히고 그런 사람도 있었고. 그래도 그때 지난 일이라고 다 잊어버리고 그러이 그렇지. 뭐 감정적으로 할라카믄 뭐 그것도 참 어려운 일이고 그렇지. 지금은 없어요. 다 죽어 뿌리고(죽어 버리고).

소작을 해도 식구들 말고 다른 일손을 불러야 할 때도 있는데, 그럴 때는 여는 주로 뭐 품앗이카는 거. 뭐 동네사람끼리 어불러(힘을 합쳐) 가지고 남의 모 심어 주고 우리 모 또 심고. 그런 식으로 마이 했지. 논매는 것도 그렇고. 옛날에는 거저 농약이 없어 가지고. 손으로 매고, 호미로 매고. 이렇게. 또 뭐 논 겉은 데(같은데) 가면은 뭐 거머리 그기 뭐 발에 확 달라 들고 그랬어요. 요즘에는 거 농약을 치이(치니) 그런 것이 하나도 없어졌지만은. 옛날에는 거저 논 안에 들어가기가 무서웠어요.

"일제 때도 소작료가 있었어요 …그때 마름이라고 지주 대신에 소작료 거두는 그런 사람도 있었어요. 거 참 이래 못땠게 굴고 그런 사람 있었지요. 허허. 왜놈들 앞잽이 되가지고 댕기민서(다니면서) 뭐 괴롭히고 그런 사람도 있었고."

옛날에 농사지을 때 제일 힘든 게 보리타작이었어요. 그기 인자 도리깨 카는 거 이거까 뚜드리거든. 한더위에 까끄러운(까칠까칠한) 거 그 수염이 숭숭한 거 그걸 마당에 깔아 놓고. 막 뚜드리야 떨을게. 그기야 참 힘들지요 뭐. 뭐든 다 힘들지요 뭐. 기계 하나 없이 손으로 다 하이까. 뭐 걷아가 젊어지는 것도 그 당시로는 지게로 하니까 힘들고. 그때 노동이라카는 거는 말로 다 모합니다. 요새 이 참외 [농사] 하고 나서 이기 뭐 전국적으로 이름이 나 가지고 뭐 자꾸 각 지방에서 사러도 오고 팔러도 가고. 이 때문에 이 동네가 부촌인 택이라. 그런 이름을 듣고 있지.

사진도 하나 못 찍었는데 신혼여행이 어딨어

“결혼은 6 · 25 나기 전에 17살(1949년) 때 했어요. 처가는 여기 성주 선남면 용신에 있었어 …나이는 나캉(나하고) 한 동갑이라요.”

결혼은 6 · 25 나기 전에 17살(1949년) 때 했어요. 처가는 여기 성주 선남면 용신에 용덕에 있었어요. 여서 한 2키로쯤 되지. 그래서 할머니 택호가 저 용신, 용신댁이라고 부르지. 나이는 나캉(나하고) 한 동갑이라요. 허허. 여 [시집] 오기 전에는 교회는 안 다니고 여 와서 다녔어요. 중매는 누가 했는지 잘 모르겠어. 중매도 뭐 어릴 때 해 가지고. 그때는 뭐 혼수 그런 것도 없었어요. 그때는. 결혼식은 처갓집에 가서 했는데 요즘처럼 뭐 신혼여행이나 뭐 이런 것도 없었어. 사진도 하나 못 찍었는데 신혼여행이 어딨어.

처음 같이 사진 한 번 찍어 본 거는 잘 기억 안 나요. 우리 여행 가 가지고(가서) 찍은 거 그것벡에(밖에) 없어. 요

▼ 김재덕 부부의 54주년 금혼식 사진. 결혼사진이 없었던 구술자는 가족과 함께 찍은 이 사진으로 위안을 삼았다.

번에 70주년 예배 볼 때 참 옛날 그거 혼례복 입고 그렇게 하나 찍었지. 허허. 옛날에 결혼하는 거 매로(처럼) 그래 하나 찍어 놨어. 허허.

아이들은 4남 1녀 뒀는데 다 출가했어요. 나는 결혼을 중매로 했는데 우리 아이들, 며느리나 사위 볼 때는 특별히 뭐 조건이나 뭐 그런 거 본 거는 없었어요. 뭐 서로 뭐, 오고 뭐. 이해되는 대로 보고 뭐 했지 뭐. 거 뭐 조건도 없고 뭐. 거 부유한 가정도 아이고. 조건 뭐 세울 만한 가정도 아이고….

인민군과는 싸워 보도 모했어

전쟁 때 인민군들 여 들어왔지요. 우리도 여기 포탄이 떨어지는 바람에 여기 꼴짜(골짜기에) 드가(들어가) 있다가 저 안으로 피난 갔어요. 성주 저 안으로. 여기는 뭐 순 전쟁터가 되가 있고. 강을 복판에 두고. 여기가 저 미군도 들어왔어요. 그때 내 나이가 뭐 한 열여덟, 열아홉. 50년대이까네(이니까). 스무 여남은 살 됐을 땐가 그렇지.

군대는 53년도 갔어요. 가자마자 휴전됐어요. 근무는 제1경비대대라고 있었는데, 부산서 있다가 저 전라도 공비 토벌도 가고, 저 충청도로 가서 거 뭐 탄약고 거도 [근무도] 하고. 결국 또 부산 와 가지고 제대했어요. 차량재생청카는데(에서). 그래서 제대하고는 고향 와서 그때부터 여기서 계속 농사만 지어 왔어.

"군대는 53년도 갔어요. 가자마자 휴전됐어요. 근무는 제1경비대대라고 있었는데, 부산서 있다가 저 전라도 공비 토벌도 가고, 저 충청도로 가서 거 뭐 탄약고 거도(근무도) 하고. 결국 또 부산 와 가지고 제대했어요."

그때 군대가서 정말 고생 많이 했어요. 우리가 공비 토벌 가가(가서) 하루 백 리씩 걸어 댕깄어 요(다녔어요). 그때 근무지가 전라도. 전라도 지리산. 그기 인자 전부 여 마산으로 낙동강도 건너갔거든 인민군이. [그런데] 그기(인민군이) 인자 인천상륙 따문에(때문에) 길이 끊치뿌딴(끊겨 버렸단) 말입니다. 그라민서(그러면서) 전부 전라도 지리산으로 다 모이뿟어(모여 버렸어). 그기 한 1개 군단쯤 모있다 카는 기라. 그래노이 인자 이짜(이쪽) 뭐 경비대대, 전투경찰, 독립부대들이 가서 그 사람들하고 붙어 봤자 상대가 안 돼요. 낮으로 마 이짜 군인[아군]이 드가고 저녁으로는 마 저(인민군) 사람들이 막 내리오고. 이래가 그 근방이 이 전쟁터보다 더 참혹하게 됐어. 전라도.

그래 결국 안 돼 가지고 인자 휴전되고 나서 1개 오사단 끌어니라(끌어내려) 가지고 그래 막 뚜드리는 바람에. 길 티아 놓고(터 놓고) [북으로] 넘어가는 사람 넘어가고. [인민군 패전병들] 마이 잡았어요. 그러고 난 뒤에 우리는 거기 가가 여기저기서 따문따문(드문드문) 나타나는 거(잔당들) 그거 따라 댕기다 보이까네(따라다니다 보니까) 하로(하루) 백 리썩(백 리씩) 넘게 따라댕겼지(따라다녔지). 허허. [인민군과는] 싸워 보도 모했어. [인민군 잔당을] 다리이 잡아논 거(다른 사람이 잡아 놓은 것을) 구경만 했지. 몇 사람 안 남았으이끼네. 그땐.

그때는 뭐 사람 죽는 걸 여사로 봤으이

6 · 25 전후로 이 동네에도 좌익운동 한 사람 있었어요. 그래도 별로 크게 활동한 사람은 없었고. [전쟁 때 인민군에 희생당한] 그런 사람은 없어요. 이 마을에 그런 사람은

(좌익운동 한 사람은) 없어. 부역이나 다른 걸로 희생된 그것도 없어요. 이 동네는 참 평화로운 [동네였어요]. 여 전쟁터가 요서(여기서) 했어요. 뭐 그런 거는(양민학살 같은 거는) 없어요.

여 뭐 [인민군들이] 산에 마이 [주둔해] 있었어. 강 못 건너와 가지고 첨에는 미군들이 저서(강 건너편에서) 마 팡팡 쏘샀고. [낙동강]물 건너가기가 힘들거든. 인민군들이 여기 있으면서 [주민들에게] 피해 준 거는 뭐 달(닭) 자(잡아) 묵고, 소 자 묵고 저거(자기들) 하고 싶은 대로 다했지. 사람 잡아다 부역시키고 뭐. 여는(여기는) 사람 피해는 없었고 전부 피난 가뿌고(가 버리고) [마을을] 비아뿟지(비워 버렸지) 여는(여기는). 다 비아 줘 뿟어(비워 줘 버렸어). 국군들은 저 바로 올라가 뿟고. 여 거치지도 아했어.

성주에 다른 지역에서는 저 안으로 드가마 뭐 그런 [양민학살] 이야기가 종종 있어요. 뭐 국군들도 와 가지고 마이 학살했다. 인민군들이 뭐 저 사람 죽이는 것도 마이 있고. 우리도 피난 가 있으이까네 거 뭐 동네 경찰가정인데, 인민군이 밤에 와 갖고 그 부인을 총을 쏴 갖고 죽이는 걸 봤어요. 경찰부인이라고. 밤에 뭐 우리는 총소리 나고 해 가지고 도망갔는데, 그 부인이 문지방(방문턱)에 나오이까네(나오니까) 쏘뿟다카네(쏴 버렸다고 하네). 낙동강변에 사람들을 모아 놓고 총살시켰다던데, 그거는 저저 저 안으로 있는 사상 다른 사람 보도연맹 가입자, 이런 사람을 싣고 나와 가지고 강에서 마이 죽였다 그런 소리는 듣기드라. 그때는 뭐 사람 죽는 걸 여사로(보통으로 대수롭지 않게) 봤으이.

"낙동강변에 사람들을 모아 놓고 총살시켰다던데, 그거는 저저 저 안으로 있는 사상 다른 사람 보도연맹 가입자, 이런 사람을 싣고 나와 가지고 강에서 마이 죽였다 그런 소리는 듣기드라. 그때는 뭐 사람 죽는 걸 여사로 봤으이."

군대 갔다 와서 수박농사 시작했지

벼농사하다가 수박[농사]을 하게 된 거는 우리 군대 갔다 와서 했을 끼라요. 내가 4년 4개월 군대생활 했는데 군대 갔다 와서 50년대 중반쯤. 수박농사를 하게 된 거는 남들이 하는 거 보고 그기 뭐 수익성이 있다 이래 인정이 되이까 모도(모두) 처음에 한 집 하던 사람이 자꾸 전염이 되가지고 낸중 가서(나중에 가서) 마이 하게 되고 그래[서] 했지요. 우리는 뭐 [수박농사를] 빨리도 안 했고 보통 시작했는 택이지 허허.

"처음에는 밭에서 수박 재배하다가 그 다음에 논으로 옮겨 재배했어요. 그때는 뭐 수리[시설]가 되기 전에는 밭이고, 수리가 되고 나서는 인자 논으로 되고 그러이. 아마 60년대 중반쯤 돼 가지고 [밭에서] 논으로 옮겼을 겁니다."

[여기 수박농사가 시작된 것은] 이기(들판이) 아직 경지정리가 안 됐을 때거든 그때. 처음에는 밭에서 수박 재배하다가 그 다음에 논으로 옮겨 재배했어요. 그때는 뭐 수리[시설]가 되기 전에는 밭이고. 수리가 되고 나서는 인자 논으로 되고 그러이. 아마 60년대 중반쯤 돼 가지고 [밭에서] 논으로 옮겼을 겁니다. 그때 뭐 마이 하는 사람은 한 천 평 가량. 뭐 그래 [수박농사를] 했지. 그때는 [이 들에 반 이상 수박농사를] 그래 했다고(지었다고) 봐야지. 수박밭 놓고 하고 또 모심고 그래 했지. [수박농사 처음 한 것은] 그 인자 외지에서인지 한 사람이 날라(옮겨) 들와 가지고 하는 거를 보고, 그기 수익성이 있다 해 가지고 따라했지 모도(모두).

이 마을에서는 노○ ○이라꼬 하는 사람이 제일 빨리 했어요. [그 사람] 지금 여[기] 없고 부산 가서 있어요[살아요]. 자식 따라 뭐. 자기 부인 별세하고 해 가지고 아들 따라 가뿌렸어(가 버렸어).

수박 재배기술도 [마찬가지로] 앞에 하는 사람 꺼 보고 그래 했지. 처음에 뭐 옛날에 거 뭐 대전인가 어디 우장춘 박산가 뭐 그분이 [수박을] 전국에 보급시켰다고 해도 과언이 아이겠지. 그분이 기술도 전수하고 이래 가지고 뭐 어데서 배와 왔는지. 처음에 들어온 사람이 하는 거 보고 그래가 했지. 어데 가가 기술을 뭐 배우고 그런 거 없었어. 그 뒤에 인자 수박 겉은 거(같은 것) 참외 겉은 거 마이 하고 나서야 인자 이 농촌지도소, 거서(거기서) 와 가지고 어떻게 어떻게 하라고 기술 강연도 하고 그랬지.

그때 수박 품종은 뭘로 했는지 잘 모르겠어 지금은. 허허. 그때는 [하우스 재배가] 없었어요. 이거 하우스 재배는 근간에 와 가지고 하는 기고. 옛날은 노지 재배뿐이라. 처음에 수박 본포 말고 육묘하고 고(그) 다음에 육묘를 해 가지고 본포로 옮기고 그래 하지요. 수박 육묘는 비닐하우스에서 하고 그걸 노지로 옮기고. 수박농사도 이제 마이 하믄(많이 재배하면) 혼자 다 못 하이 그때는 마을 사람들끼리 어불러가(함께 힘을 모아서) 하고 했지요. 품앗이로.

수박도 도지가 있는데 인자 수박 도지는 매나(마찬가지로) 벼 그걸로 인자 1년에 1평에 얼마다 이래 정해 가지고 그래 주는 거지요. 수박을 주는 기 아이고. 나락(벼) 한 근에 얼마다 그런 식으로 해 가지고. 요새는 거 1평에 3근이라 캅니다. 나락. 3근 값을 1평 값으로 주만 되요. 참외도 똑같고요. 허허.

수박농사는 기후 관계에 따라 영향을 마이 미칩니다. 벼하고 아무 작물이라도 뭐. 햇빛이 많아야 좋은 기지요(것이지요). 비가 엄청이 지마(많이 오면) 병이 심해가 안 돼요. 벼도 그렇고. 참외 수박도 그렇고. 마 참외 수박은 더욱

맛이 없어지고. 비가 오면 뿌리에 물이 스며들기 때문에 하우스 안에서 재배해도 뿌리가 쪽 뻗어 있기 때문에 [뿌리가] 물을 흡수하마 그기(참외수박) 맛이 변해 뿌지(변해 버리지). 단맛이 반하지요(줄어들지요). 수박 해가(해서) 실패해 본 적도 있어요. 실패하는 건 그 탄저병카는기 그런 기 와요. 이퍼리가(잎이) 빨개 가지고(빨갛게 변해서) 말라 뿌는 거. 그런 기(그런 것이) 잘못하마 [생겨나지요]. 노지하다가 오래 계속하니까 그 병이 있기 때문에 그래가 하우스 [재배로 변했어요]. 요새 뭐 노지 참외 같은 거 모 하거든. 여기는 안 돼요. 비 한 번 와뿌마(오면) 절단 나뿌리요(완전히 망쳐 버려요).

"그때는 수박 심는 게 요즘보다 늦었어. 노지[재배] 할 때는 늦었지. 한 3, 4월. 2월 달부터 3월 달 그때 옮겨 심어가지고 6월 말경에 수확 다 끝나고 나마 모심고 [그랬어]. 모심고 나서 그 뒤에는 다른 농작물 못합니다. 가을[추수]하고 나만 또 논 장만해 가지고(손질 해서) 수박 심을 준비를 해야 돼요."

수박[농사]은 제일 많이 지을 때가 한 대엿 마지기. 한 천 평[까지 해 봤어요]. 계절에 따라서 수박 그거 하나만 한 거는 아이고(아니고), 수박하고 나서는 나락 심어 벼농사 하고. 그때는 수박 심는 게 요즘보다 늦었어. 노지[재배]할 때는 늦었지. 한 3, 4월. 2월 달부터 3월 달 그때 옮겨 심어 가지고 6월 말경에 수확 다 끝나고 나마 모심고 [그랬어]. 모심고 나서 그 뒤에는 다른 농작물 못합니다. 가을[추수]하고 나만 또 논 장만해 가지고(손질해서) 수박 심을 준비를 해야 돼요. 수박은 노지[재배]할 때는 뭐 여러 번 따냈지요. 한두 번 따낸 게 아이고. 계속 열고 하이.

[수박농사도 참 힘들었어요]. 그때는 뭐 저 농기계가 없으이끼네. 밭 겉은 거(같은 거) 이제 밭 장만을라카마(손질할려면) 아주 힘들었어요. 거 쟁기 소 가지고 이래 갈아 가지고 또 그 딩이(흙 두덩이)를 보드랍게 뿌사야(부숴야) 되거든. 나무 가지고(나무로) 이 뭣이고 맨들어 가지고 치는

거 곰배라카나, 그런 기 있어 가지고 맨날 치고. 이래 부드럽게 장만해 가지고 그래 수박 심고 그래 했어요. 벼농사는 중간에 피도 뽑고 물도 대고 해야 되는데 수박은 인자 장(늘) 김이 많아요. 그래 김도 마이 매고 자꾸 순도 쳐야 되고. 수박밭에도 피 같은 것도 마이 나고 뭐 여러 가지 풀이 마이 나요. 다 매야 되요. 그걸 일일이 다 호미로 매야 돼요. 수박도 의외로 손이 마이 가요. 참외는 더하고 수박보다. [농사짓는 게 참] 어렵습니다. 허허.

수박농사 지어서 팔 때는 서울로 마이 갔어요. 그때 우리는 저 서울[로]… 고속도로도 없었고 일반 국도로 인지(이제) 가다가 차도 옳은 차가 없었거든요. 오후에 나서만(나서면) 저녁 내 가도 서울 도착 모할(못할) 때가 많애요. 이튿날 뭐 날 새 가지고 서울 도착하고 뭐. 이랬는데 가다가 뭐 사고 나고 이런 날도 많았고. 수박 차가 가다가 디비지고(거꾸로 엎어지고) 뭐 이런 날도 많았어요. 74년인가 성주대교가 생기기 전에는 여기서 서울로 갈 때는 주로 성주로 들어가 가지고 초전으로 저 김천으로 그리 갔지요. 그리 가마 왜관 통로꺼정(까지) 김천으로 연결되는데 국도로 글로(그리로) 댕겼어요.

그때는 수박 수확할 때 지게로 져 봐야 몇 덩이 못 지고, 소로 실어도 몇 개 못 싣고 양쪽에 이래 거 가마이매로(가마니처럼) 달리(달려) 있는데 거도 몇 개 못 싣고. 그때는 수박도 컸어요.

수박농사 할 때도 소가 하는 일이 좀 있었어요. 그때도 뭐 소까(소를 가지고) 이래 다라야(다뤄야) 되지요 논 겉은 거. 그래 가지고 운반할 때도 소 쓸 때도 있고. 사람이 주로 마이 하고. 그때 우리 집에도 소를 1바리(1마리)

키웠는데, 몇 마리 키울 심(힘)도 없었고. 그런 여유도 없었고.

하루 점두루 수박 따가 서울로 가고

"수박 겉은 거 팔마 대구로 갈 때는 저리 성주로 둘러서 저리 갔는데. 뭐 차량도 온다는 차도 없었고. 시발차. 앞에 발통(바퀴) 하나 달리고 뒤에 둘 달린 거 쪼맨한(조그마한) 거 있잖아요. 삼륜차. 그거 가지고 싣고 댕기고 뭐 이랬어요."

성주대교 생기기 전에 대구로 나갈 때 통행은 주로 성주를 둘러 댕기고 이래 댕겼지. 차 타고. [성주대교 생기기 전에는] 여 대구로 나갈 때 나루터서 배 타고 그런 거도 있었지. 나루터는 [성주]대교 있는 데 거 있었고. 요 마을 요 앞으로 나가마 걸어서 강까지 가 가지고 거서 배 타고 다녔어. 고게는(거기에는) 하빈 나루터라고[6] 있었는데 요즘은 거기 가면 아무것도 없지. 배도 없어지고. 여 [성주]대교 나고 나서는 그런 기 없어졌지. [그러니까 다리 생기기 전하고 후가 제일 많이 달라진 데가 여기라]. 마이 달라졌지. [옛날에 강이 저렇게 있을 때는 오히려 여기가 좀 성주에서 오히려 오지여서] 교통이 참 불편했어요.

그때 참외장사들이 다리 안 났을 때는 자전차 끌고 강구(광주리)인가 큰 거, 거 사가 실고(싣고) 저 강 모래밭에 막 끌고 댕기고 이랬는데, 애 마이 묵어요(많이 먹었어요). 차는 뭐 그때 없었어요. 뭐 수박 겉은 거 팔마 대구로 갈 때는 저리 성주로 둘러서 저리 갔는데. 뭐 차량도 온다는 차도 없었고. 시발차. 앞에 발통(바퀴) 하나 달리고 뒤에 둘 달린 거 쪼맨한(조그마한) 거 있잖아요. 삼륜차. 그거 가지고 싣고 댕기고 뭐 이랬어요. 신동재 만대이로(산꼭대기로).

그 저 자전거로 운반한 사람들은 좀 작은 양을 사가는 사람들이고 그래서 나루터 건너가지고 가마 건너가마 도

6 낙동강을 사이에 두고 있는 성주군 선남면 소학마을 건너편의 달성군 하빈면 하빈 나루터를 지칭.

로가 있으이. 자앙거(자전거) 타고 대구꺼정 가고. 허허. 요즘 그 아스팔트라도 했으이 그렇지. 옛날에 거 비포장도로 거 버스 몇 대 댕기만 막 어지럽거든. 허허. 수박 차는 살살 그래 가이까네 그 하지만은. 버스 겉은(같은) 거는 참 타고 댕기기 힘들었어요. 성주 저쪽으로 저.

수박은 지게로 지고 여 여 냇가까지 가와(가지고 와서) 가지고 냇가 거서(거기서) 짐 싣고 가고 그랬는데 보통 지게 저거로 하면 한 7개 그 어데 안 지겠나. 점두러(하루 종일) 해야 돼(날라야 돼). 점두러 해가 해거름(해질녘) 할 때까지 [운반] 해 가(해서) 서울로 가고. 그래 양이 많지만 혼자 안 하고 한 몇 키(사람) 어불러 가지고(함께 힘을 모아서) 실고 가지. 뭐 또 그때는 가면 뭐 한 사람만 가마하지만은 수박 싣는 사람 다 따라 가이께. 뭐 몇 사람 앞에 기차 타고 가고. 거게(트럭에) 한 사람 따라오고. 그래 마이 댕깄어요(다녔어요). 요즘 뭐 사람도 안 가고 뭐 전부 물건만 부치잖아요(보내잖아요).

새마을운동하고 나서부터 마이 나아졌지

이 마을에는 새마을운동이 좀 빨리 시작된 편입니다. 마을에 담도 전부 흙담인데 벽돌로 쌓고, 세민도(시멘트도) 이고 그랬어. 박 대통령이 여 고향이 원래 [성주군] 선남이었다 카는데 묘도 뭐 조부 묘도 여고(여기 있고). 성주 거기 들어가다 보마(보면) 황신고개 거기 자기 묘 있다고 전에 좀 가 봤는데 요새는 뭐 그것도 저것도 없이 파짓기가(파헤쳐서) 공장 짓고 뭐 해 놨드라. 새마을운동하고 [여기] 참외 재배하고 시기가 좀 비슷하지. 그럴 기라. 그렇지만 그때 [박 대통령 고향이라고] 별로 덕도 뭐 보도 모했지(덕본 일은 별로 없어).

이제 먹는 거 걱정 안 하고 고생 안 하고 걱정을 덜하게 된 것이 인자 여기 햇수는 잘 모르겠고 언제쯤인지 80년대 지나서지 아마. 박 대통령 와 가지고 새마을운동하고 그런 경제적인 이러한 것이 생기고 나서부터 좀 나아졌겠지. 그때는 뭐 이런 울타리 같은 데도 전부 흙담으로 전부 쌓았는데 새마을운동하면서 부로커(블럭) 찡어 가지고 담 싸고 지붕 같은 것도 개량하고 옛날 그 전부 볏짚 엮어 가지고 [지붕] 이고(올리고) 그런데 박정희 대통령 하고 나서부터 슬레이트 이고 담장 같은 거 부로커 싸고 길도 한길씩 조금씩 넓히고 그래 해 가지고 차차 발전되어 그런…

"먹는 거 걱정 안 하고 고생 안 하고 걱정을 덜하게 된 것이 인자 여기 햇수는 잘 모르겠고 언제쯤인지 80년대 지나서지 아마. 박 대통령 와 가지고 새마을운동하고 그런 경제적인 이러한 것이 생기고 나서부터 좀 나아졌겠지."

여기 수리 안 되었을 때는(수리조합이 없었을 때는) 뭐 여기 생색날 일 별로 없었어요. 앞뒤 요리는 논 행세를 했지만은 저 밖에 넓은 데 저리는 논 행세를 못하고 뭐 벼도 못 심고 옛날 그런 들이기 때문에 옛날에 여기가 아주 살기가 어려운 동네입니다. 요새 그 말하면 누가 믿겠습니까. 안 믿지요. 뭐 요즘 아이들 뭐. [낙동강 수리 그 물길이 생기면서 그때부터] 물을 양수장으로 퍼 올려가 물을 만들었기 때문에 [여기가] 좀 살기 되었어.

새마을운동에 대해서 여러 말들이 많은데 우리는 그때 봐서는 좋게 생각했지. 그 뭐 없던 길도 내고 지붕도 개량하고 담장도 새로 하고 일찍 일어나가지고 운동도 하고 좋게 봤지. 그 머리(때문에) 나라가 좀 일찍이 일어서지 않았나 싶으기도 하고.

지붕 개량도 [옛날에는] 해마중(매년) 엮어야 되거든. 가을하고 나면 짚을 가지고 뭐 그것도 뭐 하루 이틀 만에 끝내는 게 아니고 계속 며칠 엮어야 집 한 채 [지붕] 이거든(올리거든). 고생은 말도 못해. 손으로 새끼도 꼬야 하고 위에 매고 뭐 이랬는데 참 불편한 일이 많았지요 뭐. 한 해 한 해 자꾸 이을려 하니 그래 인자 슬레트 가지고 이~는 바람에 한 번 이~놓으니끼네 몇 십 년씩 나가고 뭐.

이엉 이거 하면 그 집 식구들만으로 지붕을 다 못 이~니까 그때 동네 사람들끼리 모여가 서로 이어가 지붕 얹어 주고 그랬어요. 이을 때는 하나 둘이 하지 못하고 세다리(사다리) 이래 놓고 매고 올라가고 위에서 받고 들어가지고 몇이서 들어가 하지 혼자서는 못하고. 그 초가집 [지붕]은 우에 저 석가래 걸쳐 가지고 엮어 가지고 흙 가지고 발라 놨거든. 발라 놨는 그 위에 짚을 엮어 가지고 자꾸 돌려 돌려 이래 이~거든. 이래 함부로 이~면 새지. 자꾸 인자 층어리 요래 띄어가 요래 요래 띄어 가지고 잡고 이래 이래 만대이까지(맨 위에까지) 돌아가며 잡고 돌아가야 돼. 일이 보통 일이 아니지. 요즘 저 민속촌에도 해마중 [초가지붕을] 안 이~줍니까(안 올려 줍니까).

"썩으만 거기에 이마꿈한(이만큼 한) 큰 벌레가 그게 생기거든. 굼빙이(굼벵이) 라카나. 예 그거 생기만 그거 다 파내고 전부 짚을 여어(넣어) 가지고 새 짚을 여어 가지고 미우고 또 올리고 그래."

한 해씩 빼묵을 때도 있지만은 그게 이제 물이 새 드가만(새어 들어가면), 썩으만 거기에 이마꿈한(이만큼한) 큰 벌레가 그게 생기거든. 굼빙이(굼벵이)라카나. 예 그거 생기만 그거 다 파내고 전부 짚을 여어(넣어) 가지고 새 짚을 여어 가지고 미우고 또 올리고 그래. 옛날에는 집에 뱀도 큰 것도 있었어요. 구렁이라카는 그기 집에도 뭐 보통 나타나고 했어요. 담에 큰 기 댕기고 그랬어요. 지금은 그게 없지만. 지붕 개량하고 일손도 마이 줄어들고 그르이깐(그러니까) 뭐 영(훨씬) 좋아졌지 그땐.

부엌 구조도 뭐 그것도 하나하나 인자 정부에서 자꾸 강조하고 인자 돈도 째매끔씩(조금씩) 보태 주고, 화장실도 조금씩 변경하고 이랬지. 옛날에는 화장실 여 참 드가기도 힘들지요. 남에 화장실 들어가려고 하면 참 기역질(구역질) 나고 그런 거석[7] 아임니까. 지금 사람들은 그런 거 보기조차 안 했을 끼라 못 했을 끼라. 농촌지도소에서 인제 그런 일하는 사람들이 생겨 가지고 동네 사람들 모아 가지고 음식물 그거 영양개선 한다고 교육도 하고 뭐 해쌌지. 요즘 사람들이야 새마을운동이 뭐 어쩌고 그런 얘기도 하지만 사실 그때 살았던 사람들은 대부분들 다 긍정적으로 마이 생각하지요. 요즘 사람들은 그런 어려움을 모르니깐 뭐 옛날 그대로가 안 좋으나. 환경 차원에서 뭐 개발한다고 뭐 파괴한다고 뭐 이것을 자꾸 주장하이끼네 긍정적이 되지 못하지. 옛날 사람들은 그런 고생을 겪었기 때문에 조금이라도 수월해야 되겠다는 [생각을 하게 되고] 그런 짐을 벗게 되니깐 [옛날 사람들 입장에선] 좋으만 좋은 기지(좋다고도 할 수 있지).

처음에 경운기 써 보니까 기분이 말할 수 없었지

경운기는 처음 사용한 지는 오래되었지. [사용]한 지 그때… 몇 년도인지 그 잘 기억은 안 나는데… [수박할 때] 그때는 경운기 못 썼지. 그때는 뭐 소등에 싣고 사람 등에 지고 이래했지. [경운기를 쓰게 된 거는] 참외 해 놓으면은 그때도 참외가 나왔는지 안 나왔는지 모르겠어. 나와 있어도 1, 2대 그래 나왔다가 차츰차츰 보급되어 가지고 많

7 어떤 것(곳). 사물이나 장소, 사람 등을 지칭할 때 주로 사용함. 여기서는 '불결하고 불편한 곳'이란 뜻으로 쓰고 있으며, 전라도 사투리 '거시기'와 비슷한 용법으로 사용됨.

이 그래했지. 처음에 경운기 써 보니깐 기분이 그거 말할 수 없었지. 처음에는 뭐 참 별로 기술이 없어 가지고 마음대로 하도 못했고 인제 처음 하는 사람들 그런 사람들이 배워 가지고 그래 뭐 [경운기를 사용하게 됐지]. [예전에] 소로 가(소를 가지고) 하다가 [경운기가 들어와서부터는] 많이 거석했지(좋아졌지). 소로 갈아 가지고 또 나무 가지고 만들어 가지고 이래 소 뒤에 끌고 댕기며 부드럽게 만들어야 되고 또 나무 곰배라고 만들어 가지고 막 치고 이래 가지고 부드럽게 해 가지고 참외 심구고 수박 심구고 이래 했는데 뭐 경운기 하고 나서는 뭐 막 그 뭐 뒤에 달고 댕기는 그것 가지고 하니끼네 일하기가 많이 편리해졌지. 또 그 뒤에 트랙터 그게 나와 가지고 참 편리했지. 트랙터는 그게 나온 지 별로 안 되었지. 80년대에 기계트랙터 인자 마이 나왔지. 여기는 뭐 [경운기] 늦게 산 택이라. [우리 집에는] 뭐 아직도 뭐 경운기도 있고 트랙터도 있고 다 있어. 경운기 사 가지고 그 싣고 저 이것도 하고 저것도 하고 뭐 늦게 가서 많이 했지 우리는.

"옛날에 농사지을 때는 소 한 마리 못 길러 가지고도 애 먹었지.…부잣집에서 사다가 주면 일 시키고, 먹이 다 주고, 새끼 빼주고, 전부 다 그쪽(부잣집) 거. 소는 지 끼고(부잣집 것이고) 맨날 그런 소작인들은 장(늘) 그런 부잣집 재산 늘려주는 이런 역할뿐이 못했지 그때."

옛날에 농사지을 때는 소 한 마리 못 길러 가지고도 애 먹었지. 몇 마리씩 키우지도 않았고. 1집에 1마리씩 일 시키려고 그때 했지. 요즘은 뭐 소 공짜로 안 나옵니까. 잡아 먹으려 먹이지 일 시키려 먹이는 사람 없거든 농촌에도. 옛날에는 1집에 1마리 정도씩 키웠지 뭐. 자기 돈으로 사지 못하는 사람은 부잣집에서 사다가 주면 일 시키고 먹이 다 주고 새끼 빼 주고 전부 다 그쪽(부잣집) 거. 소는 지 끼고(부잣집 것이고) 맨날 그런 소작인들은 장(늘) 그런 부잣집 재산 늘려 주는 이런 역할뿐이 못했지 그때.

어떤 사람은 2년 머슴살아 세경(품삯) 받아 가지고 집

사고, 1년 [머슴] 해 가지고 결혼했다는 사람도 있다고 하던데 그런 사람들은 특수한 사람이다. 참 머리 잘 쓰고 좀 절제한 사람이겠지. 요즘 농촌에 뭐 남의 집 사는 사람 벌로(함부로) 쓰는 사람들은 집에 다 까먹어 버리고 생긴 대로 그대로 써 버리고 이래 사는 사람도 있고 그것도 뭐 나름이라. 이 마을에도 다른 데에서 들어온 사람들, 절제하고 열심히 노력하는 사람들은 [자기]집 짓고 부자 맨드로 사는데, 맨날 뭐 그때 온 때나 지금이나 뭐 고생하는 사람 있고 뭐 여러 가지 자기 삶에 방식에 따라서 많이 달라요.

"수박하다가 참외하게 된 거는 수박보다는 참외가 이기 수확량이 나사요(나아요). 돈이 이기 마이 된다카이. 수박대마(수박과 비교해서) 참외가."

그렇게 하다가 이제 참외를 하게 된 거지. 참외한 지는 뭐 15년 20년 뭐 고 정도 됐지 싶어요. 수박하다가 참외하게 된 거는 수박보다는 참외가 이기 수확량이 나사요(나아요). 돈이 이기 마이 된다 카이. 수박대마(수박과 비교해서) 참외가. 참외도 역시 [수박처럼] 첨 시작할 때는 다른 사람이 하는 거 보고 따라한 거지요. 인제 한 사람이 변해 가지고(처음 시작해 가지고) 자꾸 그기 돈이 마이(많이) 된다 카

▶ 구술자가 참외 운반 작업을 하는 모습

이까(된다니까) 모도(모두) 따라 [참외농사를] 졌는(지었는) 거고 그렇지. 수박농사하고 참외농사하고 비교해서 힘은 참외농사가 훨씬 마이 들어요. 손도 마이 가고. [그래도] 그기 인자 평당으로 따지든지 해 가지고 계산해 보마 [가격] 차이가 마이 나요.

참외가 수박대마 수확량이 나사요

[참외] 운반하는 거도 크기가 작으니까 운반하기도 쉽고 뭐 그런 것도 있겠고. 그때야 뭐 수박할 때는 뭐 길도 옳은 길이 없어 가지고 등짐으로 져다 나리고(나르고) 뭐. 이러 그러 하이 그기 뭐 참 힘들었지. 참외는 요새 뭐 경지 정리 되고 나서 하니까 차로 뭐 경운기로 뭐 전부 싣고 나오고 말이지 뭐.

참외는 첨에 노지 마이 했어요. 노지하다가 그기 계속 하이까네 그것도 또 병이 마이 와서 안 돼사서 그래 하우스 했지. 첨 할 때는 잘 됐는데 몇 해 계속하이까네 뭐 비만 오마 이퍼리 버썩 말라 뿌고(말라 버리고).

참외 수확해서 나오는 수입은 그때에 비해 요즘이 좋지요. 요즘 기술적으로 하이까네(하니까) 마이 생산되고 수익성도 높고. 지금은 내가 몸이 좋지 못해서 아들 둘이 [가업을 이어서] 참외농사짓고 있어요. 이 마을에서 참외농사 처음 시작은 뭐 다리캉(다른 사람과) 비슷하게 했지요. 관에서 [특별히] 이걸로 바꿔라 이런 거는 없어요. 자기 자유로 뭐 했던 거지.

참외 [재배]기술 그거는 인자 남 하는 거 보고 했는 기지 뭐. 전부 뭐 특별히 어디가가 [기술을] 강의받고 배우고 한 것도 없어요. 여(여기) 땅이 특별히 참외농사 짓기 좋은 이유는 기후조건이 좋아요 여기는. 산 밑이 아이고 일조량이 길거든. 이기(이게) 주로 장점이고 토양도 사질토이꺼네 여기는 물도 잘 스며들고 그런 조건도 좋고. 또 물도 마음대로 땡길 수도(당겨 쓸 수도) 있고. 여 낙동강 물 땡기기도 하고 관정 파 가지고도 하고 그래요. 우리는 관정도 있고 뭐 물 땡기기도 하고 그래요. 쪼매끔(조금씩) 파니까. 우리는 깊이 안 파고 쪼매끔 물 주는 거는 샘이매로(샘처럼) 쪼매 깊이 파 가지고 물 주고 그런 거는 할 수 있어요.

"참외 [재배]기술 그거는 인자 남 하는 거 보고 했는 기지 뭐. 전부 뭐 특별히 어디가가 [기술을] 강의받고 배우고 한 것도 없어요. 여(여기) 땅이 특별히 참외농사 짓기 좋은 이유는 기후조건이 좋아요 여기는 산 밑이 아이고 일조량이 길거든. 이기(이게) 주로 장점이고 토양도 사질토이꺼네 여기는 물도 잘 스며들고 그런 조건도 좋고."

참외 출하하면 이제 주로 서울로 가고, 전국적으로 마이 보내요. 여서 인터넷으로 또 연락해 가지고 파는 사람도 있고. 여(여기) 면소재지나 저 성주 근방 가마 공판장이 있어 가지고, 거(거기) 실고 가마 경매해 가지고 그래 하지.

참외도 여러 품종이 있는데 지금 참외 품종은 저 노지 재배할 때 그때 하고 다르지. 그때는 노랑이라꼬 뭐 그냥 골이 안 나고 민슬하이(표면이 미끈하게) 노오라이 그렇지. 요즘은 뭐 참외씨도 여러 가지가 나옵니다. 뭐 금싸라기 이름도 뭐 새기기도 [하고] 뭐 마이 나오는데 거 자기 인자 생각대로 하마 하고. 첨에 노지참외 그거는 노오라이 은천카는 그런 거였는데 옛날에는 뭐 당도도 요즘 하믄 모했을끼라 그거는.

참외농사짓는 것도 수박농사짓는 거하고 일하는 형태가 비슷합니다. 수박 노지하고 참외 노지하고 고랑 파는 거도 별로 뭐 차이 없었어요. 논에다가 반은 참외하고 반은 뭐 수박하고 그런 거도 없었고. 허허. 차츰 이제 수박하다가 [수익성이 좋은] 참외로 변했지. 나는 뭐 [수박에서 참외로] 변할 때 한목(한꺼번에) 변했겠지. 개개인은 한목 변했겠지만은 마을 전체가 한목 가고 한목 오고 그런 거는 없었지.

지금 요(이) 철에는 위(참외) 달고 순 치고 주로 그런 거 하고 이번 2월 말 3월 초쯤 하면 일찍이 거석한 사람은 [첫 참외가] 나올 낍니다. 곧. 여기(도홍리) 참외 품종은 여러 가지 써요. 전부 사람들이 개개인 자기 맞는 대로 사용하니까네. 요즘은 뭐 쓰는지 잘 모르겠어요. 나는 이제 농사를 안 지으니까 아이들한테 맡겨 놓으이. 뭐 옛날에 우리[가] 할 때는(농사지을 때는) 금싸래기, 금노다지 뭐 이랬는데 요새는 금덩어리 뭐 자꾸 이래 바꾸니… 허허허! 한 번 수확하고 출하해 가지고 돈이 들어오면 어디 뭐 놀러도 가고 하는데 뭐 여름 되마 관광차가 뭐 계속 나갑니다. 여기.

여 사람은 거 농한기가 없어요

벼농사도 조금 했는데, 벼농사도 참외 못할 데(못 지을 곳), 논 짚은 데(깊은 곳) 이런 데는 벼농사하고. 저 인자 [땅이] 진데 저런 데[는] 참외하고. 지금 참외 끝나면은 모 심궈요. 모 심그는 게 많애, 여기는 참외가 7월 초 가면 끝나거든. 고때(그때) 모 심어 가지고 또 가을[추수]하고 나마 새로 논 장만코[8] 하마 여(여기) 사람은 거 농한기가 없어요. 계속 일해야 되요. 일 굉장히 마이 합니더.

모 심을 때는 비닐하우스 다 걷어야 되요. 걷어 내고, 그기 힘들어요. [비닐하우스] 안에 [깔아 놓은] 그것도(비닐

8 가을 추수가 끝나자마자 곧 바로 참외농사를 짓기 위해 다시 논을 다듬고 손질하는 작업을 해야 한다.

도) 다 걷어야 되제(되지). 수확기 다 끝나마. 여도 뭐 저래 해도 큰 하우스 저거는 1년에 한 번씩 [비닐] 새로 덮어 줘야 되고 또 가을까직(가을까지) 수확 보는 사람도 있어요. 모 안 심고. 재배 기간은 보통 11월 달에 드가마(들어서면) 씨가 드가야 되요. 지금[9] 모종 다 옮기잖아요. 지금 상당히 바쁜 달입니더. 모종 다 옮기 놓고 물 주고 뭐, 손질하고 야단입니다 지금. 그래가 다음달에(1월에) 가마(가면) 외(참외) 답니다.

그래 가 첫 출하는… 올핸 좀 빠르지 싶어. 2월 달 가마(가면) 첫 출하되지 싶어. 그 담에 3월, 4월 5월 계속 출하되다가 그래가 인자 모 심을라카마 6월 말까지. 안 그런 사람은 가을까지 계속 놔두고. 그러이 인자 비가 마이 오고 하마 놔두고 손해 볼 수도 있고. 모도 안 심으마 그것도 손해이끼니.

참외가 재배 기간도 길고, 수확도 마이 되고 그래요. 그러이 그 재미로 인자 여 사람이 힘이 들어도 막 사람이 병이 나도 막 일로(일을) 그래 마이 안 합니까. 안 그러마 마일로 그리 마이 할 사람이 어딨습니까. 일단 그래 수입이 눈에 보이니까. 그 재미로 인자 젊은 사람이라도 뭐 대구 사람이라도 여 와가 죽자 사자 일하는 기지요. 그래 가지고 저 하우스에서 그래 오래 있으면 몸이 안 좋지요. 옛날부터 [참외농사] 한 사람들, 할마시들(할머니들), 나(나이) 많은 사람들 거의 뭐 온전한 사람이 없어요. 하우스 농사 그래 하면 주로 다리, 허리. 주로 거 꼬꾸장해져(꼬부장해져) 가지고 뭐. 허리가 꼿꼿하지 모하고(못하고) 그래요. 할마시들 보마. 그러고러 비슷비슷 하이 뭐 [아픈 몸] 조리도 모하고.

9 11월을 말함. 구술자와 인터뷰를 할 당시가 11월이었다.

참외농사 지어서 수입이 들어오면 이제 그 돈은 주로 뭐뭐. 아~들(아이들) 학비도 쓰고. 가정 뭐 생활하는 데 쓰고 그렇지요. 여기 참외 하는 사람들 대부분 대구[에] 집 마이 사놨어. 모도(모두). 근데 또 성주가 여도 보면 돈도 마이 벌기도 하고 부채도 많아요. 젊은 사람들 돈 무서운 줄 모른다. 뭐 막 벌이거든. 그러이 막 갔다 쓴다 카이까네. 그러이 부채가 되는 기라. 농자금은 뭐 1년에 한두 번인데. 조합에서 농자금을 대출하지. 거 인자 [농자금] 내(빌려) 가지고 이거 [참외농사] 해 가지고 갚고. 내년에는. 허허. 그러이 못 갚으면 인자 잘못하면 자기 생활이 늘 고달프지 뭐.

"참외농사 지어서 수입이 들어오면 이제 그 돈은 주로 뭐 뭐. 아~들(아이들) 학비도 쓰고. 가정 뭐 생활하는 데 쓰고 그렇지요. 여기 참외 하는 사람들 대부분 대구[에] 집 마이 사놨어. 모도(모두). 근데 또 성주가 여도 보면 돈도 마이 벌기도 하고 부채도 많아요."

품꾼이 필요하면 대구 인력시장까지 가서도 구해 오고

예전에는 여기 논 메는 거 또 뭐 타작하는 거 품앗이를 주로 많이 했어요. 논 메러 나오고 참 그때는 청년들이 모여 댕기면서 이 논 메고 저 논 메고 또 뭐 참 같은 거 먹는 그런 재미로 많이 하고 했지. 허허 근데 그것도 수박하고 참외 들어오면서 마이 없어졌어요. 개인적인 인제 뭐 많이 바쁘지 참외하만. 그래 놓이께(놓으니까) 서로가 인제 뭐 남의 일 생각할 여가도 없어지고. 정 필요하면 자기가 돈 들여 가지고 사다(사서) 하고, 품꾼 사다 하고.

품꾼이 필요하만 이제 저 성주 지방에도 가고, 때론 대구 저 시장, 인력시장 거기 가서도 구해 오고, 왜관에 저런 데 가면 일 할려고 나와 있는 사람들이 와 있어. 차를 대

가지고 시키고 태워다 주고 오고. 하루 [품삯 일] 하고 나면 일당은 남자는 보통 5~6만 원 줬지. 일도 뭐 하우스 [일] 하고 나면 비니루 저거 터는 데 힘이 마이 듭니다. 묻어 놨기 때문에 털고 하고 나면 힘이 마이 듭니다. 그런 거 시키면 6만 원씩 이렇게 줘야 됩니다. 어, 힘들 때는 삯군[10] 도 사가 하고, 지금은 모도 삯일하는 사람이 많애요. 하우스 일도 자기 퇴비 만드는 거 이런 거는 삯군 사가 아 하고(안 하고), 삯군이 주로 할 수 있는 거는 주로 이제 열매 달 때, 딸 때 그런 거 마이 쓰지요. 열매 달 때는 주로 뭐 꽃 수정하는 거 있어요. 꽃 망우리가 나오면 수정을 해야 되요. 옛날에는 그러 그저 [사람 손으로] 수정을 마이 했는데. 요즘은 그 저 벌, 벌을 마이 넣어 가지고 그래 수정을 해요. 딸 때 이자 참외 수확량이 마이 나오마 자기 식구끼리 마이 힘들거든. 그래 인자 익으만 따내야 되고 하이끼네. [그때] 주위에 뭐 삯군도 사가 이래 하는 갑디다.

"비닐하우스 한 동은 보통 평수로 따지면 2백 평. 논 1마지기라. 1마지기. 1마지기 그거는 벼농사 수입에 비해서 상당히 차이가 많지요. 그거는 뭐 상상도 모하지."

비닐하우스 1동은 보통 평수로 따지면 2백 평. 논 1마지기라. 1마지기. 1마지기 그거는 벼농사 수입에 비해서 상당히 차이가 많지요. 그거는 뭐 상상도 모하지. 보통 하우스 1동에 나오는 평균 수입은… 그거이 인자 밑천이 마이 드가니까(들어가니까) 밑천 빼고 나마 얼마 남는 거 없는데. 잘 하는 사람은 1동에 한 5백만 원. 평균 뭐 3백, 4백 이래 하는 사람이 많지. 여남은 동 넘게 [재배]하는 사람은 몇 천만 원썩. 뭐 마이 [재배]하는 사람은 1억도 작년에 하는 사람이 있고.

참외농사나 벼농사나 하루 일은 비슷해요. 벼농사할 때도 아침 일찍 일어나 가지고 뭐 땡빛이 안 쪼일 때 나가야 되이까 일찍이 나가 가지고 김도 매야 되고. 뭐 약도

10 농번기 때 일정 시간 동안 품삯을 받고 남의 일을 해

주는 사람.

◀ 구술자 김재덕의 참외 비닐 하우스. 참외 수확철이 끝나면 벼논으로 바꾸어 모를 파종한다.

쳐야 되고. 여러 가지 뭐 참 해야 되고. 참외도 또 마찬가지라. 뭐 뜨거우면 하우스 안에 못 드가거든(들어가거든). 그러이 시원을 때(시원할 때) [아침] 일찍이 나가 가지고 다 하고, 마이 뜨거우만 드가지 모 하이까 쫌 쉬고. 또 그래가 해거름에(해질 무렵에) 드가고. 한창 더울 때 되면 [오전] 9시, 10시 되면 몬 드가요. 보통 새벽에 일하러 가는 시간은… 새벽 뭐 한[번] 보자 짬 없어요. 요새는 뭐 밤이 길기 때문에 일찍이 나가도 모하지. 7시나 그래 돼야 되지만.

여름에는 뭐 다앗 시(5시), 4시. 이래 나가야 되지. 그때 나가서 한 9시쯤 되면 벌써 더워서 못하고. 그러고 나서 고 사이에 집에 와 있다가 해질 무렵에 나가요. 저녁에 한 4시, 다앗 시쯤 돼야 [하우스에] 드가지(들어가지). 들어가면 해 지고 어두버야(어두워서야) [집에] 들오지. 저녁 늦게 8시, 9시 그때까지 하우스 안에서 일하는데 좀 고달프지요 뭐. 막 숨도 못 쉬요. 뜨거울 때는 마. 땀이 온 몸에 뭐 젓는데. 그래도 인자 독하게 하는 사람이 있고 못 견디면

▶ 비닐하우스 안에서 자식처럼 키운 참외를 살펴보는 구술자

일찍 나오고 그래요.

여(여기) 참외농사 하는 사람 중에는 도지로 남의 논 부치는 사람이 있어요. 지금도 그래 하는데 벼와 마찬가지라 카이까네. 1평에 얼마 나락 값으로 주이까네. 1평에 서 근썩(3근씩) 주고. 벼 서 근썩. [참외] 수확할 때는 식구들 다 나가서 해요. 기동력 있으마 다 해야 되지. 어린애들은 학교 다니고 하이까네 일하는 사람들은 다 나가야 되지. 요새는 일할 때 품앗이 커는 것도 없어요. 전부 지(자기) 삯군 사가 하고(사서 일하고). 접붙이는 거 그거는 인자 여럿이 어불리가 하루는 이 사람꺼 해 주고. 그래 하지.

[참외 하우스] 비니루 저거는 한 번 걸어 내면 경제적으로는 뭐 절약해 하는 사람은 뭐 저걸 벗겨 가지고 또 내년

에 안에 사용하는 데 쓰고 그렇게 하는 사람도 있고 뭐. 요즘 젊은 사람들은 저거 안 세우고 새것으로 이래… 돈이 좀 마이 들지. 그래도…

유리로 [하우스] 만드는 사람도 있지만 참외는 그거(유리) 갖고 안 합니다. 그거는 또 주로 화훼 같은 거는 그거 갖고 하지만은 참외까 (참외농사에) 그거 해 가지고는 크게 이문이(소득이) 없어요. 그리고 여기 비니루(비닐) 가지고 대형 하우스 치는 거 있거든 크게. 그것도 참외는 잘 안되는 거 같애요. 했다가 전부 다 부숴 버리고 하는 모양이라. 하우스 크기는 보통 9메타, 8메타 주로 철근 길이가 그 정도지. 높아도 인제 온도 조절이 잘 안 되는가 봐요.

참외농사 하다가 중간에 뭐 낭패 보고 한 사람도 더러 있는데 이 마을에 사는 사람은 뭐 별로 그런 분이 없어요. [도시로] 나갔다가도 [참외농사지으러 다시 여기로] 들어오는 사람이 있어 가지고 이 부락 근처에는 젊은 사람이 많아요. 지금 외지에서 농사지으러 오는 사람들도 있고. 무슨 인터넷 참외마을 캐 가지고 여가(여기가) 원거지(출발지)거든. 인터넷 저 원 본부라. 처음에 실시한 데가 여라(여기라).

요즘은 참외농사 할 때 쓰는 농기구가 많아서 [농사짓기가] 마이 좋아졌지. 요즘 보면 선별기, 세척해 가지고 선별해가 나오는 거 그런 것도 있고 뭐. 박스 묶으는 기계 주로 그런 기지. 차 뭐 운반하는 거[도 있고].

요새는 옛날보다 일하기가 마이 좋아졌어요. 옛날에[는] 농기계가 없으이께(없으니까). 요즘은 뭐 기계로 하이까(하니까) 사람은 더 [일하기가] 수월치요(쉽지요). 근데 또 몸은 더 고달플 수도 있어요. 겨울에도 계속 해야 되니까. 여

▲ 참외 선별장 안에서 참외 선별 과정을 설명하고 있는 구술자 김재덕

기[는] 뭐 농한기가 없어요. 나(나이) 많은 사람 뭐 일 모하는 사람[만] 노지(놀지) 뭐. [나머지 사람은] 지금도 계속 일해요. 가을 [추수]하고 나서부터 계속 논 장만코(장만하고)[11] 씨앗 였고(넣고) 전부 뭐 접붙이고, 순치고, 치아야(치워야) 되고 또 옮기야 되고. 매일 또 꺼적[12] 덮어야 되고, 털끼야(벗겨야) 되고 뭐.

옛날 생각하면 그때 사람들은 거 사람살이가 아이라

요새 와서 옛날 생각하면 참 격세지감을 느껴요. 옛날 사람은 거 사람살이가 아이라. 그래 가지고 우에 살았는

11 참외 파종하기 위해 미리 논일 준비하고.

12 거적. 짚으로 짜서 만든 보온용 덮개.

지 모르겠어. 밤잠도 못 자 가면서 뭐 방아 찌야(찧어야) 되고 길쌈해야 되고 뭐 맨날 뭐 타작해야 되고 우리도 뭐 밤으로 옳게 못 잤어요. 가을 같은 때 되면요. 발로 밟아 가지고 [타작] 하는데 요즘 기계 얼마나 좋습니까, 들에 가서 그대로 바로 뚜드리가(타작해서) 오는데 뭐…

농한기 때 그때는 뭐 산에 가 나무 하는 게 일이라요. 불을 때야 되니까. 그 뭐 요즘은 기름 보일라, 전기 보일라 뭐 뭐 없는 게 없지만은 그때는 그런 거 아무것도 없고 그러니 뭐 밥만 먹으면 지게지고 산에 올라가야 돼. 고달펴도 할 수 없고 그거는 뭐 아파도 몸을 끌고 가야 되는 이런 뭐 어려움이 있었지.

[요즘 같은 여가나 놀이] 뭐 우리는 그런 거 뭐 못해 봤어요. 뭐 어떤 사람은 노름하고 먹살잡고 그런 사람 있었다 카는데 우리는 또 그런 거 취미도 없었고 그런 거 애초에 가지도 않았고. 관광 간 지는 뭐 그러면 한 20년 됐겠나? 처음 간 게… 전에는 관광이라고 그런 것도 없었어. [놀이는] 교회에서 뭐 주일날 야외 예배 보는 날 정해 가지고 이웃 교회하고 모여 가지고 뭐 거기 가서 인자 뭐 레크레이션 같은 거도 하고 뭐 달리기도 하고 뭐 그런 거는 조금 있었지. 그런 거는 주로 강변 저 다리 밑에 저런데 가 가지고 [모여 놀았지]. 그때는 강에 저 또 나무가 좋았어요. 포푸라(포플러) 나무가. 그늘이 좋고. 지금은 다 베어 내어서 그렇지. [낙동강변 모래사장에서] 주로 뭐 달리기도 하고 뭐 대항전도 하고 그런 거지 뭐. 씨름도 하고 배구도 하고 우리 청년 시대[에는] 배구도 하고 그랬어요. [둥그렇게 모여 가지고 공을 서로] 때리기 하고.

"그때 박 대통령 거석 할 때(재임하고 있을 때) '우리도 한 번 잘 살아 보세' 카는 그때 그 학교 선생님들이 그 뭐 하나 가져와 가지고 여기서 뭐 하나 보여 주고 그런 게 있었죠."

[영화를 처음 본 기억은] 아 또 그때 박 대통령 거석 할

때(재임하고 있을 때) '우리도 한 번 잘 살아 보세' 카는 그 때 그 학교 선생님들이 그 뭐 하나 가져와 가지고 여기서 뭐 하나 보여 주고 그런 게 있었죠. 라디오가 처음 여기 들어온 거는 언젠지 잘 모르겠어. 일제시대 때는 못 들었고 해방하고 난 다음에 전쟁 끝나고 나서 그때 선줄 이사 가지고(라디오 선을 연결해서) 귀에 대가 듣는 거 그것밖에 뭐 어릴 때는 그런 거 했었지.

요즘은 인자 일 모하이끼네 놀지 뭐

옛날에는 동네 모임도 잘 됐는데 요즘은 특수작물(참외 농사) 하면서 동네 모임도 잘 안 되고 특별히 행사 같은 것도 별로 없어요. 모이라 캐도 동회 같은 거 해도 사람이 잘 안 모여요. 이젠 뭐 바쁘다고 핑계 대고 [모임에] 오지도 안 하고 전부 이래 뭐. 옛날에는 조금씩 모임이 있었지. [이제는 모임이] 있어도 뭐 아는 게 별로 없으니끼네(없어서) 가지도 몬하지.

"요즘 우리 나 또래 된 사람 지금도 밭에 나가 일하는 사람이 많애요. 근데(그런데) 나는 일찍이 졸업했지 허허. 심장도 안 좋고 호흡기도 안 좋아져 가지고 매월 저기 동산 병원에 가 약 사다 타다 먹고 그래 인제 놀기만 하지."

지금은 몸이 건강치 못해 가지고 몇 년 전부터 일도 하도 몬하고. 지금 요즘 우리 나 또래 된 사람 지금도 밭에 나가 일하는 사람이 많애요. 근데(그런데) 나는 일찍이 졸업했지 허허. 심장도 안 좋고 호흡기도 안 좋아져 가지고 매월 저기 동산 병원에 가 약 사다 타다 먹고 그래 인제 놀기만 하지. [하하 웃으며] 일도 하도 못하고. 젊었을 적에 군대갔다 오면서 좋지 못한 결핵으로 오래 고생했어요. 일은 그래도 하기는 계속 했지요. 한 5년, 4년 전 정도까지는 그래 했는데 지금은 영 뭐 뭐 몸이, 숨질이 되서(숨이 차서) [일] 하면 안 돼요.

그래서 요즘은 주로 경로당에서 소일하지요 뭐. [허허 웃으며] 인자 일 모하이끼네 뭐 놀지 뭐. 거(경로당) 가면 내(종일 내내) 담배 연기 땜에 좀 고통스러븐데 [노인들이] 말을 안 들어. 내가 암만(아무리) 담배 피우지 마라캐도(말라고 해도) 말을 안 들어요.

이 나이꺼정 농사짓는 기 복인지 청승인지…

—포항 죽장 산간의 팔순 농사꾼 김제수의 일과 삶

이양호(영남대학교 인문과학연구소)

구술자 김제수(남, 84세)는 1922년 경북 영일군 죽장면 가사리에서 중농 집안의 외동아들로 태어났다. 7세 때 가세가 급격하게 기울어 온 가족이 상옥, 청송, 하옥 등을 전전하다가 17세 때 하옥리 아랫배지미 마을에 정착하여 지금까지 살고 있다. 화전을 일구고 남의 집 농삿일을 도와 마련한 돈으로 이듬해 논 3마지기를 사서 본격적인 농사꾼의 길로 접어들었다. 20세가 되던 해 같은 동네의 16세 처녀와 혼인하였고 24세이던 1945년 정월, 일본 나가사키의 제철공장에 징용으로 끌려가 노역하다가 원자탄이 투하되기 3일 전에 탈출하여 8월 18일 천신만고 끝에 귀국하였다. 한국전쟁이 발발한 1950년 겨울에는 인민군에게 붙잡혀 끌려가다가 구사일생으로 탈출하기도 하였다. 해방 이듬해부터 1961년경까지 동네 이장을 역임하였고, 농사와 더불어 지역 사회 활동에도 열심히 참여하였다. 74세에 잎담배 농사로 표창을 받았으며 84세인 지금까지 직접 농사를 짓고 있는 현역 농사꾼이다. 78세 때 행랑채 화재로 중화상을 입기도 하였으나 다행히 완쾌되었다. 슬하에 2남 1녀(장남, 차남, 장녀)를 두었으며 모두 혼인시켰다.

김제수의 일생이 우리에게 의미 있는 것은 그의 삶이—평지 벼농사 지역의 농민보다 더욱 고단한 삶을 살았던 산간오지 지역 농민으로서—우리 농민의 일반성과 특수성을 모두 보여 주고 있기 때문이다. 즉 그는 일제의 식량공출과 강제노역에 시달리고, 해방 공간의 이념 갈등과 전쟁의 혼란에 시달리고, 지리적 · 경제적으로 척박한 농업 환경에 시달리고, 가지지 못한 자의 설움에 시달리면서도 자신의 가족과 자신의 생존, 심지어는 마을의 안녕을 위해서 꿋꿋이 화전을 일구고 돌무더기 산비탈의 땅을 개간하면서 그 어려운 시절을 살아온 우리 농민의 전형인 것이다. 이런 이유로 우리는 팔순 중반을 바라보며 70년째 산간오지 지역의 외길 농사꾼으로 살고 있는 그의 일과 삶에 주목하지 않을 수 없었던 것이다.

아직도 포장될 기미가 없는 69번 지방도를 달려 구술자의 집을 방문했을 때는 더위가 한창 기승을 부리던 한여름이었다. 가을에 콩을 심기 위해 옆집 소를 빌려 밭을 갈고 계신다는 소리를 듣고 땀을 뻘뻘 흘리며 산비탈에 있는 밭에 찾아갔더니 작지만 단단한 체구로 '워, 워' 하며 소를 부리는 모습이 보였다. "오후 6시까지 소를 빌리 놨는데…" 하며 아쉬워하시는 할아버지를 모시고 오면서 농삿일을 방해한 것 같아 죄송하였다. 이제 농사 그만두셔도 되지 않느냐고 묻자 "아무리 나 많아도 농사꾼은 농사지야지. 허허. 이 나이꺼정 농사짓는 기 복이라 캐야 되나 청승이라 캐야 되나." 하며 웃으시던 모습이 지금도 눈에 생생하다.

김제수의 가계도

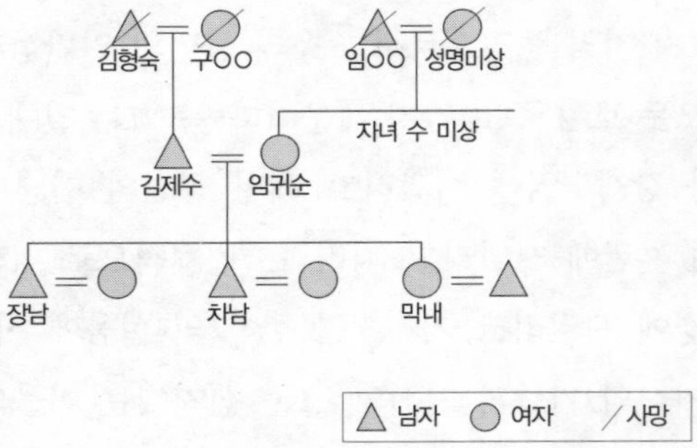

김제수의 연보

1922년(壬戌) 경상북도 영일군 죽장면 가사리에서 아버지 김형숙(金馨淑, 본관: 경주) 씨와 어머니 능성 구(具)씨의 외동아들로 출생.

1928년(7세) 가세가 급격하게 기울어 온 가족이 궤 하나 메고 가사를 떠나 상옥 너른들, 하옥 마두, 청송 이전평 등을 전전.

1938년(17세) 땅 한 평 없이 하옥 아랫배지미(陽岑) 마을에 정착, 독학으로 글을 배움.

1939년(18세) 화전(火田)으로 서숙을 일구어 처음으로 논 3마지기 구입. 이후 다른 농사와 더불어 화전도 1970년대 초까지 계속.

1941년(20세) 같은 마을에 살던 16살 임귀순(1926년 丙寅 生)과 혼인.

1943년(22세) 맏아들 낳음. 이후 1남 1녀를 더 낳음.

1945년(24세) 정월에 징용으로 일본 나가사키의 제철공장에서 노역하다가 원자폭탄이 투하되기 3일 전에 빠져 나옴. 해방되고 3일 뒤 귀국.

1946년(25세) 마을 이장으로 취임하여 이후 1961년까지 일함.

1950년(29세) 인민군에게 붙잡혔다가 탈출.

1956년(35세) 모범 이장으로 경상북도 도지사 표창을 받음.

1959년(38세) 대한반공청년단 영일군 하옥리 단부 부단장으로 일함.

1964년(43세) 담배농사 시작, 처음 자신의 집을 지음. 맏아들이 군에 입대.

1969년(48세) 영일군 죽장면 선거관리위원으로 활동.

1970년(49세) 아버지가 돌아가심.

1971년(50세) 어머니가 돌아가심.

1972년(51세) 공화당 당원으로 활동하면서 국민투표 지도계몽 담당자로 위촉.

1982년(61세) 부부가 처음으로 제주도 여행.

1995년(74세) 영일 엽연초생산협동조합으로부터 잎담배의 품질향상과 수량증대에 기여한 공로로 표창장 받음.

1998년(77세) 행랑채 가스 폭발 화재로 중화상을 입음.

2004년(84세) 아직도 직접 농사를 짓고 있음.

여서 60년 넘게 살았으이 고향인 택이지

내 여 들온(내가 여기 들어온) 지가 60년이 넘었어. 하옥 동네서 요가(여기가) 제일 큰 동네라. 요가 중심지지 요가. 학교가 있었고 하니까. 여게는(여기는) 원래 전부 안동 권씨네들 살고. 요 밑에 김녕 김씨들 살어. 경주 김씨는 내 혼자 여 들와가 살았어. 그래도 마 나는 성질이 못돼가 어떠노 커먼(어떤가 하면) 권씨 같으먼은 자식들 면장하고 이장하고 면 의원까지 하고 이런 사람들 있어도 마 김제수 떠나걸랑 맘대로 이장해라 마 카고. 요런(이런) 성질을 가짓어(가졌어). 허허허.

우리 웃대 어른들 본 고향은 경주(慶州)라요. 여기 인자 그때는 우예(어떻게) 들왔는지 우리가 인지 가첩이라든지 족보라든지 보먼, 피란을 왔는지 우예 왔는지 옥계 여게 와 있다가 10년 있다가 아 여 살다가 못 산다 캐가(해서) 죽장 가사 카는(가사라는) 데 가 있다가 마 우예 가지고(어떻게 해서) 가사 거는(거기는) 집에 웃대 조부대까지도 살림을 마 기양(그냥) 밥 묵고 지냈어요. 집에 우리 가첩에 보만 고대로 나와 있고 족보를 봐도 고개 고대로(그게 그대로) 나와 있어.

▼ 팔순이 훌쩍 넘은 오늘까지 농사를 짓고 있는 김제수의 최근 모습

가사에 살 때 집에 아버지는 30이 넘도록 그때 글만 이르고(읽고) 머슴도 2, 3명 델꼬(데리고) 농사[를] 지았어요(지었어요). 가사 동네[에서] 그때 기와집도 우리 집뿐이

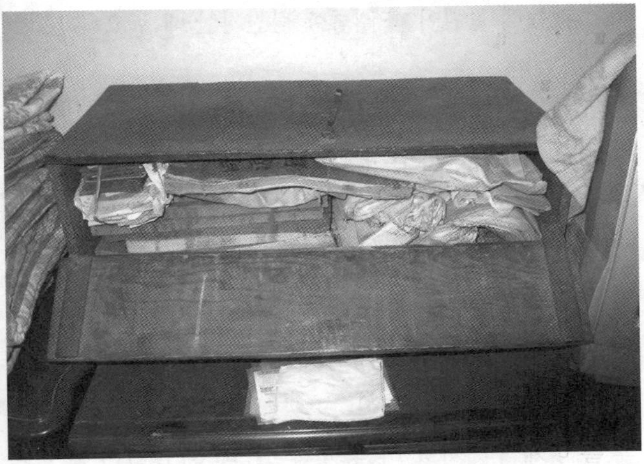

◀ 김제수가 이사다닐때나 피난 할 때도 버리지 않았던 궤.

었고. 그란데 살림이라 카는 게 각중에(별안간) 탕진가사 되 뿌고(되어 버리고) 그래가 집에 아부지가 나는 외동이고 궤 저거 하나만 짊어지고 내 7살 먹어가 이 객지로 나와 뿟다 카이(나와 버렸다). 상옥 너머 모따리(모서리) 있는 데 너른 데(넓은 데) 묵은 들[1] 하나 안 있등교(안 있습니까?). 고 동네 사다가(살다가) 저 마두 밭[2] 카는 데 좀 사다가 또 청송 이전평[3] 카는 데 가 사다가 다시 여 왔어요. 그기(그때가) 17살 때였지. 그라이(그러니) 고향 택 되지(고향인 셈이지).

"살림이라 카는 게 각중에 탕진가사 되 뿌고 그래가 집에 아부지가 나는 외동이고 궤 저거 하나만 짊어지고 내 7살 먹어가 이 객지로 나와 뿟다카이."

집에 아버지는 클 적에 원창(원체) 살림도 참 부자고 포시럽게(고생 안하고 편하게) 커가 왜놈들이 점령해가 우리나라 점령해가 와 공동묘지 카는 거 이것이 왜놈들이 와가 설치했잖아. 공동묘지 푯말 하나씩 이제 세우는데 죽장 전면에 글씨를 조사해 보이 집에 아버지가 글씨를 젤로(제일) 잘 쓰는 기라. 그 푯말 하나씩 써 주고 보리 1말씩 받았다 카드라. 그 푯말 하나씩 써 주고. 그만침 머슴 데리

1 현 상옥리 〈당평〉.
2 현 하옥리 〈마두전〉.
3 현 청송군 부동면 〈이전〉.

고 그랬는데 살림이 마 각중에 탕진가산 해 뿌고.

내가 자동 혼사했어요. 그라마 복을 받아야 되는 긴데…

혼사할 때 나이는 아마 내가 20살 들며 했을 끼라. 그렇지 싶다. (할머니를 가리키며) 저는 임씨라. 임귀순이. 나보다 4살 적어 칠십 아홉이다. 나는 외동이라. 집에 아버지는 둘 형제 분이시고. 아는 뭐 우리 나이에 내보다 자식 적은 거 없는데. 아들 둘, 딸 하나뿌이다. 마 그 상간에 마 좀 없앴던 거도 있지. 우선에 키운 거는 아들 둘 딸 하나뿐이고. 큰 아가 환갑 지냈는데 뭐.

"거 내가 장개 간 원인도 … 그양(그냥) 놔두면 어 처녀들 왜놈들 붙잡아 가가. 뿥잡히가기 싫어 가지고 아무데나 내 겉은 데 인자 시집왔단 말이야."

거 내가 장개 간 원인도 내가 우예 갔는고 카먼. 내가 여 자동 혼사했어요. 여 한 동네서 자동 혼사했거든. 그양(그냥) 놔두면 어 처녀들 왜놈들 붙잡아 가가. 뿥잡히 가기 싫어 가지고 아무데나 내 겉은 데 인자 시집왔단 말이야. (옆에 계신 할머니를 가리키며) 저 냥반(양반)이 내한테 시집온 게 시집 안 오만 왜놈들한테 붙들리 가가(붙들려 가서) 뭐 뿥잡히 갔이마 홍재(횡재) 안 만냈앨라(만났겠나). 우스개로 내 요새 카는 데. 그런 시절 산 기 우리라.

거 이런 늙은이는 왜놈들한테 안 뿥잡히 갈라꼬(붙잡혀 가려고) 내헌테(나한테) 시집와가 우물 안에 든 개구리거든. 여게서 커 가지고 여 와 가지고 시집온 지가 어제 아래 겉은데 열여섯 묵어 가지고 우리 집에 왔거든. 하매(벌써) 팔십 다 돼가. 어제 아래 같은데 머리가 우예 저래 허여이(하얗게) 백발이 됐는고 싶은 게 불쌍하지.

▲ 젊은 시절의 김제수, 임귀순 부부

옛날에 우옛고(어쨌든) 간에 한 마을에서 혼인할 것 겉으면 3대가 적선을 해야 자동 혼사한다 캤지. 집에 아버지도 자동 혼사했거든. 그라마 복을 받아야 되는 긴데 와 이리 말년이 딘지(힘 드는지) 모리겠다. 그때 (할머니를 가리키며) 저는 16살 묵었는데 요새 겉으면 얼란데(어린아이인데) 왜놈들이 인자 처자들 붙잡아 가는 거 그거 겁을 내가지고 마 아무 놈이나 달라카면 줘 뿌렀다. 뭐 우스개 하나도 아하고 왜놈들 붙들어 가까 봐(갈까 봐) 달라카이 줘 뿟다 이래. 안주 치울 때도 멀었는(아직 안 된) 걸 그랬다 캐. 그때 처자 공출한다 캤거든. 처녀 공출. 어떤 사람은 16살 묵어가 시집을 와도 하매 군에 가는 영장 겉은 거 그런 거 받아 놓고 시집가 뿌마(시집가 버리면) 인제 안 보내고 이랬거든요. 시집올 때 몰래 여 분(粉) 카는 거 와 그거 한 번 발랐을까. 오늘날까지 여 이만치 화장 잘하고 캐사아도(해도) 낯이 한 번 뭐 바른 사실 없어요. 그래도 이리 고와. 그케 뭐 요새 바리는 사람이 오히려 얼룽덜룽해지대(얼룩덜룩해져).

"옛날에 우옛고 간에 한 마을에서 혼인할 것 겉으면 3대가 적선을 해야 자동 혼사한다 캤지. 집에 아버지도 자동 혼사 했거든. 그라마 복을 받아야 되는 긴데 와 이리 말년이 딘지 모리겠다."

그래 옛날에는 부인은 10리 백을(밖을) 몰라야 팔자 좋다 캤거든(그랬거든). 요새는 10리 백을 모리먼(모르면) 그거 등신이거든. 이 늙은이는 10리 백을 몰래애(몰라). 요개

▲ 큰아들 결혼사진. 사진 촬영을 위해 뒤에서 병풍을 들고 서 있는 모습이 이채롭다.

서(여기서) 커 가지고 요개 시집와가 요개서 계속 사이(사니까). 우물 안 개구리 맨트로(처럼) 따악 갇헤 가지고(갇혀 가지고) 뭐. 산전도 같이 마이 했어요. 거 우예가 말로 다해. 고생한 거는 말로 다 모하지 뭐. 요새 아들은(아이들은) 이해 못할 끼라.

넘들은(남들은) 며느리나 사위 볼 때 뭐 집안도 보고 카더라만은 그것도 아했지. 뭐 안주 뭐 며느린동(며느리인지) 남으 집 새댁인동 몰라. 며느리 있는데 이거 실례지만은 총 해가(계산해서) 따지마(따지면) 한 1년택 얻어 묵으까아(1년 정도 얻어먹었을까). 그기 우예 며느리고. 요새 시어미가 며느리 시집살이하고 산다. 결혼해 가지고 바로, 이앙 바로해가 부산 가 가지고 살아 뿌랐거든. 그래 안주꺼정

(아직까지) 거서 사이 뭐. 둘째 아는(아이는) 구미 살고 딸년은 부산 있고.

혼인해서도 오래 부모님 살아계셨어. (할머니를 애틋하게 보시며) 여는 시집살이 오래 했지 뭐. 말도 모했지 뭐. 시집와 가지고 사무 계속해 가지고 어른들 돌아가실 때까지 했으니까 뭐. 집에 어매가 병원에 [계실 때 아내가] 대소변을 4년 받았니이더. 그때 요새겉이(요즘처럼) 무신 기저귀나 있나. 뭐 형편도 어렵고. 그런 고통을 당하고 살았니이더.

(묵묵히 듣고 계시던 할머니 말씀) *그때는 뭐 힘든 것도 서러운 것도 모리고 마 암것도(아무것도) 모리고 살았니이더마. 그기 참 모리고 살았니이더. 그때쯤에는 혼인해 가지고 한 1년 있다가 시집오고 이랬거든. 우리 혼인해 가지고 4월 달에 혼인해 가지고 동짓달에 시집을 와도 시집 그래가 사는 줄 알았지. 이래 데려다가 주는지 몰랐니이더. 근데 뭐 얼라 겉은(아이같이) 거 그래 왔는데 뭐. 시집가는 거 그기이 어떤 건지도 모리이고 시집 사는 게 어떤 건지도 모리이고. 모리고 있다가 내뿐 애이라 뭐 전신에 마카(모두) 뭐 그래 시집오고.*

그때는 먹는 거도 기롭제(괴롭지), 입는 거도 기롭제. 머 이래 사는 세상이라 노이 마 시집이 어떤동(어떤지) 뭐 그 놈이 골머리 빠져가 마 우옛는가도 모리고. 친정이 가깝고 해도 옛날에는 요새겉이 자주 안 갔니더. 한 동네 살아도 동짓달에 와 가지고도 그 이듬해 저기 가을께 친정 갔니이더. 그것도 날 받아 가지고.

(듣고 계시던 할아버지 말씀) 옛날에는 시집살이 카는 게 있었잖아. 시집살이 석 3년 카는 기 있어. 벙어리 돼 3년, 눈으로 3년. 또 뭐고 귀머거리 3년. 9년 동안에는 뭐 바보

"여는 시집살이 오래했지 뭐. 말도 모했지 뭐. 시집와 가지고 사무 계속해가지고 어른들 돌아가실 때까지 했으니까 뭐. 집에 어매가 … 대소변을 4년 받았니이더. 그때 요새겉이 무신 기저귀나 있나. 뭐 형편도 어렵고. 그런 고통을 당하고 살았니이더."

"친정이 가깝고 해도 옛날에는 요새겉이 자주 안 갔니더. 한 동네 살아도 동짓달에 와 가지고도 그 이듬해 저기 가을께 친정 갔니이더. 그것도 날 받아 가지고."

이탤릭으로 쓰여진 부분은 할머니가 이야기하신 내용이다.

▲ 동네 아낙들끼리 집 앞에 모여 찍은 사진(1975년)

짓을 해가 살어야 된다. 이런 기 있었어. 그래도 뭐 혼인할 때는 연에(같은) 한 마실(마을)인데 저기 저짝에(저쪽에) 살아도 반은 여 한 반이라. 한 반이고 농사도 한 들에 짓고. 한 동네서 한 들에 한 밭 매고 살아도 장개 가고 시집올 때까정 얼굴도 나는 못 봤어. 가라 카믄(가라고 하면) 가고. 장개 갈 때 나는 신이나 어디 있었나. 저개 짚으로 가 미투린가 그거 사 가지고 신고[갔어].

왜놈한테 붙어 묵은 놈들은 안 끌리갔어

(한숨을 크게 내쉬며) 왜놈의 세상에 내 겉은 거는(나 같은

사람은) 지내간 역사 이야기 할라 카먼은(하려고 하면) 끝이 없어요. 어릴 때부터 시작해가 고생해가 왜정 때 그 참 갔다가 왔다가 고생한 거 이거를 가만 생각허믄 이거는 뭔지 이게 사람 사는 세상이 이럴 수 있나 싶은 생각도 나고 인자도 이 선생님하고 금방 만내 가지고 이거 나이 먹으먼, 즉 말하자면 어린애 다부 돼 뿌고(다시 되어 버리고)… 이 사람 사는 게 이거밖에 안 되나. 또 따질라 하만 우리 겉이 우예 분석을 하먼(하면) 좋은 세상 태어났다고 보고 우예 분석을 하마 아이고 이거 이보다 더 겪은, 역사를 보디이라도 이런 풍상에 우예 태어났노. 이런 생각이 안 들잖아 들어요. 참말로. 우리 임술년[4]생이 불행한 거는 말도 몬하지. 계속 내가 마 예를 들어가 내 알만해가 7살 먹어서부터 시작해 가지고 계속 이야기를 다 한다 이카믄(이러면) 이거는 어디 갖다가 전용시킬 수도 없어요.

> "왜정시대 세력 있는 놈들은
> 도일(渡日) 안 가고
> 우리 겉은 거는 객지에
> 외로워 노이 일본으로
> 쫓기 갔단 말이지."

우리가 왜놈들 있는데 천대를 어예 받았노 하면 한국 사람이 일본말 할 줄을 아나? 인자 배급 한 옴큼씩(움큼씩) 주는 거 그거 타러 가가 일본말 안 하면 배급 안 줬는데. 그래고(그리고) 여여 어디로 왔는동 몰따만(왔는지 모르겠지만) 죽장 갈밭 골짝에 내려가는 길 그기(그것이) 인자 육로로 댕기는데 그 다릿돌이 몇 개고 카면 99개라. 백 개가 모지래요. 고기(거기) 여 내가 7살 먹어가 내 혼차 그리 걸어 드갔다 카이(들어갔다). 그래고 또 왜정시대 세력 있는 놈들은 도일(渡日) 안 가고 우리 겉은 거는 객지에 외로워 노이(외로우니) 일본으로 쫓기(쫓겨) 갔단 말이지. 거 살라 카이(살려고 하니) 우연히 살았거든. 나가사키 거 갔단 말이라. 그때 에 20살 넘었어. 내가 장개(장가) 가고 갔거든.

4 1922년.

일본에 조요[5]가서 뭘 했는고 하이 인자 만날 내가 있던 데는 철판 놓는 데 있잖아 거깄었어요(거기 있었어요). 철판 만드는 요새 인자 저 포항 제철 맨치로(처럼) 인자 쇠 녹여 가지고 물 내려오면 갖다 밀어 재만 철판 커단케(커다랗게) 안 나오나. 거기서 내가 일을 하고 있었거든. 거가 나가사키였는데 히로시마 그 저 원자탄 때리고 나가사키 두 번째 때렸거든. 무서버가(무서워서) 돌아가고 싶어도 일본 넘들이 차표가 없다 카는 기라. 그라이 차표를 끊을 수가 없는 기라. 안 끊어 주는데 우야노. 저기 저 밤이로(밤마다) 감시하지로. 그래 어예어예(어찌어찌) 야매로가(불법으로) 차표를 끊고 내가 거기서 가만히 튀나오고 사흘 만에 거 원자탄 떨어졌어. 내 거 있었시면(있었으면) 뭐 다 죽어 뿌렀는데(죽어 버렸을 건데). 그런 시절을 내가 살았고. 그래 가지고 튕길리(튕겨져) 나와 가지고 고생한 거 그거 우예 다 얘기해요. 한국 사람이 거 인자 일본 가 가지고 요새 말하자면 청부해 가지고 공사하는 데 거 드갔단(들어갔단) 말이라. 그 수십 명 데리고 그 청부 띠고 한국 사람이 공사하는데 거 내가 도일해가 튕길리 나와가 있었는데.

“거가 나가사키였는데 히로시마 그 저 원자탄 때리고 나가사키 두 번째 때렸거든. 무서버가 돌아가고 싶어도 일본 넘들이 차표가 없다 카는 기라 … 안 끊어주는데 우야노. 저기 저 밤이로 감시하지로. 그래 어예어예 야매로가 차표를 끊고 내가 거기서 가만히 튀나오고 사흘 만에 거 원자탄 떨어졌어. 내 거 있었시면 뭐 다 죽어 뿌렀는데. 그런 시절을 내가 살았고.”

이런 젠장맞을 해방돼 뿌이(되어 버리니) 우리가 일본 거서(거기서) 해방되고 저녁으로 잠을 지대로(제대로) 못 잤어요. 일본말로 뭐 다리 감는 거 아있나(있잖아). 각반 카는 거. 그거하고 신 신고 수건포(삽) 비고(베고) 잤어요. 그놈아들(그 녀석들) 밤에 와가 뭐 한국 사람 우옐뿐동(어떻게 할지) 모르는 기라. 그래가 주머니 돈도 한 푼도 없고 머리 깎는 것도 없고 남인데(남에게) 빌리 갖고(빌려 가지고) 근근이 깎고. 거 해방되고 거 가족 일부를 한국에 내보낸다 카잉께로(하니까) 저녁을 먹고 주임 있는 데 찾아갔어. 찾

5 일제강점기 강제노역의 일종.

아가이 '니 왜 왔노' (당신 왜 왔어) 커드만. '나는 사실상 한국에 사다가 외로운 사람이고 형제도 없고 외동인데 가정을 생각하니 한국에 나가야겠다. 우예든지(어떻게든지) 날 같이 좀 보내도고' (보내 주시오) 카미(말하면서). 깜짝 놀래는 기라. 뭐라 카는 게 아이라 '이 수십 명 있는 데 니 금방 와 가지고 니를 우예 데리고 가노. 다른 사람 다 갈라 카는 데' (갈려고 하는데) 못 데리고 간다 이기라. 내가 거짓말 하나도 안 보태고 사흘간 거들백기(거듭해서) 갔는 기라. '허허 그 니 와 이래노' (당신 왜 이러느냐) 카는 기라. '그래 내 사정이 이러이러 하니까 우예든지 같이 보내 달라'. '정 그러면 내 보내 주끄나' (보내 줄게). 그 사람이 돈 다대고 가족 일부를 짐하고 밀선 타고 한국으로 오다가 파도가 뛰가(뛰어) 바다복판에서 사흘 밤 잤어요. 앤 죽어. 이거 다 올리 뿌고(올려 버리고) 마 창재꺼(창자에 있는 거) 전부 다 올리 뿌고도 사람 잘 안 죽대.

인자 부산 턱 내리왔다. 그래가 이거 저 만디이(언덕 위) 걸어오는데 통영서 인자 그때 인자 궤변철 카는 게 있었거든. 포항서 경주까지 가는 거 사륜 거 마주보고 타는 거 그거 타고. 협궤(挾軌)라꼬. 옆으로 그거는 쫍다 카이(좁다니까). 고걸 타고 이래 댕기고 경주 가면 큰 차를 이래 앉는 거를 타고 부산으로 갔단 말이지. 밤에 느러(내려) 오는데 전깃불이 있나. 차 우에꺼정(위에까지) 탔거든. 사람들이 안에 뭐 노다지 타노이(꽉 탔으니). 전깃줄에 걸려 가지고 널쩌(떨어져) 죽은 것도 내 아는데. 또 그래 가지고 또 우옜노 카먼 어두분데(어두운데) 사람은 콩 두름 같이 섰는데. 아는(아이는) 자꾸 우는 기라. 업은 아가. 차 탄 사람이 뭐라 카는 게 아이라 그 아 좀 달래라꼬. 그 어두분데 암만 달래도 뭐 아 우는 기이 시끄럽단 말이지. 경주 가 가지고 참 내려가 이래(이렇게) 보이 깡패들이 아(아이) 양말 신개가(신겨) 업힜이이(업혀 있으니) 돈주머인 줄 알고 아 발목[을] 끊어 뿟다 이 말이야. 이런 거 내 봤는데. 거 와 아무리 달개이(달래니) 어두분데 아 뭐 발목이 끊긴들 뭔들 아나. 차 탈 찍에(탈 때) 뭐 불이 있나 캄캄한데 자꾸 탈 때는 없어가 꼭대기 가가 타고 이래돼가. 포항 내려오니 이꺼정(여기까지) 오는데 걸어가 다 못 왔어. 새미재[6] 카는 데 거 중간에 내가 자고 이꺼지 왔다 카이. 그만치(그만큼) 우리가 고생했는데.

"아는 자꾸 우는 기라. 업은 아가. 차 탄 사람이 뭐라 카는 게 아이라 그 아 좀 달래라꼬. 그 어두분데 암만 달래도 뭐 아 우는 기이 시끄럽단 말이지. 경주 가 가지고 참 내려가 이래 보이 깡패들이 아 양말 신개가 업힜이이 돈주머인 줄 알고 아 발목을 끊어 뿟다 이말이야."

그래 인자 여 오이 하만 내 있던 데 거 원자탄 때렀다 카는 거 여 소문이 다 났어요. 집에 아버지가 뭐라 캤었노 카먼 '야 임마들아 살 놈은 우예 해도 산다. 보리타작을 점두러(종일) 지뚜드리도(두드려도) 도리깨 한 찰 안 맞는 놈이 있단 말이라.' 거기 내 있었으먼 우스개가 아이고 싹 다 죽었어. 거 있던 사람은. 거 살라카이 우예 그래도 살아지대. 거 지내간 이야기를 우예 그래 다해. 오늘 이래 쥐깬다 캐도(이야기한다 해도) 그거는 전부 다 말로 할 수 없어.

이야기 또 하나 하지. 나중에 여거(여기) 오이 이거는 내가 참 등에 춤 밭는(침 뱉는) 말을 할라커먼…. 내가 담배도 안 피우고. 담배 배급이 1달에 얼매썩(얼마씩) 또 나왔거든. 담배 팔아 모두고 이래가 우야든지 가마이라도(가만히 라도) 마 한국 나온다. 또 내가 외동이다. 객지에 또 외롭다. 암만 캐도(아무리 그래도) 어른들 자꾸 생각해가 도저히 거기 있을 자신이 없으이 마 우얄 수가(어쩔 수가) 없는 기야.

그래 여 마 같은 죽장 사람인데 내 누구라고 지적은 안

6 죽장면 상옥리에서 청하면 쪽으로 넘어가는 경계에 있는 6백여 미터의 고개. 지도상으로는 샘재라고 부른다.

하는데 한동네 사람이 같이 가가 이개 마 우리가 훈련으로 군대훈련 다 받았거든. 요거는 피난한 택이라. 유사시에는 요거 총 미이고(메고) 안 그러면 요거 조요라 카까(할까) 일만 시킨다 카는 게 고거 하는 게 임술생이라. 고 인자 개띠까지 고 사람들이 조요돼 가지고 고 사람들이 훈련은 군대훈련 다 받고 요짝저짝(이쪽저쪽) 있다가 해방돼 뿟다카이. 군대는 안 가고.

그중에 한 친구가 하나 훈련을 마 전부 못 받는 기라. 천날만날(매일) 몽둥이로 뚜드리 맞으이(두들겨 맞으니) 보이 아치러버(안타까워). 그러이 인자 대장 있는데 인자 대장이 여 포항 사람인데. 지는 높은 놈이 돼가 왔다 갔다 했어. 또 한국 사람 중에도 일본 놈 있는데 친일파라 커까(할까). 해방되고 걸리지만은 권리 부리는 놈이 왔다 갔다 카고 책임자들이 말이지. 그 사람들을 내가 우예 알아 가지고 저 친구가 저만침 훈련 못 받고 하니까 거 인자 식사하는 데는 훈련 안 받거든. 그래 식사하는데 땡기(추천해) 여줬단 말이지. 그래가 또 방을 딴 방 자는 기라. 그래가 또 대장 있는데 해 가지고 한 방 오도록 같이 자도록 해 도고 해 놓이 같이 자도록 해 줬는 기라.

"담배도 안 피우고 인자 우예끼나 돈 모다가 도망쳐 가지고 한국 나온다 카는 계획을 세우고 돈 모다 놓은 걸 참 믿은 도끼 발등 찍는다 카디 거 어디가 이야기를 못해요. 하룻밤 자고 나이 내 그놈을 그만치 내 편리를 봐가 거 해 줬는데 내 지갑 도둑키가 달났 뿟어."

담배도 안 피우고 인자 우예끼나 돈 모다가(모아) 도망쳐 가지고 한국 나온다 카는 계획을 세우고 돈 모다 놓은 걸 참 믿은 도끼 발등 찍는다 카디 거 어디가 이야기를 못해요. 하룻밤 자고 나이 내 그놈을 그만치 내 편리를 봐가 거 해 줬는데 내 지갑 도둑키가 달났 뿟어(도둑질해서 달아나 버렸어).

여 나오이 하매(벌써) 다 알고 있어요. 그 사람이 그래가. 그래가 여여 참 그분이 안주(아직) 살아가 있어. 포항에 인지 나보다 나이 그라믄 3살 많다. 올해 그라믄 팔십 여섯 인가 일곱인가 그럴 끼라. 그분이 내 있는데 와가 사죄를 하는 기라. 하이고 친구야 사죄하지 마라. 그때는 난린데 그걸 우예 나무래노. 여 오이 하매 그거 다 알고 내 지갑 도둑키간 거 다 알고 이래. 그래도 하이고 난리에는 피란 인데 그럴 수 있고 저럴 수 있다 커고. 다른 사람 겉으믄 우스기 아이라(웃을 일 아니라) 벼락 난리 나고 대방(바로) 다 물리지만 내 한 푼도 [안 물렸어]. 난리에 지 답답어 가 간(가져간) 그거를 내가 우예 그거 해. 그래 그분 내 있는데 한 거 안주 살어가 있어. 이런 고생도 다 해 보고 하이고 그거 참 말도 우예 다해. 우리가 살고 살았는 거. 일정 때 우리가 겪어온 거 인제 우리가 나많은 사람들이 죽어 뿌리마 모리니까.

"요새 젊은 사람들은 이 이야기 몰래요. 그 소남개 껍데기 그거를 벳기가 먹고 인자 초근목피를 먹고 인자 살았는 기라. 살고. 이러다가 그러이 뭐 그 당시에사 뭐 우예 되노 저걸 만나 가지고 우리는 참 그래 묵고 살았는데. 요새애 젊은 사람들은 그런 걸 먹었다 카믄 곧이 안 듣는 기라. 안 듣지."

길 한 번 보라 카이. 아 여개는 아직도 포장이 덜 됐어. 아직 비포장도로라. 여기 길 이거는 그때 저 그거 했다. 6 · 25 나고 닦았제. 6 · 25 나고 그 저 공병대가 와가 닦았는 기라. 공병대가 와가. 공병대. 이거 비상도로라 비상도로. 첨에 개발은 해방 전에 웃마을 집 앞에까정 왜놈들이 안 닦았는 기요. 왜놈들이. 저 너메 오다 보마 공굴(콘크리트 다리) 하나 있는 거. 그거까지는 왜놈들이 닦았다 카이.

근데 해방이 인제 45년 8월 15일 날 해방이 돼 뿟다 카이. 그전도 마 이야기 할라 카마(할려고 하면) 한이 없지만은 해방되고 그 이듬해 말이요. 흉년이 와 가지고 우예 됐는기(어떻게 된 게) 아이라. 요새 젊은 사람들은 이 이야기 몰래요. 그 소남개(소나무) 껍데기 그거를 벳기가(벗겨서) 먹고 인자 초근목피를 먹고 인자 살았는 기라. 살고. 이러다가 그러이 뭐 그 당시에사 뭐 우예 되노 저걸 만나 가지고 우리는 참 그래 묵고 살았는데. 요새애 젊은 사람들은 그런 걸 먹었다 카믄 곧이 안 듣는 기라. 안 듣지.

그때 영덕 사람이 여 칠기(칡) 캐러 오이께 뭐 줄이 하루 마이 올라올 적에는 근 백 명썩 올라왔어. 거 캐 가지고 가루 내 가지고 묵고, 인제. 소남개 인자 껍디이 벳기가 그거 뚜드리이가(두드려서) 솔기. 우라뿌고(우려내고) 인자 묵고 그랬고 또 뭐 쑥 같은 거 나물 캐서 쌀을 쪼매(조금) 넣고 인제 쪼매 잘사는 사람들은 쌀을 마이 넣고. 없는 사람들은 그저 좀 쌀을 흉내 쪼매 내지. 그거를 두드래 가지고(두드려 가지고) 쌀하고 썪으마(섞으면) 떡겉이 된다고. 떡겉이 인자 쑥떡 모양으로 말이지 그래 맨들어가(만들어서) 먹고.

"뭐라 캐도 그때 먹고 사는 게 젤로 힘들었지. 힘들고 먹고도 살고 저 놈들 시키는 거 뭐 죽을 지경이래도 다 해야 되고 뭐."

뭐라 캐도 그때 먹고 사는 게 젤로(제일) 힘들었지. 힘들고 먹고도 살고 저 놈들 시키는 거 뭐 죽을 지경이래도 다 해야 되고 뭐. 그래 다 공출 가져가고 배급을 주는 기라 또. 배급 줘 봐야 하루에 뭐 몇이나 돼요. 그때 얼만가 모르겠다. 뭐 1홉인가 2홉인가 이래 주고 말이야. 그 당시 이제 곡식 싹 거다 가 가지고(거두어 가서) 인제 배급을 주는 기라.

공출이라는 말만 들어도 넌덜머리 난다 카이

또 여기 농촌에는 우예 됐는고 카먼 1년에 농사를 지아나 두마(지어 두면) 공출 카는 기 있었다. 공출. 그때는 차가 있었나 뭐가 있었노. 짊어지고 면소재지까지 여서 갈라 카면은 면 소재지가 언한 사육이 이십 한 한 60리라. 한 60리 된다. 여서는 70리 될 끼라(될 거다). 70리 된다. 짊어지고 또 공출을 하고 말이야. 넘으(남의) 집에 가가 다 바치 뿌는 기라(바쳐 버리는 거라). 보리공출로 해 가지고 죽장꺼지 한 집에 마이 대는 사람은 8가마이(가마니) 넘게 짊어지고 갔다 카이. 이와 같은 참 탄압을 받아 가면서 살았지.

요새 농한기 때는 날이 춥고 눈도 마이 오고 하니까 일을 마이 모하지요. 일정 때는 그기 아이지. 겨울에는 새끼쳐가 하는 가마이 그거 있잖아. 몇 장씩 그거 할당이 나오는 기라요. 겨울에는. 그것도 하고. 숯껑포[7] 카는 거. 사리비다가(베어다가) 숯껑포 맨들어가 그놈도 공출했어. 숯 굽는 사람은 전쟁을 안 보냈거든. 숯도 굽어가 숯을 거 포에 넣을라 카머 굽는 사람이 다 모하거든. 개인이 인자 마실에 니 멫나 채아라(너 몇 개 채워라). 니 멫나 채아라 이래가 또 하고. 그때는 와 그랬노 그러면은 지금은 기름을 씨지만은 그때는 숯을 가지고 차도 버스매로(버스처럼) 뒤에 도라무통(드럼통)에 숯 여(넣어) 가지고 둘려 가지고 개스 나오면 그 힘으로 가거든. 그러이 그런데 일단 마이 썼다고. 어 일단 공장도 그런 거 돌리기 위해서 썼거든. 기름이 없으니까 말이야. 일정 전쟁 때니까. 새끼는 그때 기계가 있어가 덜 힘들었지. 그때. 그놈 새끼들 별의별거 공출 다 했지 뭐. 말도 몬하게 했다 커이야(했다니까).

공출 인자 이야기 하지. 왜정 땐데 저 만대이 저 어데고 (문을 열어 손으로 상옥 쪽 산을 가리키며) 이 산 너메 저 짝에 나무 마이 벴는데. 이 산 넘어거든. 이 산 너메 가지고 아까 화전 이야기 했잖아. 비료가 있나 삼밭이 있나. 거 가가지고 인자 불로 질러가 삼을 했어 내가. 인자 왜놈들이 인자 삼밭에 의해 가지고 인자 삼을 공출을 또 해야 되거

7 숯을 만들어 포대에 담은 것을 말하는 듯. 주로 목탄차의 연료로 사용하였다고 한다.

든. 권○호가 이장할 때. 저 산 너메 가가 삼을 했는데 공출이 내한테 배정이 됐는 기라. 고때 내 나도(나이도) 몇 살 안 됐어요. 그래 인자 용○어른 사무실 있을 때 저녁에 갔어. 그래 '용○어른 삼 공출 나왔는데 이 공출이 원인이 어디서 나왔는교'(나왔습니까). 그랬거든. 용○어른한테. '와 묻노오.' '암만 캐도(아무리 그래도) 이 토지에 의해 가지고 삼밭이라 카까(할까) 이게 있는데 그 기준으로 해가 공출 안 나왔는교. 그래 산에 인제 산 갈았는 것도 이 기준에 포함해가 공출 넣는교.' 영감이 와 자꾸 우예가 산전 선나(서넛) 했는데 공출되도록 이래 나왔노 캐노이. 고마 벼루 저만한 게 있는데 방바닥에 마 드리 때리 뿟는 기라(그대로 내동댕이쳐 버리는 거라). 내가 뭐라 캔노(뭐라고 말한 줄) 아나. '용○어른 그럼 저기 벼루가 뭔 죄가 있는교. 죄가 있걸랑 나를 때리소.' 여물시리이 한 말도 아하고(다른 말 한 마디도 안 하고) 내 바로 그랬다. 내 못됐제. 그러이 뭐 그때 뭐 이장 인자 단장 회의하며 지방 유지라 카까 [그 사람들이] 절에(곁에) 앉았잖아. 회의 진행할 때에는 단장 이외에는 그 자리를 비키(비켜) 줘야 돼. 그런 시절을 우리가 살았고.

"비료가 있나 삼밭이 있나. 거 가 가지고 인자 불로 질러가 삼을 했어 내가. 인자 왜놈들이 인자 삼밭에 의해 가지고 인자 삼을 공출을 또 해야 되거든."

이 삼 공출 때미레(때문에) 내가 그 나많은(나이 많은) 어른으로 그래 바린(바른) 말 한다고 마 벼루를 방바닥에 막 [던졌어]. 그래도 해방되고 나와 가지고 그 어른 때문에 내가 동네 이장을 섰다고. 우리 집에 한 말도 아하고 '나는 그런 거 본대 자질도 모지래고(모자라고) 아하니이더(안 하겠습니다)' 카이까네(하니까) '이 사람아 우리 집안에 아들이 있나. 니 아이고는 동네 일할 사람이 내가 보기에 없다. 니 하거라.' '에이요(아니요). 내가 여기서 우예 하는교(어떻게 합니까) 모하니더(못합니다).' 하, 이 어른이 몇 번이나 와가 하도 캐 가지고 마지못해 헝 칸게(예 한 것이) 마 어언 간에 십 몇 년을 허송세월 해뿟어. 그래 인제 살림도 탕진 가산[한 게] 다 그 이장하다가. 우옛든동(어쨌든) 해방 이후에는 공출은 이제 없었어. 그라이 먹고 사는 거는 마이 낫고 말고지 뭐.

농사만 지을 낀데 거 이장하다 살림만 날리 뿟어

"여 하옥동네 카는 게 호수가 제일 마이 살 때 얼매나 살았노카먼 172호까정 살았어요."

해방되고 사흘 뒤에 나와서 그 후로 여서 계속 농사지 뭐. 여 하옥동네 카는 게 호수가 제일 마이 살 때 얼매나 살았노카먼 172호까정 살았어요. 요새는 호수가 얼매되노 카먼 그저 불과 한 30호 좌우 되는데 인구로 따지먼은 그때 10프로 인구도 안 되고. 한 집에 한 애 아이먼(하나 아니면) 둘이. 젊은 사람은 하나도 없고. 시방 동네 상황이 그렇거든. 그러이 이거 뭐 사람 사는 것도 아이고 귀신도 아이고. 이게 우예 이렇키 이래 되노. 먹고 입는 거는 호의호식하고 이만첨 좋아도 전부 불안에 떨고 있는 기라. 이웃에 뭐 저녁에 전화 늦게 전화가 따라랑 오먼 아이고 이케(어떻게) 아들이(아이들이) 뭐 우예 됐는가 싶으고. 시방 우리가 전부 그래 살고 있는 게 우리 인생이라. 그래 인간이라 카는 거는 오래 살어가 지인테(자기에게) 좋은 거 돌아가는 기 하나도 없어. 그러니 그것저것 이야기 다 할 거도 없고.

더더구나 그래 해방되고 와 가지고도 백 칠십 몇 호 내가 이장할 적에 호수가 백 사십 몇 호 백 오십 몇 호꺼지 살적에 이 실례되는 말이지만은 요 동네는 자연부락단위로 제일 큰 동넨데 여기는 전부 권씨 네들만 살았고. 요 밑에 동네는 김씨 네들만 살았고. 내가 요 상간에(사이에) 권가 상간에 찡기이가(끼어) 이장 몇 년 했노 카먼. 16년하고 만 15년하고 16년 만에 내가 이장 사표 내 뿌랐거든. 그 정권이 그만치 드리 바꺼도(그렇게 바뀌어도) 그때 심지어 반장꺼정(반장까지) 다 바깄어요 저기 박대통령 때나 전부 이래 해사아이(이렇게 하곤 하니까). 그래도 나는 아무 놈도 니 이장 하지마라 카는 놈이 없었어. 그래가 하 이거 너무 오래 할 물건이 안 된다.

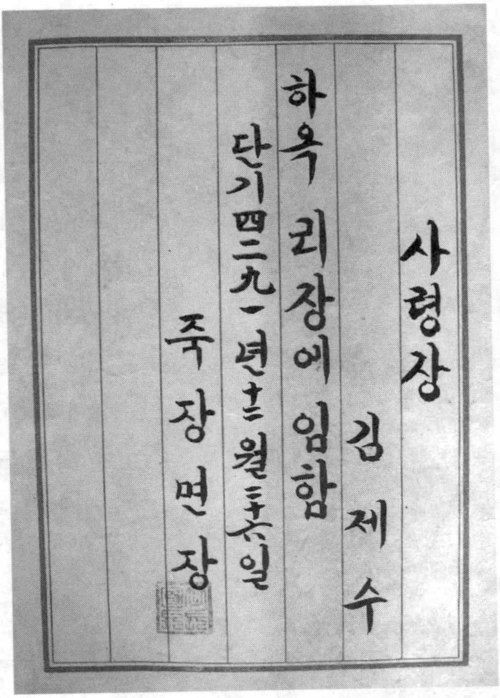

사령장
김제수
하옥리장에 임함
단기四二九一년十二월二十六일
죽장면장

▲ 김제수가 단기 4291년(1958) 죽장면장으로부터 받은 하옥리 이장 사령장

꼭 지내간 이야기는 다 모하고 믿은 도끼 발등 찍힌 거 하고. 권○진 있는데 도장 맽기 났다가(맡겨 놓았다가) 살림탕진가산 해뿌고 우알 조짐 없고. 그래가 내가 민사시비도 해봤어요. 죽장면이 이십 몇 동넨데 시위한 사람이 내하고 박○기 이장하고 둘이밖에 시비 안 했어. 민사로 넘어가 뿌이(넘어가 버리니) 민사시비는 내가 안 지겠지만, 그 친구들이 카는 기라. 절대 하지 마라 말이지. 이기기는 내가 이깄는데 돈은 겉날아가 뿌드라(그냥 날아가 버리더라) 카이. 민사시비 이거는 마 절대 하만 마 손해난다. 이런 소리들을 하고 이래 지냈는데. 작으나마 정부에서도 우리 겉은 거 보상 좀 해 줘야 될 끼이다. 그때 젊을 땐데 외동이지러 객지에 와 가지고 이만치 고생하다

가 왜놈들인데 뽙잡히 간 거까지 따질라 하먼. 그때 약한 놈이 뽙잡히 갔지 씬(센) 놈은 또 안 뽙잡히 갔어. 무조건 단속하고 친일파 물론 해방되고 권리부리고 있던 사람들은 전부 안 뽙잡히 갔어. 징용도 안 갔단 말이라. 정 말하자면. 피신 이래 다했지만은.

그거 인지 탓할 재주도 없으나. 사람은 우예 살든지 양심 지키고 사는 기이 인간이지. 따지만 테레비 저거 어떤 때는 내뿌지 뿔라 칸다(부숴 버리려고 한다). 공부 마이 시깄는(많이 시킨) 놈은 큰 도둑놈 키아났고(키워 놓았고). 현 상황에. 적은 도둑놈은 공부 덜한 놈이고. 양심가는 지 자질 모지래(모자라) 양심가라. 그저 양심가라 카는 놈도 공부 마이 해 가지고 현 상황에 그 자리에 가먼 연에(여전히) 그놈이 그 놈이라. 내가 판단은 그래하고 있어요. 내가 뭐 성인도 아이고 아무 것도 아이지만은 나은 놈이 어디 있노. 똑같은데. 도둑놈 거다서(거두어서) 하는 택인데(셈인데). 요새 따질라 카만 뭐.

"사람은 우예 살든지 양심 지키고 사는 기이 인간이지. 따지만 테레비 저거 어떤 때는 내 뿌지 뿔라칸다. 공부 마이 시깄는 놈은 큰 도둑놈 키아났고. 현 상황에. 적은 도둑놈은 공부 덜한 놈이고."

"인자 박 대통령 때 라지오 이거 처음 나왔거든, 여기는. 죽장면에 하나 나왔는 기라. 내가 마 뺏아 가지고 가 와가 연남 카는데 … 거기 줘 뿟는기라. 얼매 안 있다가 또 이게 하나 나왔는 기라. 또 내가 가와 뿟는 기라."

그래고 해방되고 화폐개혁 했잖아. 인자 박 대통령 때 라지오(라디오) 이거 처음 나왔거든, 여기는. 죽장면에 하나 나왔는 기라. 내가 마 뺏아 가지고 가 와가 연남 카는데 그기(그곳이) 인자 영덕하고 청송하고 경계거든. 거기 줘 뿟는기라(줘 버린 거라). 얼매 안 있다가 또 이게 하나 나왔는 기라. 또 내가 가와 뿟는 기라(가지고 와 버린 거라). 상옥 병○가 나와 가지고 이놈으 새끼들 상옥 이장들은 뭐 하노 하옥 제수는 우예 가지고 라지오 두 나치나(두 개나) 다 가가 뿌고(가지고 가 버리고) 말이지. 우예끼이나(어쨌거나) 뭐 가오지(가지고 오지) 뭐. 이래 가와도 그래가 줘 뿌고 이래 가지고도 안주까정(아직까지) 사는 거 보이 이

상스러버.

그래가 화폐개혁 할 찍에(할 때) 이게 있어 가지고 인자 저 원단 저 아래까지 옥계까지 내려 갈라카마(가려면) 십리 더 내려가야 되요. 전부 댕기매(다니며) 철전(鐵錢)하고 지전(紙錢)하고 짊어지이 한 짐이라. 밤새도록 했지. 요새 갈밭 골짝에 매러가마 내 요새도 들바다 보거든. 하 이거 마 밤새도록 그래 가지고 돈 전부 모다가(모아) 짊어지이 한 짐 되지를. 철돈하고 이래 노이. 자부러버가(졸려서) 우얄 수가 없어가 질 가에(길가에) 이래 그때 인자 두루매기 입고. 중절모자 그거 쓰고. 여 인다그러(이제) 여 한숨 잘백에(잘 수밖에) 없다. 이래 누벘는(누운) 기라. 한숨 누벘다가 갑자기 생각나 뻘떡 일나이(벌떡 일어나니) 모자가 마 이래 비고 눕었던 게(베고 누웠던 게) 뚜루루(데굴데굴) 구부러저가(굴러) 계곡으로 니러(내려) 가 뿟는 기라. 아 이거 두루마기 입었는데 그놈 주울라카다가(주우려다가) 높이가 거짓말 안 보태고 두어 질 넘기 될 낀데 인자 그 모자 주울라 카다가 까꾸러(거꾸로) 내리가 뿟는 기라. 즉사했다 싶은데 돈 보따리는 인제 챘고. 어예가 짚어 뿌리는데(짚어버렸는데) 모자가 여기 나무 끝티이(끝) 한군데 뚤버졌지(뚫렸어). 내 한 군데 다친 데 없어. 거 희한하대.

그래 가지고 면사무소 가이 깜짝 놀래더라고 우시개 아이라. 아이고 그 먼데 최고 멀거든. 면내루. 거 옥계 거부터 시작해 가지고 전부 걷아가(거두어) 짊어지고 갈라카먼 리수가 얼마고 백리대이. 백리. 아이고 우예가 이만치 라지오가 그거 나왔는머래(나오는 바람에) 안 알았나. 면에서 깜짝 놀라대. 라지오가 있으이 화폐개혁 카는 걸 제일 먼저 안기지. 그래가 화폐개혁 그거 해 가지고 거 화폐개혁 그거 할 적에도 내 했고. 오늘 또 어디 가족도 모리는 이야기 하지. 죽장 전면 쳐놓고도 그때 도지사 상 탔는 사람 내밖에 없다. 가족들도 아이 모린다(모른다). 집에 소생(자녀들)도 안주 몰라. 명색이 그래도 그때 도지사 상 탄다 카마 요새 대통령상보담 더 힘들었어. 내 그래 도지사상 탄 사람이라. 허허.

"뭐 권 선생은 자기 집안에 젊은 사람을 마이 있어도 내한테 몇 번 왔는고 아노. 세 번인가 네 번인가 와가 우리 집안 아들이 이만침 있는데 동네일을 맽겨 가지고 할 사람이 없다. 니 아하마 안 된다 캐가 억지로 내 했거든."

"시방 저기 저저 저 궤 열면 세금영수증 안주 다 있어. 세금영수증 관리 잘하는 놈은 이중삼중 이익을 줘 뿌리야 돼."

전쟁 끝나고 난 이후에는 뭐 그냥저냥 뭐 지내 나갔지 뭐. 여 이장할 사람 뭐 권 선생은 자기 집안에 젊은 사람을 마이 있어도 내한테 몇 번 왔는고 아노. 세 번인가 네 번인가 와가 우리 집안 아들이 이만침 있는데 동네일을 맽겨(맡겨) 가지고 할 사람이 없다. 니 아하마 안 된다 캐가 억지로 내 했거든. 그래도 요새 머 (부인을 보고) 태○ 알제 태○. 요새 오면 연에 안 카나. 저 어른 인자 이야기를 들었어. 듣고 그거 뭐 말할 기 있나 뭐.

시방 (방 안을 가리키며) 저기 저저 저 궤 열면 세금영수증 안주(아직) 다 있어. 세금영수증 관리 잘하는 놈은 이중삼중 이익을 줘 뿌리야(줘 버려야) 돼. 안주 내 그때 이장할 적에 영수증 안주 다 있어. 전에는 10년 돼야 폐기[했어]. 그것도 인자 자

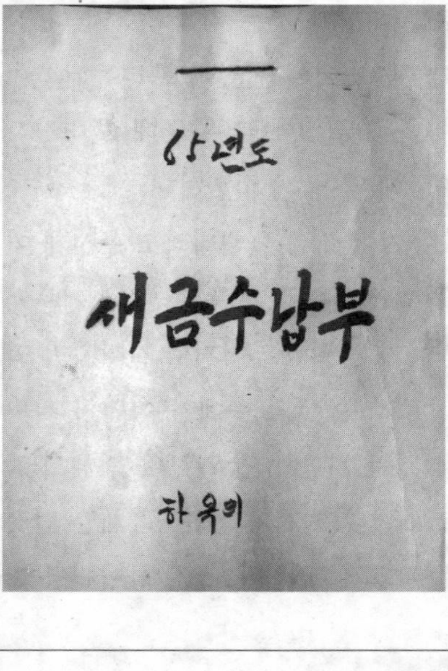

▶ 1965년도 하옥리 세금수납부

꾸 법이 바꿔 가(바뀌어서) 그렇지. 10년 이내에는 언제든지 영수증 가아 있어야 돼. 시방 여기 영수증 카는 거 이거 거짓말이 애이라(아니야). 안주 여 동네 머시꺼는(누구 거는) 안주 있어. 이거는 내 왜정 때 내 참 이거 이장하고 이 영수증 안주까정 보관해 놓고 있어. 만일 경우에 여기 뭐 이거는 부차적인 이야기지만은 법이라 카는 기 자꾸 바뀌는데 뭐 동네 산이 뭐 어띠이(어떠니) 캐샀는 거(이야기하는 거) 그때 법은 자기가 내 기이(내 것) 암만 권리를 지킬라 캐도 10년까지 세금을 안 내면 자기 권리 행사 없었어. 이 연으떠거르[8] 법이 아침저녁으로 바뀌이 뭐 우예 됐는지 모리지 뭐. 이런 거는 말도 모하겠고.

6·25 때는 인민군한테 붙잡혀갔다가 죽을 뻔 했지

해방되고 전쟁 때는 또 인민군이 안 들어왔나. 인민군들이 들어온 고 날짜는 모래고(모르고). 인민군 들어온 것도 내 이야기하지. 낮에는 안 할 말로 대한민국 국민이고 밤으로는 빨개이 짓 안 하면은 여서 못 살았다. 그라고 보이 피란가고 저 마이 들온 거는 선달 그믐날이다. 그래 귀(궤) 이거 짊어지고도 이 동네 비아 뿌고(비워 버리고) 이 동네를 전부 소개 다하고 상옥 전부 이주 비아 뿌고 하옥 사람들은 전부 상옥가가 살았다 카이. 그 집 비아 노이(비워 놓으니) 빨개이들 와 가지고 식량 다 못 가가지러(가져가지). 그때 차가 있나 지고 올라가는데. 부적(부엌)에도 파묻고 마구에도 파묻어 논거 빨개이들이 밤으로 오면 다 파가 가 뿌고. 요 우리 부적에 고기다가(거기다가) 아궁이에

8 구술자가 특이하게 종종 사용하는 말로 '이런 젠장' 정도의 뉘앙스를 가지고 있다.

양석(양식)을 쪼매 파묻어 놓은 거는 솥에 밥해 묵고 가도 고거는 모리고 그 다음 거는 다 도둑키 가 뿟어요(도둑질해 가 버렸어요).

전쟁 나기 전에 지방 빨개이 한 사람도 있었는데 거 해도 뭐 누구라고 지적할 수도 없고. 그때 뭐 왜놈들한테 부채애(붙어) 가지고 이장도 하고 뭐 면서기도 하고 이런 사람들은 권리 부리이 가지고 그런 식으로 하고. 약한 놈은 뭐 시기면 시기이는(시키면 시키는) 대로 안하면 뺌때기(뺨) 맞을 판인데 뭐 우얄 재주 있나. 그런 시절 살았는데. 인지 그거를 구체적으로 이야기해 봐야 어디가가 하소연 할 데도 없고. 오늘 인자 대충 그저 이야기지. 상세한 건 다 하도 못해. 다 할라 카먼 이틀 해도 다 모하고 사흘 해도 다 모해.

"낮에는 안 할 말로
대한민국 국민이고
밤으로는 빨개이 짓 안 하면은
여서 못살았다 …
지방적으로 빨개이 한 사람
다 있지. 그때는
빨개이 빨개이 캤는데.
지방 빨개이가 있었다고.
여 있었지. 있었지만은
현세 하옥도 그때 인자
전쟁 나고 6 · 25 전쟁 나고
인자 마 피신이라카가
마 뿥잡히 간 사람들.
저거 죽었는지 살았는지
모리는 사람도 있다고요."

지방적으로 빨개이 한 사람 다 있지. 그때는 빨개이 빨개이 캤는데. 지방 빨개이가 있었다고. 여 있었지. 있었지만은 현세 하옥도 그때 인자 전쟁 나고 6 · 25 전쟁 나고 인자 마 피신이라카가 마 뿥잡히 간 사람들. 저거 죽었는지 살았는지 모리는 사람도 있다고요. 현시에도. 거 어떤 집에는 내가 앉아가 '거 안주 죽었는가 살았는가 알 수 없겠나' 카이 인자 본인인테(본인에게) 그런 소리를 하먼 '거의 죽었지 뭐 살 택 있나'(살았을 리가 있나) 이카는 사람도 안주 있어요.

거 우리는 그래가 전쟁 나고 인자 집 비아 뿌고 온 동민이 상옥가가 있다가 다부(다시) 내려오이까 또 그런 변을 당했거든. 빨개이 이야기 하지. 낮에 우예 되노. 군인들 온단 말이라. 경찰들하고. 저녁에는 빨개이가 와 가지고 소 잡아 달라 카는 기라. 동네 사람들 어불러가(어울려) 소 잡아 주는 기라. 안 잡아 주먼 죽는데 뭐. 여 바로 건너 있는 저 마당이라. 빨개이 마 숫자가 얼매나 많은동(많은지) 그 때는 마 이북서 넘어온 사람들이 싹 다 가가 뿟는 기라(가져가 버린 거라). 거도 소 잡아가 덕골 꼴짝(골짜기) 카는 데 저리 다 가 뿌고 저짝(저쪽) 방 저짜 저기 인자 뒷담 길 내 처남이 인자 저 피신와가 내려와 있었는데. 저 외따로 못 있어가 여 내려와 있었는데 옛날 거 인자 책 겉은 거 이야기 하는 거 이린다고(읽는다고) 있으이 누가 문에 총 갖다 덜컥대는 기라. 문을 여이(여니) 군인이라. 빨개이 금방 소 잡아줘 가지고 가 뿐(가 버린) 뒤에 뒤따라 군인이 총 가지고 썩 들어오이. 언 놈 뭐 안 죽을 재주 없는 기라. 거서 산 게 우에 살았는고 커먼. 집에 아버지가 태극기를 여 골목에 꼽아 났어. 꼽아 놓고 저녁에 마 잊어뿌고(잊어버리고) 마 앤 띠이 들라 가지고(안 떼어 들여 가지고). 그래 꼽아 노이 인자 너거 여 아 여기는 빨개이는 아이다카는 걸. 그때 그거 안 꼽았으면 죽었을란지도 몰라. 우스개가 아이라. 그라고는 인민군이 그냥 그래 지나 가 뿌랐어.

"빨개이 금방 소 잡아줘 가지고 가 뿐 뒤에 뒤따라 군인이 총 가지고 썩 들어오이. 언 놈 뭐 안 죽을 재주 없는 기라. 거서 산 게 우에 살았는고 커먼. 집에 아버지가 태극기를 여 골목에 꼽아 났어. 꼽아놓고 저녁에 마 잊어 뿌고 마 앤 띠이 들라가지고. 그래 꼽아노이 인자 너거 여 아 여기는 빨개이는 아이다 카는 걸. 그때 그거 안 꼽았으면 죽었을란지도 몰라. 우스개가 아이라. 그라고는 인민군이 그냥 그래 지나 가 뿌랐어"

내 끌리간 이야기 하지. 거 이짝에 장○이 보기는 글체(그렇지) 꽤 많애(많아). 저 건너 대밭 있는데 인자 거기 우리가 좀 있었거든. 있는데 빨개이 와 가지고 마 짐 지고 가자 카는 기라. 그래 인자 거기 있다 가이까네(가니까) 요새 장○네 집, 그때 영○이 있는 집에 거기 인자 빨개이 대장인가 뭐 거기 있었어. 그때 내가 한복을 입어도 똑 누가 보면 글 배우고 있는 사람 겉앴지(같았지). 일하는 사람 겉잖았거든(같지 않았거든). 뽈잡히 가가(가서) 빨개이한테 뽈잡히 가가 이래 있다. 한참 있다 오라 카더라. 날 인자 컴컴한데. 그래 장○이가 갔어. 가이(갔더니) 인자 빨개이 대장이 뭐라 카는 게 아이라. 이사람 말고 까만 조끼 입었는 사람. 날 인자 그때 내가 까만 조끼 입고 있었거든. 가(그 사람) 데리고 오라 그래. 이 장○이를 시기 가지고(시켜 가지고) 날 델러(데리러) 왔어. [그 사람 잡으러] 가라 카이(가라고 하니) 장○이가 꾀 많애. 마 내인테(나에게) 델러 안 오고 저 뒷산에 저 바우 밑에 가가 숨어 뿟다카이.

아 이래 노이 하나 뿥잡아 노마(놓으면) 빨개이가 마 그 뒤에 꼭 하나썩 따라가. 한애이 그리 달라가 뿌이(도망 가 버리니) 마 이건 그때 인자 신○우하고 또 누구하고 멫이(몇몇이) 인자 우리가 뿥잡힜거든. 여 장○이는 저 가가 숨어 뿌가 마 피난했 뿌랐는데, 마 내가 뿥잡히 가가 어디까지 갔노 카먼 새미재 저 저리해 가 신광 거 갔는 기라. 그래 덕골로 해 가지고 인자 저 만대이로 해가 가 보이 이노무 빨개이들이 앞에 가면서 전부 표시를 해 놨어. 어예 하노 카먼 짚을 한잘개이(한묶음) 거머쥐고 길이 두나(두 개) 있으먼 저거 안 간 길은 요걸 요래 놔 뿌고(놓아 버리고) 저짝 길은 또 길 다른 거 있으먼 고래 놔 뿌고 즈거(자기들) 가는 길은 표시를 그래 하고. 야 이놈들꺼 이거 달러가야 가는데. 안 가먼 이거 뿥잡히가 가는데.

"그때 … 멫이 인자
우리가 뿥잡힜거든 … 짐은
인자 빨개이들 지케 주는 거
한짐 졌단 말이지.
거 앞에 총미고 따라오고
뒤에 총미고 따라오고
이래 따라오는데.
가만 생각허이 날 새만 이거
마 꼼짝없이 뿥잡히가 죽는데.
새미재 저기 덕골 골짜아
올라가먼 눈이 거 있는데.
이야 거 뭐 짐 벗어 뿌고
마 저리 뚜부리 구불러 뿌마
뭐 저 밑에
저 달려가질라는가."

신광 거 가이꺼네 날이 희붓이 샐라 카는 기라. 짐은 인자 빨개이들 지케 주는(져 주는) 거 한 짐 졌단 말이지. 거 앞에 총미고(총 메고) 따라오고 뒤에 총미고 따라오고 이래 따라오는데. 가만 생각허이 날 새만 이거 마 꼼짝없이 뿥잡히가 죽는데. 새미재 저기 덕골[9] 골짜아(골짜기) 올라가먼 눈이 거 있는데. 이야 거 뭐 짐 벗어 뿌고 마 저리 뚜부리 구불러 뿌마(데굴데굴 굴러가 버리면) 뭐 저 밑에 저 달려가 질라는가(달아날 수 있겠는가) [싶은 생각이 드는 거

9 하옥과 상옥 사이에 있는 골짜기로 상당히 험난하다.

야. 우예 뭐 갈 재주가 없어. 신광 못 안에 거 드갔다 카이(들어갔다니까). 날이 희붓이 뜨이 빼개이들이 인자 가다가 먼데서 즈거(자기네들) 전부 암시하고 댕기대(다니더군). 이후라시 이걸 들고 앞에 가는 놈이 이거 한 번 이래 뿌고 또 뒤에 가는 놈이 한 번 이래고. 인자 그리 날은 희붓이 샐라 카는데 이 인민군이, 즉 말하자면 드문드문 오는 기라. 아 내 여기 소변 본다 카미 진땀을 했다가. 마 짐일랑 훌렁 벗고 논둑 밑으로 쫓이가가(쫓아가) 그때 내가 목도리 수건을 쓰고 갔어. 목에 걸어가. 거 인자 달라갈라 카이까네(달아나려고 하니) 그 밑에 내려가이깐에 못 안인데 얼음 디디이(딛자) 빼적빼적 카는데 달라갈 재주가 없는 기라. 그래가 신작로가 이래 거 우로(위로) 인자 인민군들이 자꾸 나가는데 논둑 밑에 드가가(들어가) 요래 탁 눕고 수건을 요래 딱 덮어쓰고 요래 있으이. 질을 가도 모르는 기라. 그래가 이래 보이 저 앞에 저기 인민군이 가고 뒤에 저 먼데서 퍼뜩 뛰올라 가지고 질 우에(길 위에) 올라 가이 소

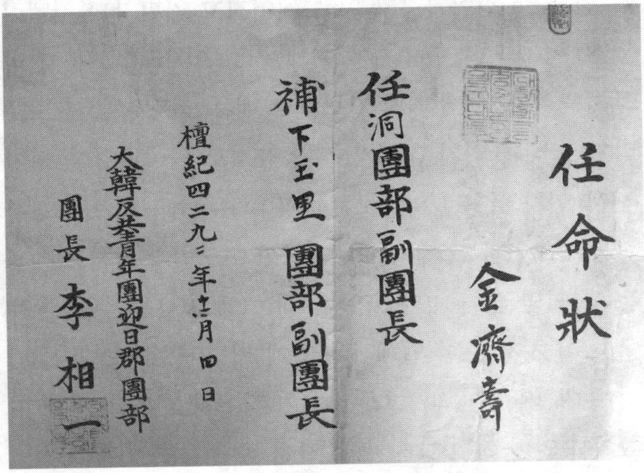
任命狀

金濟壽

任洞團部副團長

補下玉里團部副團長

檀紀四二九二年十二月四日

大韓反共青年團迎日郡團部

團長 李相一

◀ 단기 4292년(1959) 김제수의 대한반공청년단 하옥리 단부 부단장 임명장. 인민군에 납치되어 끌려가다가 탈출한 전력이 있어 가입하였다고 한다.

남개(소나무)가 이래 안 다물어진 게 많대. 소남개를 내가 딱 붙들고 있으이 그래 내가 피란했거든.

이야 배는 고프지. 난들 우얄 재주가 있나. 새미재 저개 신광 거서(거기서) 그 만디이 재로 해가 올라 오이(오니) 인민군들이 쌀 지고 가다 흘리 뿐(흘린) 거. 거짓말 하나도 안 보태고 거 땅에 흘렀는거 그거 좌아가(주워서) 뿌시래기 훌쳐 뿌고(부스러기 털어내고) 그거 씹어 무이(씹어 먹으니) 것 좀 덜 고프더라 말이라. 그래 그래도 우와 재 만디이(재 꼭대기) 올라가다 보이 인민군이 총 들고 마 들이밀고 오는 기라. 아차 인자 인자 마 영락없이 죽었구나 싶더만. 아 동무 어디 갔다 와요 이래는 기라. 아 그래 내 짐 져다 주고 동무들 짐 져다 주고 인자 집에 가라 캐가 난 집에 가는 길이라 이카이(이렇게 말하니) 안 붙잡아 가대. 그 뒤에 따라온 놈은 그 찔락거리매(건들거리며) 혼자 총 메고 오는데 아 수고 했어 카밀랑(하면서) 얼매나 반기던동(반기던지).

"와가 인자 상황 들바다 보는데 거 보이 경찰관들하고 인자 그 지방 청년들하고 어불리가 인자 경계하는 거 인민군 거 지키고 있어. 내 그때 여 오이 처음이라. 아따 마 지서 오이 얼매나 반갑게 커고 마 밥 잘 믹이 주대."

오이 새미재 거기 인자 턱 넘어오이. 군인이 저 인민군이 인자 소 잡아가지고 이래 짊어지고 가다가 흘러빼린(흘린) 이 봉다리(봉지)가 있어. 그거 보이 또 아까분 기라(아까운 거라). 생거 먹지는 모하고. 배는 고파가 쌀 조(주워) 먹고. 그래가 인자 짊어지고 거 음지로 돌아나왔다. 와가(와서) 인자 상황 들바다보는데(들여다보는데) 거 보이 경찰관들하고 인자 그 지방 청년들하고 어불리가 인자 경계하는 거 인민군 거 지키고 있어. 내 그때 여 오이 처음이라. 아따 마 지서 오이 얼매나 반갑게 커고(하고) 마 밥 잘 믹이 주대(먹여 주더라). 그래 소고기 짊어지고 온 거 주고 거 그거까 얻어 먹고 그래가 내 집에 돌아오고. 그때 가 신○

우는 내하고 같이 뿔잡히 갔거든. 가가 고생을 얼매나 하고 왔는 줄 아노. 저 강원돈가 어디 그꺼지 뿔잡히 갔다왔지 싶으다. 나는 중간에 거 신광서 달러와 뿌고(달아나 버렸고). 여여 인자 장○이는 지대(알아서) 피란가 뿌고. 그런 고생들 했는 거 요새 이야기 다 모해. 구사일생이라. 내가 나주(나중에) 반공청년단 한 기 다 이유가 있다 카이.

아무것도 가진 거 없으이 산전(화전농사)밖에 할 끼 더 있었나

내가 열일곱에 여 아무것도 없이 들와가 1년 내두룩(내내) 산전(山田) 해가(해서) 열여덟에 지금 산장 자리 거 논 3 마지기를 샀지. 첨 내 이름으로. 산전은 70년대 초까진가 계속했어. 산전은 우예 하노 하먼 인자 남개(나무) 이거 비이 가지고 놓잖아. 비이(베어) 놓으면은 이 가새는(가에는) 저거를 치는 기라. 불이 안 나가도록 마카 이래이래 놓고 복판에만 이래 놓고. 불 지를 때도 사람이 몇 사람 가 가지고 우에서부터 이래 찔러 가지고 인제 안 나가도록 이렇게 해야 되지.

"내가 열일곱에 여 아무것도 없이 들와가 1년 내두룩 산전(山田) 해가 열여덟에 지금 산장 자리 거 논 3마지기를 샀지. 첨 내 이름으로. 산전은 70년대 초까진가 계속 했어."

해방 되고도 인자 저 도등기서 10리 이상이나 더 드가가(들어가) 거 가가(거기 가서) 내 산전[10]을 했어요. (부인을 가리키며) 여하고 같이 가가 했는데. 해는 다 빠져 가는데 비는 실(슬슬) 오제. 마 돼지가 와 가지고 서숙 막 먹는 기라. 자 이거 하룻밤만 먹어 뿌마 헛걸음이라. 그때 옷에 뭐 물옷(비옷) 그거는 어데 있나. 짚가(짚을 가지고) 엮었는 거 그거 덮어 쓰고 막은 안 지어 놨고. 거기서 내가 혼자서 밤

10 화전(火田)을 말한다. 이곳 사람들은 늘 산전이라고 부른다.

새미도 하고 멧돼지도 지켜봤어요. 그만치 우리가 고생을 했어.

거 불 이야기 나왔으이까. 하옥이 이만춤(이만큼) 지역이 너리고(넓고) 이래도 왜정 때부터 시작해가 불조심은 여기만치 이래 한 데가 없어요. 마카(모두) 저 영덕서 넘어오고 청송서 넘어오고 여기서 지데이(저절로) 불 났는 거는 몰라도. 언제고 그 꼬추 꼬재이(고추 대) 뽑아가 조 치우고 또 찌끄러기(찌꺼기) 있는 거 몬 태아 가지고 그냥 놔 닸었는데(두었는데), 거 아직(아침) 먹고는 오늘 날도 고요하고 저거 쪼매큼씩 모다가 불로 좀 질러 봐야될따(질러 봐야 되겠다) 싶어가 상옥에 전화를 하이, '아이고 오늘은 못 니러가는데 낮으롤랑 우예끼나 점심 먹고는 지르지 말고 아침절에 지르이소' 이카디이(이렇게 말하더니), 고날(그날) 바람도 고요하고 그래가 '야야 아침 좀 일찍 먹고 나가자' 이카이꺼네 그카이잖에(얼마 안 되어) 연기가 쑤욱 올라오는 기라. 이거 우예 됐는 택이고(어찌 된 일인가) 불났나 싶어가 쫓아 나가이 달○가 못 내리온다 이카디이만은(그러더니만) 지가 체면이 있다아 이 말이다. 쫓이(뒤따라) 내리와보이 무디기 모다아 노이끼네(무더기 모아 놓으니) 인자 지가 대고 지르는 기라. 거 와 담 밑에 우리 안 끌어 모다아 났나. 이건 여 집 근처 전다지(전부) 못 지른다 카이. 이 뭐 있소 괘않소 카미(괜찮소 하면서) 그꺼정(그것까지) 다 찔러 주고 갔는데. 그래 내사 참 홍재(횡재) 만냈다 캤어. 지 안 니러(내려) 왔으면 그날 그저 쪼매끔씩 이래 인자 알게 해 놓고 지를라 카이끼네 지가 와갔고 마 밭에꺼꺼정(밭에 것까지) 다 질러 뿌고 가이. 허허허.

그란데 산에서 나무를 하면 돌이고 뭐 이런 기 많애. 그래도 돌은 거 돌대로 그냥 놔둬 뿌고 불 질러 뿌고 인자 쪼금쪼금 흙 있는 데만 쫓아 가지고 주로 인자 옛날에는 서숙 갈았다카이. 조 말이야. 그라고 감자도 더러 숨았어(심었어). 그때는 비료 카는 기 없었거든. 없기 때문에 불을 지르면은 그 재가 있잖아 그 재가 인제 그거해가 비료 한가지라. 그러이 한 번 해 먹고는 다시 또 안 해 먹는 기라. 그러고 나여 장소인지 또 옮기고. 먼 데 가가 하는 것도 땅이 인자 여기는 될따(되겠다) 싶은데 가가 갈거든. 잘에는(곁에는) 할 데 없거든. 왜정 때는 이 산을 왜놈들이 점령해가 관리했거든. 산전에는 그것도 우리 저 수곡 줬어. 그 산 주인 있는데 잤다(주었다) 카이. 다문 가을 되마 얼매씩 마 열 말 달라 카마 열 말 줘야 되고, 닷 말 달라 카마 닷 말 서숙으로 주고.

"산에서 나무를 하먼 돌이고 뭐 이런 기 많애. 그래도 돌은 거 돌대로 그냥 놔둬 뿌고 불 질러 뿌고 인자 쪼금쪼금 흙 있는 데만 쫓아 가지고 주로 인자 옛날에는 서숙 갈았다 카이. 조 말이야. 그라고 감자도 더러 숨았어. 그때는 비료 카는 기 없었거든. 없기 때문에 불을 지르면은 그 재가 있잖아 그 재가 인제 그거 해가 비료 한가지라. … 왜정 때는 이 산을 왜놈들이 점령해가 관리했거든. 산전에는 그것도 우리 저 수곡 줬어."

담배농사가 돈은 쫌 되도 얼매나 힘든지 말로 다 못해

일정 때 여 농사 그 이야기를 상세히 하지. 상옥 카는 거는 현재 가 보만 포항 시내보다도 발전이 더 되가 있는데, 우리가 여기 어렸을 때는 상옥에는 처자가 시집갈 딴아(때까지) 쌀로 서 말을 못 묵고 시집갔고. 여게는 참나무 때가 쌀밥 해 묵는 데라. 꼴짝꼴짝에 여기 10리까지 드가도(들어가도) 전부 논도 가리고 그런데 나락이 잘되고. 상옥은 나락도 안 됐어요. 그라고 보리 가는 것도 여 목골굴 카는데 양지 삐알에(비탈에) 쪼매 그거 하지 그담에 보리도 안 되고, 서숙 갈아 놓으머 보리만치 이만치 높도록 비이 놓으면 요새 돼야 인자 눈이 녹어. 그저 우리 쪼끄만즘(조금) 할 때는.

요새는 기상이 뭐 상옥이고 여고 뭐 오히려 저 상옥이 더 빨리 가는데. 현세도 상옥 1구하고 하옥 이 밑에 하고 비교를 하면 보름 차이 난다 카이. 따지면. 근데 인지는 뭐 상옥은 뭐뭐 얼매맨치(얼마나) 잘되고 여어는 논농사 짓는 사람 없어요. 여 아랫배지미 카는데 여 몇 집 짓고. 논농사 짓는 사람도 없어요. 논 다 내비리 뿌고(버려 버리고). 할 힘도 없고. 그라이 여 나락 하나도 숨굴(심을) 사람 없는데 뭐. 암것도 없지 뭐. 할 기 없지. 아 상옥 거는 오가피도 할 끼라.

"왜정 때는 여 삼베 마이 했어요. 그라이 그때 질쌈도 마이 했지. 나락하고 보리하고. 또 인자 저기 누에 믹이고. 왜정 때 그래 산뽕 가지고 산에 뽕을 가지고 배정받아가 작업했다 카이. 해 노마 그것도 왜놈들이 다 공출해 갔지."

왜정 때는 여 삼베 마이 했어요. 그라이 그때 질쌈도 마이 했지. 나락하고 보리하고. 또 인자 저기 누에 믹이고. 왜정 때 그래 산뽕 가지고 산에 뽕을 가지고 배정받아가 작업했다 카이. 해 노마 그것도 왜놈들이 다 공출해 갔지. 그러이 인자 삼베로 가지고 저기 이야기 하지. 우리 째맨할(어릴) 때 옷 이거 인자 아들 명절 되머 설 되든지 하머 저기 인자 이불, 빨가 빗기가(벌거 벗겨서) 이불이라 카는 기이 있나. 저 안에 너(넣어) 놓고, 그놈을 거라아(강) 가 가 가지고(가지고 가서) 그거 빨아가 꿰맬 동안 저 입에 밑에 넣어 놓고 살았는데. 2벌 해가 입힐 옷이 어딨노 그래. 그때 광목 카는 기 있어 이제. 시장 가마 광목 카는 거 그거 인자 받아 가지고 쫌. 그만침 고생하고 살았는데. 해방되고 나서도 왜정 때 짓던 거를 계속 지었는데 서숙도 계속했어. 산중에 서숙 안 하고는 없거든. 서숙하고 이제 보리하고 그 인제 또 계단식으로 만들어 놓은 논도 이제 있기 때문에 논농사. 일단 그런 거를 마이 했지.

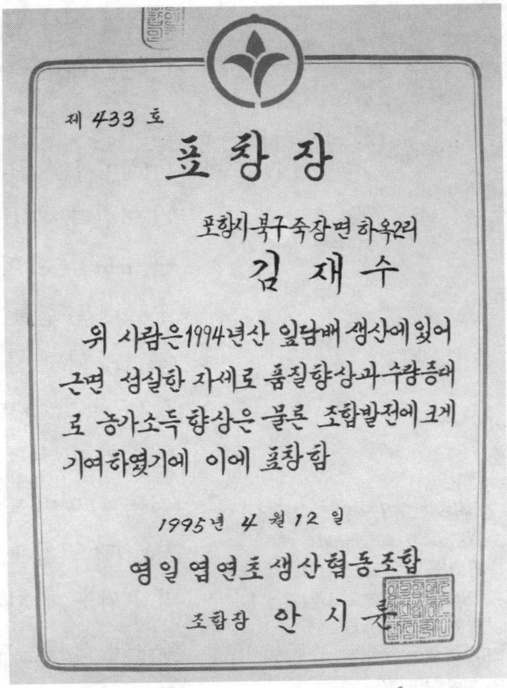

▲ 1995년 김제수가 잎담배 농사로 영일 엽연초생산협동조합으로부터 받은 표창장

왜정 때 또 담배는 어떤 식으로 했노 하면 왜놈들이 와가 인자 담배 심거든. 밭둑에다가 인자 구디이를(구덩이를) 파고 물 담아 놓고 순 끊어 갖고 거기 넣었어. 왜 그랬노. 지 담배 숨갔는 거(심은 것) 그거 못 피았거든. 왜놈 있는 데는. 피우면 벌금했는 기라. 전매청서 왔다 이카먼 자기 담배 숨갔는 거 여 쥐 뜯어가. 대꼬바리(담뱃대) 거 여가 피우던 거 그거 주머니 여가 있다가 한 번 왔다 이카면 주미이에(주머니에) 지 담배 숨갔는데 지 담배로 못 피우고 마 전매청서 왔다 카마 쥐 던져 뿌고(그냥 던져 버리고) 이랬다. 담배 몬 피아서. 그래 인자 순을 왜 거기다가 구덩이를 팠노 하마 요 말라가 우리 피운다고. 왜놈들이 우리를 그리 괄씨(괄세)했다. 여기는 아하고. 청송서 담배하는 거를 내가 알거든. 그런 식으로. 이거 이야기를 다 못해. 뭐 할 재주가 없어.

여서는 60년대 들어 와가 담배 마이 했어요. 우리 큰 아 군대 가던 해고 또 그때 이 집 지었을 때이 64년쯤일 끼라요. 내가 여 백에 저거 달렀제(달려 있지). 시계 여 안 있나. 저것도 내가 머슴 델꼬(데리고) 담배 할 적에 영일조합에 1등도 해 봤어요. 그래가 저것도 옛날에 나 그거 아한다(안 한다) 캤는데도 억지로 갔다 주대. 잘했다고. 담배 조합에서. 담배농사가 그라이 한 40년이 넘었니이더. 여게 있는 사람들 농사, 담배농사 다 했어. 그 담배농사가 딴 농사보다도 그래도 수입이 괘않았다고. 일반농사 뭐 여 감자 심고 하는 거보다 훨씬 낫다고.

(할머니를 가리키며) 이 사람 여기 있지만은 나는 그런 거 아한다 캤어. 이래 갖다 주는 거 뭐 아한다고 갖다 내버릴 수도 없고. 이 사람도 여 앉았지만은. 담배농사 그거 억수로(매우) 힘들어. 그래도 여기 저 옛날에 여기 아들(아이들) 고등학교 시키고 뭐 어떠하고 대학교 시키고 그게 드갔기(들어갔기) 때문에 힘이 들어도 그거 했지. 안 그랬으믄 여기 전부 뭐뭐 시기지도 모했지. 담배는 한참 더불 때(더울 때) 따야 돼. 제일 더블 때. 담배는 때를 놓치면 안 되거든. 딱 적기에 말이지. 누렇게 저 이퍼리가(잎이) 되면은 비가 와도 따 가지고 말라야 되는 기라. 건조를 해야 되기 때문에. 요새는 여 말루고 하던 그런 데 없는데 옛날에는 인자 집을 지어 가지고 새끼로 엮어가 인자 달고 사다리 타고 올라가가 불로 때가 이랬는데. 요새는 인자 벌크가 그거 있어 가지고 뭐 기계로가 인자. 뭐 넣는 거도 숩고(쉽고). 그래도 인자 사람이 없어가 모한다.

"담배농사 그거 억수로 힘들어. 그래도 여기 저 옛날에 여기 아들 고등학교 시키고 뭐 어떠하고 대학교 시키고 그게 드갔기 때문에 힘이 들어도 그거 했지. 안 그랬으믄 여기 전부 뭐뭐 시기지도 모했지."

뽕나무 얘기를 내 또 하지. 내가 여 이장할 땐데. 여기 인자 여기는 산에 가면 뽕나무 이기 마이 있어요. 옛날 뽕나무. 인제 행정당국에서 우야노 카면 인자 그 호수(戶數)에 비해 가지고 누에를 배정시키는 기라. 배정시기면 인자 그 뭐 부득이 자기가 힘이 없어도 니 한잠 믹이라(먹이라), 니 반잠 믹이라, 반잠 믹이라 카면 믹에야 됩니다. 믹이는데 산 뽕은 여 말고는 하나도 없었거든. 주로 산 뽕으로 하는데. 하옥 사람이 상옥도 못 올라갔고, 영덕도 못 갔어. 왜 못 갔노 카면 자 누에 인자 배정을 받아 놨다. 영덕 사람이 산에 뽕 다 따 가 뿐다. 상옥 사람이 또 와가 뽕따가 가 뿌이 우리는 하나도 없거든. 원래, 산뽕을 가지고 배정을 시깄단(시켰단) 말이라. 한 머리(무리)는 옥계 저기 가가 지키고 한 머리는 상옥 저 너메 있는데 거 가가 지키고. 이제 산에 가가 상옥 사람들 오는데 거 뽕따가 내려오면 거서 뺏어 뿌는 기라. 영덕 사람들 여 올라와 가지고 맞질이라든지 여 따가 니러가면 옥계서 뺏아 뿌는 기라. 뽕보따리는 마 낸조(나중에) 허쳐 뿌고(흩어버리고) 마 온종일 땄는 거 그거 뺏기마 얼매나 아쉬우노. 이눔으 새끼들 보자 카고 마 뽕 전부 다 허쳐 뿌렀어. 그래도 그때 그걸 안 말리마 우리가 저 못하는 기라. 믹이든 거 안 믹이믄 또 행정당국에 충고받는 기라. 못 믹이니까 그런 시절을 당코(당했고).

내가 아까 이장 사표 낸 거 누에 때문에 내가 사표 내 뿌렀어. 고해 하옥에 인자 배정이 누에 두 잠이 나왔어. 이연으떠거르 죽장 가이까네 마 검사하는 기 마 지랄 겉이 해 주이 이거 마 청송 갖다 팔아 뿟는 기라. 청송 가이(가니) 등급을 잘 놔아 주거든. 연들 면장한테 불리 가가지고 청송 보냈다고 막 댑다 흥분을 해 막. 면장이 보고 와 청송 보냈노 말이지. 여기는 행정당국은 자기네 책임이 있단 말이지. 면을 배정했는 걸. 이 이연으떠거르 느그 저저 등급 잘 놔아 줘 봐라. 내 여기 안 올 택(안 올 이유)이 있나 느거 등급 못 놔아주이 청송 갔지 뭐. 마 책상 마 면장한테 내 뚜드리 뿌고(두드리고) 내 바로 와 사표 썼어.

그 석에(그 소리에) 거 동네 사람 뭐 '아이고 이장 뭐 사표 냈단다' '진정서 쓰자' 고 난리 지기. 진정서는 뭐 나는 성격이 마 한 번 아이라 카면 마 안 하는 사람이지 뭐 내

*"내가 여 이장할 땐데.
여기 인자 여기는 산에 가면
뽕나무 이기 마이 있어요.
옛날 뽕나무.
인제 행정당국에서
우야노 카먼 인자
그 호수(戶數)에 비해 가지고
누에를 배정시키는 기라.
배정시기먼 인자 그 뭐
부득이 자기가 힘이 없어도
니 한잠 믹이라,
니 반잠 믹이라,
반잠 믹이라 카먼 믹에야
됩니다."*

가 뭐 할 택이 있나 거. 여 고인됐다 카는 명○ 겉은 거 진정서 내러 간다고 난리지. 이장 누가 한다고 뭐뭐 그거 사표 내놓고 뭐. 씨발 면장 있는데 책상 내두린(뒤엎은) 거는 내밖에 없어. 면장이 쩔쩔매고 뭐. 내 사표 내 뿌리고 뭐. 뭐 우예끼나 내가 만 15년 하고 16년 만에 치았거든(치웠거든). 해방되고 시작해가 61년, 62년까지 했제.

또 인지 채소 얘기 나오이 내 글치(그렇지). 6 · 25 때 여기에 동네를 비우고 저기 소개하라 칼 그 즈음에 상옥에는 채소 안 됐어요. 여기는 삼 갈아 가지고 여 길쌈하는 거 그거하고 여 여게는 채소하고 그만치 저 우리 소개할 적에 누구 배추밭에 거 이거 우예 이래 잘 됐노 이래. 요새는 상옥이 어딨노. 여는 뭐 채소하지도 아하고 안 되는데 뭐. 그때는 상옥에 무우도 안 되고 암 것도 안 됐어요.

"옛날에는 이 마을에는 뭐 저 산삼 캔다 카고 돌아다니고 한 사람이 있었는데 시방은 없어."

옛날에는 이 마을에는 뭐 저 산삼 캔다 카고 돌아다니고 한 사람이 있었는데 시방은 없어. 또 삼 이야기하까. 귀토 와 거 마실 밑에 거 경사가 가파르거든. 진○ 양반이 거 니러가다가 뭐 이래 미끄러져 가지고 여 이래 어데 붙잡을 기 없어 가지고 뭐라도 그때 인자 붙잡고 니러가가(내려가서) 그 밑에 가가 손에 쥔 걸 이래 보이 산삼 이퍼리가 쥐이가(쥐여) 있단 말이라. 올라와가 암만 찾아도 못 찾았어. 그라고 안제에(아직까지) 거 산삼 캤다는 소리 못 들었어. 그라고 많이 캤는 거는 심은 기라. 그기는 여여 조뭐고 조○락이 영감이라고 여 댕깄거든. 댕기매 동대산[11] 에 가서 삼씨를 갔다가 뿌리 놓은 자리가 있다고. 그분 있는데 가가 물으마 그분 태지가 여 하옥이고. 저 우 동네 그분이 근 10년 가까이 한집겉이 지냈거든. 그래 있다가 그분이 마 집 사 가지고 저 우에 건너가 뿄어.

11 하옥과 영덕 사이에 있는

여 꿀도 하는데 요새는 토봉은 없고 양봉이지. 토봉 없어. 우리 여어 토봉 3통인가 있어, 있기는. 저거는 토봉이다. 근데 아카시아나 뭐나 우리 집 소생도 요새는 벌 믹이지만은 믿는 도끼에 발등 찍힌다꼬 꿀도 마카 뭐 설탕 안 드가는 데가 없다.

산. 해발 791m.

머슴 없이 우예 농사짓노? 못살아도 하 답답으이 머슴 썼지

요새는 소도 인자 마카 없지. 옛날에는 인자. 소 믹이가 밭 갈고 그랬니이더. 요새는 뭐 그럴 사람이 있나. 옛날에는 농사지을라 카마 집집마다 소는 다 있어. 다 있었다고. 천석꾼 살림도 소가 반쯤이라 캤거든. 옛날에는 나도 소 마이 있었어. 마이 믹이고 농사짓고 남도 주던 게 그런 게 마. 기계는 모리고.

"내가 머슴도 있었는데 여 내가 머슴 데린 거는 큰 머슴 하나 델꼬 밭 갈고 집에 아부지 클 적에는 머슴 서이썩 여 뭐 상옥에 큰 머슴, 적은 머슴, 쪼맨언(작은) 머슴 뭐 그래 있었는가 허허 … 머슴 들이 가지고 농사짓는 사람은 내 힘으로 다 모하니까 인제 워낙 토지도 많고 하니까 인지 머슴 들이고 사람들 데려와가 했지. 잘살아서 그란 기 아이고 하 답답으이. 잘 못살아도 일할 사람이 없어나 노이 뭐."

내가 머슴도 있었는데 여 내가 머슴 데린 거는 큰 머슴 하나 델꼬 밭 갈고 집에 아부지 클 적에는 머슴 서이썩 여 뭐 상옥에 큰 머슴, 적은 머슴, 쪼맨언(작은) 머슴 뭐 그래 있었는가 허허. 그래 있었는데. 상옥 사람이 집에 오매 밑에 머슴으로 7년 살었다 카드라(살았다고 하더라). 그러다가 집에 살림이 각중에(별안간) 탕진되 뿌렀지. 일시에 마 그래 운이 닥치이 할 수 없어.

머슴 그 부리마 세경은 거 1년에 얼매 카는 거 그거 지정을 해가 그래 주었제. 나락을 인제 몇 섬. 한 다섯, 서넛 섬. 닷 섬도 주고 뭐. 근데 머슴도 대우 잘해 줍니다. 왜 그런고 하면 하복 있제, 여름옷 있고. 또 광목꺼정 해 주면 겨울옷 있고. 한 벌썩 해 주고 거 인제 어어 세경 인제 1년에 얼매 딱 정하고. 술 겉은 거는 장곡(종종) 해 줘야 된다. 뭐 계속 술 먹고. 밥은 뭐 당연히 해 줘야 되고. 신발 해 주고. 이래 안주 머슴도 그거 뭐 여게 뭐 노예겉이 이래 하는 게 아이고 머슴도 거 세도가 당당하다고. 살기도 같이 사지. 한 집에서 밥 묵고 이래. 방이 한 칸 있으면은 한 칸은 전용 그 사람이 쓰는 방이 다 있지요.

그라고 인제 저녁으로는 새끼도 꼬고 옛날에는 짚신 캐가 이 신도 삼고. 참도 뭐 밥을 지이가 뜨신 거를 줘야 되지. 수수밥이라도 보마 보리밥이라도 찬밥하고 뜨신 밥하고 다리거든(다르거든). 그러이 불을 때 가지고 참도 주고 점심도 주고. 뜨시게 해 가지고 이거 막걸리도 농주 카는 거 해 놓고 한 잔썩 주고. 그래하고 그거도 머슴도 집집마다 없거든. 농사가 많고 이래야 머슴이 있지. 보통은 뭐 자기 토지가 자기가 농사짓지. 머슴 들이 가지고 농사짓는 사람은 내 힘으로 다 모하니까 인제 워낙 토지도 많고 하니까 인지 머슴 들이고 사람들 데려와가 했지. 잘살아서 그란 기 아이고 하 답답으이. 잘 못살아도 일할 사람이 없어나 노이 뭐. 어른들 연세 많지요. 이장질 한다꼬 천날만날(늘) 돌아댕기이까(돌아다니니까) 일할 사람 없어서 그란 기지(그런 거지).

"옛날에는 두레나 품앗이도 마이 했어요. 농사짓는 데는 품앗이 안 하고는 안 되거든. 주로 모심는 거 할 때. 옛날에 모심고 할 때는 인제 손모아 가지고 이 집 심고 저 집 심고. 그 담에 근간에 와가지고는 인제 담배 겉은 거 숨굴 때. 담배는 인제 안 심지만은 담배 그런 것도 손을 모아야 되요."

옛날에는 두레나 품앗이도 마이 했어요. 농사짓는 데는 품앗이 안 하고는 안 되거든. 주로 모심는 거 할 때. 옛날에 모심고 할 때는 인제 손모아 가지고 이 집 심고 저 집 심고. 그담에 근간에 와 가지고는 인제 담배 겉은 거 숨굴 때. 담배는 인제 안 심지만은 담배 그런 것도 손을 모아야 되요. 한두 사람이 하는 게 아이고 여러 사람이 많을수록

좋거든. 밭 갈고 물주고 뭐 심고 뭐뭐 하기 따문에. 고때 인제 품앗이하고 또 인제 꼬추라도 심을 때 밭도 맬 때 인제 또 품앗이도 하고 하루 밭 매주마 하루 밭 매주고. 그래 안 하마 농사 못 지(지어).

새마을운동 그기 불타오를 때는 우리 농촌이 얼마나 신났던지

역대 정권들을 가마이 보마 거 인제 해방되고는 뭐 우리가 앉아가 볼 적에는 암살 사건도 있었고 김구 선생 뭐 이런 것도 있었고. 이런 거를 우리 생각할 때 정치인들은 뭐 그저 그런 것이 있는갑다(있는 모양이다) 이래 생각했지. 이승만도 뭐 우리 독립 위해 가지고 독립운동하고 인제 해 가지고 괘않게(괜찮게) 했다고 봐요. 내중에 인제 이승만 대통령이 하야 하고 할 때 그런 말이 돌대. 그때는 이기붕이 잘못해 가지고 그래 됐다 하는 소리를 우리 농촌에서는 마이 들었지. 장면 박사가 대통령하고는 말이야 뭐 얼매 하도 모했잖아.

"우리는 주로 인자 박정희 대통령이 제일 기억에 남는 기라. 왜 그러노 하먼 우리 못살던 경제를 경제대국으로 일받아 세우고 말이야. 새마을운동이 참 불타오를 때는 말이라 우리 농촌이 신났다고."

하다가 그라다가 5 · 16 혁명 났제. 그때는 잘했고 모했고 우리는 잘 모리고 안 그랬으믄 민주적으로 뭐 우예 또 했을지 모르지만 그라다가(그러다가) 5 · 16 혁명이 나 뿌랐는기라(나 버렸어). 나뿌 가지고 우리는 주로 인자 박정희 대통령이 제일 기억에 남는 기라. 왜 그러노 하먼 우리 못살던 경제를 경제대국으로 일받아(일으켜) 세우고 말이야. 새마을운동이 참 불타오를 때는 말이라 우리 농촌이 신났다고. 그래도 말이라 농촌에 밥 먹고 밥도 올케(제대로) 못 먹던 사람들이 말이야 그래도 식생활이 참 해결되고 또 지붕개량 카는 거 이거 말이라 이거 그때 했는데. 이기 큰일이라. 1년에 한 번씩 하는 게. 새끼 깁어 가지고 엮어 가지고 그거 산에 가가 비와(베어와) 가지고 말이야. 이 노력 카는 거는 말할 것도 없는 기라. 그런 것도 우리 인제 했고.

인자 우리가 자산이 된 거는 솔직하게 이야기해 가지고 군사독재니 뭐니 카지만은 말이지 박정희 대통령이 새마을운동이 타오를 때 참 이 지붕개량하고 이거 할 때에 얼매나 저거 했노 카는 기라. 우리 경제대국이 된 것도 그때라. 이 그때 여 화전민이 많앴거든. 그전에는 이 산에 인자 나무를 불로 질러 가지고 그거 지 가지고(지어 가지고) 곡식하고 했는데. 잘 못하그러(못하게) 했거든. 박정희 대통령 시절에는 박정희가 특명을 니랐는(내린) 기라. 농촌에 사는 사람들 불내지 말고 비 가지고 산전해 가지고 말이야 식량 할 수 있도록 하라 이거라. 그래 가지고 이런 데는 안 그러고는 토지 가지고는 안 되거든. 그래 가지고 비 가지고 나무 눕히(눕혀) 가지고 불질러 가지고 인자 그런데 감자 갈고 서숙 갈고 이래해 가지고 식량 확보도 하고. 이래 인자 차츰차츰 해 가지고 우리 인자 잘 살게 된 기지(거지). 생활도 뭐 차츰차츰 나아졌고. 뭐 우예끼나(어쨌거나) 우리가 봐서는 해방된 이후로 역사상에 박 대통령이 제일 현명하게 했다 카는 거는 내 자신도 [그렇게 생각해].

5 · 16이 61년에 났으이 박 대통령 정권 잡고 새마을운동이 한 3년 있다가 됐는가 한 5년 있다가 됐는가. 연도는 잘 모르겠는데. 첨에 몇 가디이(몇 가닥) 전선 주고 그래 했지 뭐. 세민(시멘트) 주고 밀가리(밀가루) 좀 주고. 준

다 칼 꺼도 없고. 그라고 지붕 같은 거는 이제 대부해 가지고 융자 해 주먼 나중에 우리가 갚는 거 그거 있잖아요. 새마을운동 전에는 전부 초가집이지 뭐. 짚으로 가지고 연년이 엮어가지고 말이지. 우리 집 이거요. 청송 넘어가는 데 이수 카는 데 여서 10리 넘어 돼요. 내 혼자서 다 비다가(베어다가) 아래 웃채 내가 이거 다 있어요(이었어요).

요새 가마(가만히) 생각하마 그저 갔다 와도 안 되는데 그 청송 넘어 가가 전부 새로 비다가 이거 짚을 다 있다고. 거 내가 지붕개량한 거 이거는 정부가 혜택도 있고 그때 국○이 아들하고 누고 그 사람들이 와가 다 했지. 그 요새 내가 생각하마 그 먼데 그 이수 건너 청송 넘어가가 비가 오거든. 산 만디를 넘어가가. 새로 비가 와가 여 아래웃채를 전부 다 있단 말이라, 그래도 살았는데. 이거는 뭐 요새 이거는 뭐 꿈도 아이고 생시도 아이고 우예 이거 됐는고 싶으고 저녁으로 눕었으믄 이웃에 가 담배 한 대 피울 때가 없어요, 이 동네가.

"새마을운동 전에는 전부 초가집이지 뭐. 짚으로 가지고 연년이 엮어 가지고 말이지. 우리 집 이거요. 청송 넘어가는 데 이수 카는 데 여서 십리 넘어 돼요. 내 혼자서 다 비다가 아래 웃채 내가 이거 다 있어요."

하여간 새마을운동이 시작하고 말이야. 박정희 대통령 독재를 그래 해도 그때는 그런 소리 했어. 우리나라는 아직 반독재를 해야 된다 소리 했다꼬. 반독재 아하고는 안 된다 캤는데 그래도 그 양반이 독재했는 거는 자기 사리사욕을 위해가 했는 거는, 물론 자기 장기집권 위해 가지고 그래 됐지만은 우리 백성들 위해 가지고 얼매나 노력을 했노 이기라. 우리 백성 기반이 우예끼나 거기서 잡혔는(잡힌) 기라. 유신체제도 요새매로(요새처럼) 자기가 착복하기 위해가 그래는 아했단 말이라.

그때는 집권당 안 찍어 주면 절단 봐 뿌릿어

요새 뭐 노무현이도 탄핵이고 뭐고 거 온갖 짓을 다 해도 거 탓할 필요가 없다 이기라. 왜냐? 우리 국운이 있시먼 자동으로 좋은 대통령이 나고 응. 내가 복이 있으먼은 자동으로 좋은 대통령이 나고 내가 또 복이 없이니 자석도 못된 자석이 난다. 누구 탓하지 마. 우리 국운이 여기까지이다. 이래 판단하지. 누보다(누구보다) 누구는 잘한다. 누보다 누구는 잘헌다. 앉어가 이래 내 혼자 몇 사람들이 저 편파적으로 주깨는(지껄이는) 거 보고 속으로 입은 안 띠고 저만치 똑똑으먼 지가 대통령을 하든지 국회의원을 하지 뭐한테 여 꼴짝에 이래 들앉았노(들어앉아 있나). 내 속 짐작만 그래 가지고. 여 나많은 사람은, 즉 말하자먼 지내간 선거로 보고 이회창이가 여 당선된 거라고 간주를 했단 말이지. 그러이 젊은 아들(아이들)헌테 우리가 져 뿌렀다고 나는 판단하는 기라. 우리 국운이 없는 탓이지. 누구는 잘했고 누구는 못나고 이거는 안주 우리 국민성이 편파성이 너무 지나친다. 뭐 그만치 똑똑은 사람들이 지가 국회의원하지 뭐한테 앉아 가지고 뭐 니는 옳으이 니는 어띠이. 뭐하로 그라노.

선거운동 이번에 거 1인 2표제 하는 것도 나는 그거 못마땅해요. 왜 못마땅하냐. 안주 우리나라 국민은 분간 모해 가지고 여기 찍으라카믄 저기 찍어 뿌래(찍어 버려). 나라 일이 거 선거관리위원장도 여기 선거 그거 돼 있었어. 관리위원장도 내 계속했어요. 그때도 아까 윤보선이 뭐 이런 얘기 마카 나왔지만은 그때도 그 2번에 찍으라 카먼 요래 이끌어 내리 왔단 말이지. 요래에 찍어 뿌먼 3번에 가는 기라. 안주 우리나라 나많은 사람이 어데가 어덴지(어디가 어딘지) 모리는 사람 천지일시더(천지입니다). 이게 뭐 우예 됐는 택인동(어찌 된 셈인지). 우리 국운이 이까지다. 누구를 잘한다 누구를 못한다. 선거하고 나와 가지고는 보먼 캐. 선거는 한 가족도 비밀인데 나는 안주 선거하고 나와가 누구 찍었다 소리 안 해 봤어. 뭐한테 그런 이야기 하노. 그럼 투표할 필요가 있나. 여 선거하는데 내 혼자서 지키고 봤어요. 잘못 찍으먼 절단 봐 뿌렀어 그때도. 그때 저저 비밀로가 우예되나 집권당이라카나 그거 안 찍어 주먼 때리 죽이니 우야니 카고(어쩌니 하고).

"선거는 한 가족도 비밀인데 나는 안주 선거하고 나와가 누구 찍었다 소리 안 해 봤어. 뭐한테 그런 이야기 하노. 그럼 투표할 필요가 있나. 여 선거하는데 내 혼자서 지키고 봤어요. 잘못 찍으먼 절단 봐 뿌렀어 그때도. 그때 저저 비밀로가 우예 되나 집권당이라카나 그거 안 찍어 주먼 때리 죽이니 우야니 카고."

그때도 내가 선거관리위원장 했어. 여는 여대로 선거관리위원장하고 상옥은 상옥대로 했는데 그 면장 이름도 잊어 뿌렀다. 죽장면장이 거 마 선거관리위원들 수당 착복해가 마 어디로 가 뺏는고 하며 신광으로 가 뿌렀어. 그때 관리위원들이 내가 위원장이라고 내보고 돈 내노라 카는 기라. 이거 찾아 묵을 재주가 없는 기라. 이거 책임은 내가 져야 되는 기라. 그때 인자 총무과장인가 죽장 있다가 송라면에 가 뿌렀어. 그래 거 찾아갔다. 찾아가가 그때 면장이 여강 이간데 그 뭐고 세금위원장하는데 저 송라면에 여 인자 가 가지고 총무계장 만나가 자기가 책임을 졌으니 누구가 책임져야 되노. 그러이 총무계장이 면장이 책임져야지 내가 책임질 수 없다. 그러이 신광면에 가자 그래. 그래 바라꼬(기다리고) 있다가 그 어두버가(어두워서) 신광 갔단 말이라.

그래 가이 면장이 날로 상대를 아하는기라. 면장 내 때문에 애 먹었어. 이름도 잊어뿌렀다. 인제. 거 선거관리위원들 수당 때문에 왔다고. 이놈들 거 신광면에 가이 저녁에 갈 때도 없어. 그 영감 할마이 애먹었다. 진짜로. 그 밤에 댕기매 그 돈 전부 구해가 줬어. 구해가 잘 때가 없어. 신광면 거기 가이 여인숙이 있나 뭐 면사무실에 숙직실에 와가 잤는 기라. 돈 가오라 돈. 면장이 나를 대하지도 아하고 상옥 꺼 내가 찾아가 갔다 줬어. 내 다 욕했어. 말도 한 마디 안하고 상옥 꺼까정 다 떼 묵고 신광가가 찾아다가 상옥 꺼까정 다 찾아다가 줘 뿟어.

서○춘이하고 와 그 저 뭐고. 그 요새 그 뭐고 전에 저게 뭐 조합장 하던 사람. 원○. 원○하고 서○춘이 하고 면에 여 같이 나왔잖아. 서○춘이 하고 인자 원○하고 여기는 원○ 지지를 마이 했거든 그때. 원○도 와가 돈 얼매 주고. 그때 마카 와가 돈 얼매 주고 갔거든. 인자 서○춘이도 내 거랑(강)서 일하다 보이 온기라 그래가 서○춘이한테 내 돈 얻었다. 그래 우리 일가족 오늘 하루 노자. 그래가 서○춘이 돈 받은 다른 사람하고 둘이 돈 합해가 술 받아가 먹었거든. 이놈으꺼 여기 다 원○라노이 서○춘이꺼 받았다고 한마디도 아하는 기라. 내가 마 도분(화)이 나가지고 마 점(낙점)을 누구를 주디이라도(주더라도) 돈을 얻어 묵었으면 같이 이야기를 해 줘야지. 그래가 마 나는 인자 원○ 안 준다 나는 서○춘이 준다. 해 놔노이 이연으떠거르 서○춘이도 찾아오고 거 원○도 찾아오고 생난리를 하더만. 그래 내가 아이 원○도 찾아오지 마라. 어데 뭐 돈 뭐 그거 가지고 팔자 고칠 일 있나.

돈은 이거 누가 주더라 먹고 이야기는 주민들에게 같이 해주고 점일랑 시시만큼 주는 게 옳지를. 우예 가지고 둘이 돈 받아 가지고 한애 돈만 받은 맨키로(것처럼) 그래 해

가 되나. 나는 인제 원○ 안준다. 서○춘이 준다 카이. 원○가 찾아왔길래 '아 이 사람아 사정하지 마라. 나는 그런 사정 안 듣는다. 어데 그따우 짓을 하는 거를 뭐.' 허허. 내 성질 고만치 못됐다. 그래 그때는 이기 마 큰 유행이라. 민주주의가 국민 하자고 하는 대로 해 줘야 되지 뭐. 주인이 국민 애이가.

인자 농촌에서도 동제 잘 안 지낼라 캐

여는 아직 동제 지내요. 옛날에는 요기 여 6 · 25 때 저기 인민군들 나와 가지고 그 없어졌거든. 쇠 말이 있었어요. 그 제사지내는데 그것도 뭐 어디 가 뿌고 없고. 이거는 전설이지만은 옛날 부윤이라도 이 당산 있는데 이리 말 타고 당 숲 있는 데 못 지내갔어. 왜 못 지내갔노 하면 말이 마 발이 탁 붙어 가지고 타고는 못 가. 사람이 거기 널러가(내려서) 인자 말도 걸어가고. 안 그러면 인자 전설이 그랬다 이카는 덴데. 동제는 요 아랫동네하고 요 동네하고 지내. 옛날에는 1년에 두 번씩 지냈거든. 두 번씩 지냈는데 그거 취소시개 뿌고(취소시켜 버리고) 인제 삼월 삼짇날 [지내].

"우리나라 전국적으로 봐 가지고 음력 정월 보름날 열 나흗날. 전부가 과반수 이상이 그날 다 지내는데 여기는 일년에 두 번씩 지내던 거 취소시개 뿌고 삼월 삼짇날 인자 한 분썩 지내기로 했어."

우리나라 전국적으로 봐 가지고 음력 정월보름날 열 나흗날. 전부가 과반수 이상이 그날 다 지내는데 여기는 1년에 두 번썩(두 번씩) 지내던 거 취소시개 뿌고 삼월 삼짇날 인자 한 분썩(한 번씩) 지내기로 했어. 음력으로 하면 윤달 아이가. 윤달 다 가고 나면 바로 삼월 삼짇날이니까 한달 정도 안 남았나. 삼월 삼짇날이라도 음력으로 삼월 초이튿날 밤에 인제 그날 밤에 지낸다. 그래 12시 넘으면은 그기 인자 삼월 삼진이 되거든. 와 그때 지내는지 모리지 뭐. 나도 뭐 객지에서 온 사람이 뭐 하자 카는 대로(하자는 대로) 따라갈 여개지 뭐. 허허. 제관은 인자 임시로 회의를 동회의를 해 가지고 인자 따지먼 인자 상주라든지 자기 앞에 큰일이 닥친 사람 그 제외하고 그중에 인자 좀 깨끗한 사람 정해 가지고 인자 지내지. 여개는 보이꺼네 그래 하대. 그저 제관이 따로 있고 도가 카는 게 그날 음식 장만하는 사람이 따로 있고. 음식 장만하는 사람은 여 이 사람이 하고 이제 제관은 또 이 사람이 해 가지고 음식만 장만해 놓으면은 제관은 그날 와 가지고 인자 절하는 사람 따로 있고 이렇드라.

근데 이것도 보면 하옥 카는 거 이거는 말이 동네지 일개 면보다 더 널러노이(넓어 놓으니) 하매 없애 뿌는데 숱하(숱하게) 있다 카이. 안 지내는 데가. 웃마을도 없애 뿌렀지. 아랫마(아랫마을)도 그때 지냈는가. 아랫마도 인자 없애 뿌렀는동 몰라. 거 안주 무신 소리를 해도 안주 영감들은 뭐 어띠이어띠이 캐사도(뭐라고 해도) 하매 옛날께 골수에 마카 배기이가 있다 카이. 그거 없애 뿌는 데는 뭐. 왜 없애 뿌노 카먼은 서로 안 지낼라 카거든. 지내는 사람은 뭐가 길인 길인 카는 게 있거든. 상주도 아이고 말이야 좋은 일도 없고. 아주 깨끗한 사람을 제관으로 하기 때문에 그러고 보이 한 서넛이썩(서너 명씩) 사는데 뭐 딴 사람 다 글코(그렇고) 뭐 맹(늘) 한 사람만 인제 돌아오는 기라. 그러믄 뭐 지내지 마라 마 치아 뿌리라 해 가지고 이래 안 지내는 기라. 그래 돼 있어요.

그래도 여는 동제 거 마이 안주 지내는 데 있어. 옛날부터 밤새도록 모닥불을 해 놓고 밤새도록 술 머어 가면서(먹어 가면서) 제사지내는 시간까지 모이 가지고 잠 안 자고 모이 앉아 가지고 술 먹고 모닥불 피아 가지고 그래가 있어. 동제 지낼 때 경비는 인자 자연부락 단위로 시시마끔(각자) 안주 옛날께 좀 있어. 우리 동네도 저 아래 논뜨라(논 두렁) 논도 있어. 논도 있는데 그기 인자 밑져 뿌리이까네(밑지니까) 옛날 카마 그게 쪼매 여윳돈이라카까. 있거든. 그걸 가지고 이래 하고. 모지래마(모자라면) 호당 배정을 해야지 뭐. 허허. 그건 도리 없지 뭐. 동제지낼 때 옛날에는 여자는 거 얼렁거리도 모했고. 요새는 뭐. 제사지내고 그 이튿날 음식 지낼 때 뭐 다 같이 뭐. 고것만은 좀 개방이 됐지.

"그래도 여는 동제 거 마이 안주 지내는 데 있어. 옛날부터 밤새도록 모닥불을 해 놓고 밤새도록 술 머어 가면서 제사 지내는 시간까지 모이 가지고 잠 안자고 모이 앉아 가지고 술 먹고 모닥불 피아 가지고 그래가 있어."

화상 한 번 겪고 나이 생각이 마이 바뀌었어

그래 인자 내가 이 화상을 안 입었더라면 내나 남이 볼 때 건강체라고 봐야 되거든. 내 이 화상 입은 이후로는 말도 달라지고 이기 전부 이래 내가 불에 디이가(데어서) 이래. 디이도 쪼매 디인 게 아이거든. 올개(올해) 5년째 나나. 그때 병원에 가이 의사가 마 솔직한 말로 내한테 직접적으로는 말 아하고 안 된다고 마 손 쳐내 뿌고. 치료도 아해주던(안 해 주던) 게 이래 살았어요. 이 입은 옷이 밑에꺼 우에꺼(밑에 것 위에 것) 홀랑 다 타 뿌렀어. 밑에 거는 이 허리끈만 남고. 글턴 게(그렇던 게) 이렇게 살아가. (손으로 집 입구 쪽을 가리키며) 저 저 집 한 채 타 뿌렀어. 담배 하다가 식전에 인자 영감 할마이들은 저녁에 12시 되도록 담배하고 거기 인자 개스를 틀어 놓고 그래 놨거든. 그래 개스를 안 잠그고 방에 노출돼가 있었다 말이라. 그래 늙은이 식전에 자고 새벽에 내가 또 일찍이 나가가 담배 한다고 장갑을 찌고 나갔는데 인자 장갑을 벗고 라이타를 가지고 개스에 거 불붙인다고.

방 마 개스가 꽉 찼는데 이거를 모리고 탁 하이까네 마 탁 터졌는데. 이거 옛날 문이라노이(문이었기에) 그렇지. 옛날 문 아인 겉으먼 내 그 안에서 타 죽어 뿟어. 이거 옛날 문이라노이 내 그 안에서 화력에 이 문이 탁 열려 뿌이 그 화력에 튕길리 나와 뿌맀어. 안 그랬으면 옛날 문 아이먼 직사했지 머(즉사했지 뭐). 그 도리가 없는데. 그 개스독 그거 말을 모해. 그래 병원에 가니까 여기 와 라이타로가 이러이까 여기 더 디이 뿟거든(데어 버렸거든). 여 양쪽 전부 호수(붕대) 감고 인자 화장실에 가는 거도 인자 사람이 끄지고(끌고) 가고. 퇴원해 가도 내가 양복을 못 입었어. 이 몸 전체가 다 부우가(부어서). 하루는 있다 카이(있자니) 점심 먹는데 두 영감 할마이 마당에 차가 하나 턱 대는 기라. 이 젊은 사람이. 고 먼저 한 번 와 가지고 내가 이래 화상 입어 가 퇴원해 가 마 퉁퉁 부우가 이래 있으이 '침 놔아주끼요(놔 드릴까요)' 카더만은. '그래 놔 달라고.' 침으로 마 온데로 들 찌르이(마구 찌르니) 이야 그 부운 게 엄심히(엄청) 빠져요. 거 침 놔 준 사람은 젊은 사람인데 가 뿌맀다 말이라.

"방 마 개스가 꽉 찼는데 이거를 모리고 탁 하이까네 마 탁 터졌는데. 이거 옛날 문이라노이 그렇지. 옛날 문 아인 겉으먼 내 그 안에서 타 죽어 뿟어. 이거 옛날 문이라노이 내 그 안에서 화력에 이 문이 탁 열려 뿌이 그 화력에 튕길리 나와 뿌맀어."

하루는 있다 카이 마당 추럭(트럭)이 하나 턱 대드라. 점심 묵다가 그래 날 침 놔 준 사람이라. 젊은 사람인데. '아이고 이 양반이 여 웬일이고' 카이 '그 여 내 왔니이더' 캐. 그래 자기가 부산 사람인데 내 인자 침 놔 주고 가 가

◀ 대청마루에서 담소를 즐기며 파안대소하고 있는 김제수, 임귀순 부부

지고 저 바리는 약은 아이 있어. 이거는 병원에 가도 이 약은 힘드니이더. 그래 바리는 약하고 보약을 이만침 짓고. 어째 촌에 뭐 돈이 있나. 자 정성이 이래가 다문(다만) 얼매래도(얼마라도) 줘야 되는데. 돈 이야기를 하이 이 양반이 뭐라 커는 게 아이라 '어허 돈 바라면 내 여기 이래 올 택이 있는기요. 돈 이야길랑 하지 마소.' 그래 날 찾아온다고 여어 오다가 상옥 거 있는 데서 청송으로 가 버렸어. 가 물으이 여기 질로 잘못 들어가 청송꺼정 갔다가 여 다부 돌아왔어. 그 사람 내 여 써 놓은 기 있어. 그 사람 그라고 내 못 찾았어. 아무리 찾을라 캐도 찾을 재주가 없어. 그래 고마운 사람이 있어.

그 사람 손수 약 지가(지어서) 다리 무라(다려 먹으라) 캐가 내 다리 묵고 이래. 그 사람 덕을 내 마이 봤거든. 그 사람 성이 최씨라. 약을 이래이래 해라 카미 여 적어가. 이래. 그런 사람도 있더라 카이. 내 이 사람 덕을 얼매나 봤는데 그래. 와 저기 경주 거 어느 대학교고 거 선생도 내가 거 알아 보이 그 사람 처가가 여거든. 내가 한 번 알아보이시더 카디이(알아봅시다 하더니) 찾으이 없어. 그란데 화상 그거 한 번 겪고 나이 거 생각도 바뀌고 그 후로는 이 친구가 이 양반도 여다 모이면은 라면도 끓여 먹던지 이래도 라면도 내가 정상적으로 넣은 거 그거를 못 먹어요. 매분거(매운 것) 입에 여만(넣으면) 마 안 돼. 짭은(짠) 것도 못 먹고. 그래 인자 마 낯이고 눈썹이고 다 타 뿌이. 그래도 마이 삭은 택이라. 어떤 사람 보면 뭐 괘안타(괜찮다) 괘안타 이래도.

아무리 나이 많아도 농사꾼은 농사지야지

"전에는 여 담배도 마이 하고 이제는 담배도 아하지만은. 뭐 이런 데 갖다가 그저 경운기로 갈 때에는 좀 있지만은. 뭐 그런 토지가 여 없다고. 없기 때문에 인제 요새 농사는 주로 이제 전에는 여 담배도 마이 하고 했지만은 주로 인제 감자하고 그저 뭐 식량은 마카다 받아다 먹지 뭐. 여 자급자족이 안 된다꼬요."

요새 농사가 그거 말이요. 인지 다 기계화 돼 뿌렀거든. 여 우에 상옥 카는 큰 동네는 거는 산중이라도 다 기계 콤바인 겉은 거 다 가지고 하는 기라. 여는 삐알밭이(비탈 밭이) 되다 보이 말이오. 옛날에 우리 지게를 짊어지고 곡괭이로가 하던 이런 농사는 여게 마이 했다고. 그러나 시대가 변하고 하이 말이요 농사지을 사람도 없지만은 뭐 괭이로 띠지고 소 갖고 밭 갈고 해 가지고는 농사 안 됩니다. 안 되고. 전에는 여 담배도 마이 하고 이제는 담배도 아하지만은. 뭐 이런 데 갖다가 그저 경운기로 갈 때에는 좀 있지만은. 뭐 그런 토지가 여 없다고. 없기 때문에 인제 요새 농사는 주로 이제 전에는 여 담배도 마이 하고 했지만은 주로 인제 감자하고 그저 뭐 식량은 마카다(모두 다) 받아다 먹지 뭐. 여 자급자족이 안 된다꼬요.

그란데도 내 여 보머 보자 그런 상황을 안 겪어 본 사람은 모리고. 장갑이고 헌 신이고 내 안 내 삐리는(내버리는) 원인이 있는 기라. 여기 장갑 끼다가도 어지간하면 내 그냥 찌고(끼고) 또 찌고 하지. 요새 여 걸가 가마요(강가에 가면) 딱 한 번 찌만 벗어가 내삐리 뿟는(버려 버린) 거. 이거 이거 이럴 수가 있나. 우리는 왜 그걸 자꾸 [그러냐 하면]. 원창(원체) 없어가 고생을 해 봤으이. 저거 아까버가(아까워서) 못 내버리는 기라. 그러나 세부적으로 딱 따져 보이 이야 공수래 공수거라 카디이(하더니). 빈손 들고 나와가 빈손 들고 가는데 이게 뭐가 우예가 딱 따지으면 우리나라가 너무 급성장이 되가 마카 미쳐 뿌렀어(모두 미쳐 버렸어). 돈이라 카마 마카 미쳐가.

안주까정 우리나라 실정을 봐 가지고 암만 나이 많아도 지 돈 있어. 안으로 안으로 가 보마. 안으로 보마 또 다문 식이라도 딸네들이나 사우들이 오마 늙은이는 늙은이대로 가가(가지고) 있고, 영감 돈은 영감 돈대로 가 있고 이래요. 나는 그런 거 없어. 내가 죽으면 그 돈 가 가나 우야노. 저거사(저희들이야) 시거든 시고 말거든 말고. 줘 뿌만 그만이라. 돈 가 일체 지 돈 없이 하는 거는 몰래 내 말고 다른 사람 있는동. 장○이도 여 있지만은 내보다 2살 덜 무은(먹은) 영감 할마이 아이 둘이 여 있거든. 가 보마 아직 자기 돈이 있고 늙은이 돈이 따로 있단 말이라. 선진국 겉이 참 노후대책이 됐는 거 겉으마 하지만은 급성장해 뿌리 우리나라 노후대책 안주 미진해. 국가에서 책임질 뭣이 안 되는데 이연으떠거르 선진국 따라간다고 난리를 지기이(치니).

농촌에도 돈 그래도 머 마이(많이) 가지고 있는 사람 있다고. 여여 죽고 난 뒤에 뭐 마이사 아이지만은 돈 천만 원

통장에 있더라는데. 있지만은 그래도 나는 그거 없고 또 저기 금도 마누래 요 앞에 내가 다리가 아파가 보건소 올라갈 적에 내 같이 갔는데 내 보민서 캤어. 아이고 마 어지간 하걸랑 거 아들 있는데 가지 거 멀라꼬(뭐 하려고) [여기 있어?]. 거 돈이 있어도 차도 그 혼자 못 타고 짝대기 짚고 이래 니러(내려)오는 거 보이 내 느리매(내리면서) 캤어. '아이고 어지간하거든 마 아들 있는 데 가소.' '언지요(아니요). 여가 편니이더(편합니다).' 편은 거(편한 거) 맞어. 심적으로 편치. 그런데 이제 그 사람들은 요새 주로 아파트거든. 아파트 간다. 그래 이층이나 아래층에 가 가지고 자방에 드가 있다. 아들 딸 뭐 직장에 다 나가 뿌린다. 혼자 버어이(멍하니) 뭐 바깥에 나갈 수가 있나 뭐 있으이 이거 징역살이 마찬가지라.

"농촌에도 돈 그래도 머 마이 가지고 있는 사람 있다고. … 내가 다리가 아파가 보건소 올라갈 적에 내 같이 갔는데 내 보민서 캤어 … '아이고 어지간하거든 마 아들 있는데 가소.' '언지요. 여가 편니이더.' 편은 거 맞어. 심적으로 편치."

참 돈 카는 거는 무신 소리를 해도 작고 크고 한계가 있지. 돈 이야기를 하지를. ○○타올 사장이 내 종고종이거든. 정 머시기이다. 내 17살 먹어가 부산 내려가이 적은 집에 가이 이불 보따리 요만한 거 딱 갖다 놓고. 동부산 살기 좋다고 내외가 거 와가 이내 부자 안 됐나. 그러이 돈 카는 거는 아무리 지가 하디라도 기만했는 돈은 자손인테 주는 법이 없어. 우예끼나 그 돈이 양심적으로 살아가 그 근본이 일본돈 아이가. 내 종고모기는 하지만은. 그래가 남부여대(男負女戴) 해 가지고 이불 보따리 짊어지고 촌에 못 살아 가지고 참 마 그런데 가가 노동일이라도 하고 가가 왜놈 밑에 요새 말하자면 식모살이하고 그 집에 있었어. 해방되고 '이 재산 니 해라' 캤는 기라. 그래가 요새 ○○타올 카마 타올 공장 국내 최고 큰 거 아이가. 그래도 사람은 끼리끼리거든. 즈거 돈 마이 있지를 나는 돈 없지를. 이

거 상대가 안 되거든. 우예다가 만내도 '이야 니 수천 명 데리고 있어도 걱정은 내보다 더 많다' 컨다. 그거 다 믹에 살래 주고 하는 거 인자 거 일자무식이거든. 제일 우에 그 사장은. 내만치도 모린다. 그러고 인자 부사장은 지 동생을 대학교꺼정 나와 가지고 이래 현상유지나 안하나. 어예따나(어쨌든) 뭐뭐 사업 카는 거 저것도 운이 따라야 돼지 그 없이는 자동 안 되던데 뭐.

옛날에 여기 여 농사질 때 밭에 가뭄 들고 하면 져다가 마카 붓고 뭐 요새는 인자 기계가 있으이까네 거랑서 인자 경운기 돌리 가지고(돌려서) 물 주고 인자. 옛날에 인지 이기 저 안에 이 동네가 거 이 건네 저 건네 근 30호 가까이 살 때 저 안에 동네 전부 여다(져다) 먹었어. 여다 먹다가 이것도 저 두마까지 가는 거를 내가 성법재[12] 내려가매 요새 와 출장소장 하던 사람. 그 와 지금 대서방하고 안 있나. 그 사람하고 이 하옥 줘야 된다 캐가. 뺏어가. 내가 그거 했다 카는 말은 하지 마고 우야든지 이거 해라 카고. 그래가 여 수도 안 넣었다. 그래도 뭐 아무도 이랬다 저랬다 카는 사람 없고. 내가 그랬다 카는 말을 일체 하지 마라 카고 그래가 면장 하다가 간 사람아이가 그런데 총무계장이 했어. 진수 아들. '아이고 어른들 하면 좀 일찍 하든지 늦게 이래가 우얍니까.' '이 사람아 자네 할 일 자네가 하마 안 되나. 늦게 하든지 뭐 물 묵두룩만(먹도록 만) 해 주먼 안 되나' 캐가 우리 우물은 이거 수질검사 하매 열 번도 더해가 갔어. 요새는 인자 일관 아오드라(안 오더라).

옛날엔 여 자연부락이 쪼금씩 많였는데 인자 마카(모두) 다 없어요. 여게 인자 호수가 우예 되노 카면 백 수십 호 살적에 요 오다가 [하옥]산장 카는 거 안 보입디까. 그 계

12 상옥에서 기북면으로 가는 경계에 있는 재.

▲ 팔순에도 아직 소를 부려 밭을 가는 김제수

골 드가면(계곡 들어가면) 오른쪽은 계골, 거 가만 집이 인자 거 중간쯤 올라가면 3집인가 4집인가 살고. 고 너메(넘어) 오면 또 몇 집 살고. 거 후미 카는데 고 보만 8집인가 7집인가 살고. 또 저 넘에 이 밑에 오마 계골 드가는 거 맞질 카는 데 거 또 2집인가 살고. 저 파드래기 카는 데 거기부터 하옥지번이 인자 걸 이짝에서부터 시작어가 삼통 올라와가 인자 옥계 저리 해가 인자 다부 이리 올라왔거든. 이 지번이.

그러이까 이 말은 일개 동네지. 하옥 카는 동네는 왜정때라 카까(때라고 할까) 마 현시까지도 한 동네 사람도 한 이장 밑에 살아도 나이 사십 되도록 그 동네 사람 모리는 거야. 시장 가만 당신 어딨오 카면 하옥 있소. 나도 하옥 있소. 이기 이 골짝이라. 그만첨 너리다(넓다) 카이. 그란데 그 많앴던 집들이 여 뭐 거 세월되이까 외따리(외따로) 못 살고 없어진 기라. 산에 있는 공비 같은 사람 니러오면(내려오면) 거 외따리 살아가 겁난다꼬. 하옥 같은 데는 고정 간첩도 있었지를. 하옥뿐 아이라. 그때는 모도(모두) 무식해 가지고 일일이 말 안 해 줘가 그렇지 그런 것도 많다고요. 그라이 여개는 거 마을회관 같은 거도 없어. 여개 인자 우리 상옥 거는 경로당 카는 거 같이 합친 회관 같은 거 있지. 인자 우리 세대가 죽어 뿌면은 그런 거 다 모린다꼬. 젊은 사람들은. 인자 우리 농촌에 인제 호수가 줄고 인구가 주는 그 이유는 여기뿐만 아이거든. 농사지이 봐야 뭐 참 돈 벌 거도 없고 아카이꺼네(이렇게 말하니까) 도시 나가가 뭔가 한 번 해 보겠다 카는 욕망 젊은 사람들이 생각을 그래 가지고 있으이…. 어제 상옥 경로당 갔디(갔더니) 영감들도 내보고 아직꺼지 농사진다꼬 그 무슨 청승이고 카더라.

"어제 상옥 경로당 갔디 영감들도 내보고 아직꺼지 농사진다꼬 그 무슨 청승이고 카더라."

톡 치면 쓰러질 정도로다 그렇게 일을 했어요

—김포 농부 이재구의 삶과 일

정은숙(중앙대학교 인문컨텐츠연구소)

이재구(남, 74세)는 1930년 김포시 하성면 석탄리에서 부친 이관응과 모친 민영환의 4남 3녀 중 장남으로 출생하여 현재까지 7대째 김포에 거주하고 있다. 아버지가 젊은 시절 잠시 집안을 소홀히 하는 바람에 가족의 생계를 꾸리기 위해 소학교를 다니다 중퇴해야만 했다. 일제 강점기에는 아버지가 일본인 소유의 하성 농장 땅을 4천 평 정도 소작하였고, 해방 후에는 정부 소유의 하천 부지 땅을 개간하여 만여 평 넘게 농사를 지은 적도 있었다. 1951년 2월 양가 아버지의 중매로 하성면 후평리 경주 김씨의 딸 김순분(71세)과 결혼하였고, 슬하에 3남 4녀(이 중 1남 2

▲ 구술자 이재구

녀는 2번째 부인 소생)를 두고 있다. 1950년 9 · 28 수복 후 바로 경찰에 들어갔고, 1951년 1 · 4 후퇴 때 대구에 있다가 전라도 지역으로 공비 토벌 가라는 명령을 피해 도망쳤다. 발각되면 명령 불복종으로 처벌을 받기 때문에 이재구는 1952년 군에 입대하여 5년 1개월을 복무하였다.

특별히 마을 일을 본 적은 없고 이승만 정권 시기와 박정희 시절 약 10년 넘게 선거위원장을 지냈다. 군복무를 제외하고 고향을 떠난 일 없이 현재까지 농업에 종사하고 있다. 17년간 덕흥 대원군 종친회 회장을 하는 아버지를 도와 종친회 일을 했고, 현재 하성면 · 석탄리 노인회장, 사단 법인 전주 이씨 대동종약원 김포시 분원 덕흥 대원군 부회장(社團 法人 全州李氏 大同宗約院 金浦市 分院 德興 大院君 副會長), 진성군파회장(珍城君派會長), 김포시 GB협회 부회장을 맡고 있다. 이 면접은 2003년 10월 9일, 2003년 12월 4일, 2004년 8월 8일, 구술자 자택에서 총 10시간 가량 이루어진 것이다.

이재구의 연보

1930년 5월 16일(1세) 부친 이관응과 모친 민영환의 4남 3녀 중 장남으로 출생.
1943년(14세) 소학교 4년 다니다가 집안을 책임지기 위해 중퇴.
1950년(21세) 9 · 28 수복 후 경찰에 투신.
1951년(22세) 경찰로 근무하던 시절 1 · 4 후퇴 때 대구로 내려가 있다가 공비 토벌을 위해 전라도로 내려가라는 명령을 받자 죽을 것을 우려하여 도피.
1951년 2월(22세) 하성면 후평리 경주 김씨의 딸 김순분(19세)과 혼인.
1952년 2월(23세) 명령 불복종으로 처벌받을 수 있어 이를 면하기 위해 군에 입대, 5년 1개월간 군복무.
1953년 9월(24세) 맏아들이 태어났고, 이후 2남 4녀를 더 낳음.
1957년(28세) 군 제대.
1958년(29세) 고부 불화를 겪게 되자 부모님의 강요로 김옥임과 재혼.
1960~70년(30세~) 하성면 석탄리 선거위원장을 지냄.
1970년(40세) 아버지 이관응의 회갑 잔치.
1983년(54세) 맏아들이 혼인.
1987년(58세)~현재(74세) 사단법인 전주 이씨 대동 종약원 김포시 분원 덕흥대원군 부회장, 진성군파 회장, 김포시GB협회 부회장을 맡고 있음.
1997년(66세) 현재 살고 있는 집을 지음.
2000년~2004년 현재(74세) 하성면 석탄 3리 노인회장직을 맡고 있음.

초등학교 다니다 중퇴하다

▲ 초등학교 들어가기 전 학원 수료사진

그때는 등록금이 있었어요. 내. 사친회비라고 있었어요. 등록금을 사친회비라고 해요. 근데 그걸 못 내게 되니깐 5학년 말에 인제 독촉이 오니까. 그냥 이리 불려가고 저리 불려가고 그래 가지고 넌 내일서부터 나오지 마라. 내가 너무 빚지고, 가서 몇 달 더 댕겼지. … 한국말을 하면은 벌점이 있어 가지고 점수 깎이고 그랬어요. 그래서 일본말만 하고, 인사도 일본말만 하지. 학교 가서는 일본말만 하지. 한국말은 못했어요. 한국 국어래는 책이 있었어요. 그거 그러니깐 3학년까지 그걸 배웠다가, 배웠는데 그 담서부터 그걸 없애더라구. 일본책 국어로다가 돌아갔는데, 그러면서부터는 일본말만 했지, 통 한국말은 못 쓰게 했다구. 일본말로만 학교 가서는. 일본말로만 했지. 수업은 마찬가지예요. 여기서 한 2km는 됐을 거예요. 걸어서 신발은 참 우습지. 짚신 신었어. 그전에 신발 신는 거 참 우습지. 짚신. 짚신도 삼고 그랬어요. 가세가 어려우니까 아버지는 딴 데 가 계시고. 그래 그때 [아버지는 바람 피워] 나가 계시고. 또 어머니 혼자 농사 그나마 지으시고, 형제들은 어리니까 뭘 해요. 억지로라도 배워야 되겠다 해서 그래 가지고 돈 못 내고 댕겼지. 근 1년은 [등록금] 못 낸 거예요. 급기야는 만날 끌려댕기구. 너희 아버지 데려와라 어머니 데려와라.

"근 1년은 [등록금] 못 낸 거예요. 급기야는 만날 끌려 댕기구."

담임이. 한국 선생님이 있죠. 웃사람이 책임지고 못한다고 자꾸 그러니까 어쩔 수 없이. 차라리 안 댕기면 오히려 편안하다 그거야. 인젠 어쩔 수 없다 해서 더 나와 봤자 다 배우다시피 해서 그때 당시엔 정신이 좋았다구. 여태 부려먹는 건데. 8살에 들어가 가지고. 제대로 못 댕겼죠. 갔다가 빠졌다가 그랬어요.

우린 또 벤또밥[1] 가지고 다니지도 못 했어. 어려워서 가지고 다니지도 못했어요.

좌우간 내가 13살부텀 농사를 진 사람이야. 13살에 소 쟁기 가지고 논도 갈고 그랬어요. 동네 분들이 세상에 다 부지다고 아주 그냥 일컬었다구. 학교 인제 비 오면 그냥 정말 말도 아니지 뭐. 그래도 가는 욕심에, 그전엔 우장이란 게 있어요. 짚으로다가 엮은 거 그런 거 쓰고 농립[2]쓰고 가고 그랬어요. 여기서 한 2km 되는 남쪽으로. 있었어요. 전류리라는데. 그래서 [하성 초등학교 분교] 그렇죠. 해방되고 얼마 안 있어서 없어졌어요. 운영 체제가 제대로 안 되니까. 학년당 많진 않고, 한 30명, 20명. 이렇게 댕기다가 못 댕기는 사람이 그때 당시에는 많았어요. 그전엔 [입학하려면] 시험 봤어요. 시험 보는 거는 어디 사냐, 몇 살이냐, 이 학교에 들어오면 어떻게 공부할 거냐 그런 거 묻고, 처음 들어가는 거. 어머니 아버지 이름이 뭐냐 묻고. 시방 애들은 척척 대지만, 그전에는 그랬어요. 어머니 아버지 이름 잘 아는 사람이 어딨어. 그랬고, 식구가 몇 식구냐, 어디 사는 거, 주소, 이런 걸 물었어. 몇 가지 물어봐서 똑똑하게 대답 잘하면 (손짓으로) 절로 가, 이렇게 그랬다구. 신체검사 하는 모양으로. 바보짓 하는 거, 너는 틀렸다, 그렇게 했어요. 왜정 때지 뭘.

"시험 보는 거는 어디 사냐, 몇 살이냐, 어머니 아버지 이름이 뭐냐 묻고. 시방 애들은 척척 대지만, 그전에는 그랬어요. 어머니 아버지 이름 잘 아는 사람이 어딨어."

1 도시락(弁當, べんとう).
2 농립(農笠): 갈대나 대오리로 거칠게 엮어 비나 볕을 가리기 위하여 쓴 갓.

[길] 포장이 어딨어. 논두렁 밭두렁 다니는 거지. 좌우간 우리네는 그때 당시에 어려우니까 짚새기[짚신] 삼아서 신고 다녔는데. 사흘도 못 가서 다 떨어지고, 또 삼아서 신어야 하고, 양말이나 제대로 있었나, 어머니가 버선 해 주면 그거 신고 짚새기 신고. 며칠 안 가면 뚝 구멍 나고. 젖으면 발 시렵고. 난로에 가서 쬐고 또 때 되서 벤또밥이라고 가져온 사람들, 우린 또 벤또밥 가지고 다니지도 못 했어. 어려워서 가지고 다니지도 못했어요. 배고프면 그냥 굶는 거죠…. 글 한 자라도 더 배워야겠다 그런 마음으로 밤에도 [공부]하고 그랬어요.

등잔불이지. 호롱불 켜 놓고. 초도 귀하고 그랬지. 석유 한 되씩. 석유 있었죠. 석유 못 사면 기름불. 저 참기름 같은 거요, (접시를 손 모양으로 만들며) 요런 접시가 있었어. 거기다 따라 놓고 심지를 솜으로다가 해서 요렇게 해 놓으면 기름을 먹어. 기름이 올라와서 기름불이야, 그게. 기름불. 그래 가지고 뭐 종이나 좋은 거 있어, 지금은 참 좋지. 시커먼 마분지 같은 거에다가 쓰고 그랬죠. 뭐 연필이나 제대로 사? 남들 내삐린 거[버린 거] 주워다가 깎아다 썼다가 저거 하면 댕기다 보면, 연필이 짝재기진 거 있어요. 그걸 주워 와. 주워다가 잘 됬다가 연필 요만큼 나면 쥘 수도 없고, 쓰기도 뭐 하잖아. 속이 나와. 흑연이 나오면 그걸 빼서 자루는 길잖아, 그걸 또 쓰는 거야. 요만큼 [아주 짧아지도록] 되도록 써. 그렇게도 했어요. [공책 같은 거] 나눠 주긴 뭘 나눠 줘요. 그것도 운동하잖아. 운동을 하면 뜀박질 하면 1등 하면 공책 주거든. 잘 뛰는 사람은 공책이 많아. 그거 몇 권씩 얻고. 또 다 하고 나면 잘하면 칭찬 겸 몇 권 주고. 그땐 좋지. 공책 주고 하니깐, 낙서 좀 할래두 하얀 덴 아까워서 못해. 누런 종이 같은 거 구해서 쓰고, 글씨도 많이 썼죠…. [졸업 못 해서] 속상하지만 어떻게 해. 환경이 그런 걸.

어린 시절 아버님이 가사를 돌보지 않다

"마, 베 장사하는 여자가 있어. 그럼 나도 장사나 좀 해 보면 좋겠다 하니까, 하라고. 어디 가면 물건은 많이 뗄 수 있으니까 그럼 나만 쫓아가면 할 수 있다. 이래 가지고 가신 게 결국에는 바람이 거기서 난 거야."

우리 아버님, 그전에 여기서 살다가 어려우니까 이제 어려우면 그전엔 벌써 있는 사람하고 없는 사람하고 차이가 있잖아요. 소작하기도 힘들고, 근데 이제 바람나시게 된 동기가 이 이웃에 나이 많이 잡순 남자 분이 있었어요. 그렇죠. 근데 그분하고 싸움이 일어났더랬어. 나이 많이 먹은. 우리 아버님은 경우가 바르시니까, 말씀을 하셔도 경우대로 하시니까, 경우에 빠지는 말은 안 하시잖아. 그러니깐 할 말이 없으니까. 나이 많은 사람이. 업신여기는 데다가 막 때릴라고 덤비니까, 그냥 때릴라고 덤비니까. 그냥 힘은 당할 수가 없지, 노인네니깐. 그러니깐 만날 쫓아당기는 거야. 아버님을 혼낼려고. 그분은 좀 사시는 분이고, 그러니까 서로 만나지 않으면 괜찮을 테니까 피하신 거야. 피하신다는 게 뭐야 도시로다가 가셔 가지고. 영등포로, 아는 집은 천상 거기밖에 없으니까. 거기를 가셨어. 그 집에 드나드는 여자가 있었어. 장사하는 여자가 있어 가지고 그, 마, 베 장사하는 여자가 있어. 그럼 나도 장사나 좀 해 보면 좋겠다 하니까, 하라고. 어디 가면 물건은 많이 뗄 수 있으니까 그럼 나만 쫓아가면 할 수 있다. 이래 가지고 가신 게 결국에는 바람이 거기서 난 거야. 그 여자가 아무것도, 남편도 없고 그런 걸 몰랐어. 그 여자가 우리

▲ 부친 이관응이 환갑잔치 때 부인 민연화와 찍은 사진

아버님이 키도 크고, 저거 하시거든요. 이 여자가 흑심을 먹고 [아버님을] 데리고 간 거야. 저희 고장으로. 고장을 데리고 가서 며칠을 있다가 그 여자가 장사하니까 같이 올라온 거야. 같이 올라와 가지고 안 오시는 거야. 거기서 살림하시고. 안 오시는 거야. 해방되기 전이죠. 그러니 어떻게 해. 뭐 난들 찾아갈 수가 있어, 우리 어머닌들 찾아가실 수가 있어. 그냥 걱정만 하고 우리 어머니는 만날 눈물 속에서 사셨지.

[바람나신 건] 결국엔 난중엔 알게 됐죠. 한참 지났지. 한 1년 지났죠. 그래 가지고 그때 당시에 아버지가 내려오셨어. 그 여잔 거기 있고. 그러니까 집이 궁금하시니까 겸사겸사 해서 내려오신 걸 거기 왔다 갔다 하는 걸 알아가지고 우리 어머니가 내용을 아셨지. …. 열이 나고 화도 나는데 무슨 소리는 안 했겠어? 무슨 면목으로 들어왔냐는 듯이 바가지를 긁으니까, 그 바가지를 싫어하신단 말야.

그러니까 또 가신 거야. 또 오셨어. 왔다 갔다 하신 거야. 우리 어머니가 그럴래면 아주 나가라, 우리가 흙을 파먹는 한이 있더라 들어오지도 말고 나가라. 나도 나이가 먹어지고. 꾀가 나는데 만날 오시면 싸우시는 거야. 그래서 저렇게 해 가지고 어떻게 사나. 나도 체면이 있고 그러니까 참고 사시다가 어느 날인가 오시더니 밤새도록 싸움하시더니 밥도 안 잡숫고 나가시더니 취직을 하셨더라구. 왜정 때 토목공사 취직을 하셨어요. 김포 쪽에서. 토목공사 하는 데 취직이 되셨어요. …. 거기 들어가셔서 허시고, 근데 인제 가정이나 마나 거기서 자고 그냥 계시니까 그래도 돈푼이라도 가져오겠지 하고 믿었는데 가져오시긴 뭘 가져오셔. …. 하도 어머니가 그냥 데게 깡짜 놓으니까, 여기 따님이 왔다 갔다 하는데, 얘기래도 하고 거기 그 따님이 여자를 꾀서 보내 버렸어. 오지 마라, 큰일 난다 해 가지고. 자식도 몇이고 시방 저건데, 먹여 살리지 못할 바에는 몸을 피해라 해서 따돌렸어. 아버지가 모처럼 가도 없잖아. 거기서도 이젠 오지 말아라. 여기 오면 아무개 어머니한테 욕만 먹고, 못 오게 하고 그러니까. 한 2년 동안을 왔다 갔다 하셨지.

[소몰이] 그거 많이 했지. 원래가 소를 다루기를 13살부터 했어. 남의 소 얻어다가 논도 갈고 했으니까. 하루 빌려다가 하는 거야. 소 빌리는 값은 하루 일해 주고 품앗이로 일해 주고 했지. 어릴 때 당찼죠. 사람이 하는 일인데 하고, 더러 아이가 너무 당차게 남의 소 갖다가 소벌일 일 했다고. 어른들이 야단치고 그랬어. …. 내가 13살 먹어서 논을 가는데, 일꾼을 얻었는데 와야지, 저희꺼 하느냐고 못 왔다는 거야, 나중에 알고 보니까. 내가 소하고 쟁기하고 걸

머지고 논에 가서 하루 종일 기달렸어. 10시가 되도 안 오니까 할 수 없이 내가 소 멍에를 메서, 그전에 봐 논 거니까. 아무케나 한 거죠. 사실 야단도 맞을 만한 거지. 하루 종일 마구잡이로 끌고 댕겼어요. 사실 짐승 잘 가르쳐 노면 사람보다 나아요. 나야 뭐 아나. 들고 댕기는 건데, 소가 능숙한 소라 말을 잘 듣고 잘해요. 하루 종일 했어. 하루 종일 죽도 어머니가 소죽 써서 멕이고 해서 잘 했어요. 조금 저물었지 뭐야. 해가 조금 저물었어. 가져갔더니 왜 소 여태까지 부렸냐 이거야. 좀 남으면 내일 또 가져가면 되지, 소를 늦도록 하루 종일 하면 힘든데. 사람도 지치는 판인데, 무리하고 여태까지 무리하게 소를 이렇게 했다고. 쪼그만 아이가 쟁기 질질 끌고 소를 데려갔으니. 어른이 야단치시니 어떻게 해. 한 말 또 하고 한 말 또 하고. 이놈 새끼 소 같은 거 얘기도 하지 말라고 하는데 눈물이 쏟아지지 뭐야. 그때 이젠 소도 얻기도 다 틀리고 그러니까 그때 결심이 어떻게 들어갔냐면, 나도 소를 키워서 소를 이만큼 만들어 놓으면 나도 큰 소리 할 수 있겠다, 이런 결심이 먹어져.

"쪼그만 아이가 쟁기 질질 끌고 소를 데려갔으니. 어른이 야단치시니 어떻게 해. 한 말 또 하고 한 말 또 하고. 이놈 새끼 소 같은 거 얘기도 하지 말라고 하는데 눈물이 쏟아지지 뭐야."

산 게 아니라 아는 분한테 얘기해서 소를 송아지를 하나 사 줘서 큰 소가 돼서 새끼 낳도록 키워서 그 큰 소를 이탠가 송아지 난 걸 주고, 부렸죠. 맨들어 가지고 난 거를 소 임자를 줬어요. 그걸 가져가는 거니까. 이태를 부렸어, 2년을. 소도지라고 해서 또 줘야 돼. 쌀 2가마야, 1년에. 송아지를 낳아도 소 임자한테 줘야 되고, 소가 커서 일을 하게 되면 도지를 줘야 돼요. 내께 아니다. 그렇지. 이태를 부렸어요. 공짜가 아니지, 부리고 도지를 줬지. 그 해에 그 이듬해에 소를 이제 송아지를 또 뱄을 거 아냐, 송아지 낳

"송아지 낳은 걸 얘기를 하고, 송아지를 내가 키우고 에미[어미] 소는 갖다 주고. 고놈은 한 2년 길르면 되거든. 2년 길러서 일 가르쳐서 송아지 낳아서 이렇게 살았어요."

은 걸 얘기를 하고, 송아지를 내가 키우고 에미[어미] 소는 갖다 주고. 고놈은 한 2년 길르면 되거든. 2년 길러서 일 가르쳐서 송아지 낳아서 이렇게 살았어요.

그때 결심하고. 가서 그분한텐 소 달랜 소리를 못했지. 할 생각도 못 하고 아버지 어머니한테도 그런 말씀을 올렸지. 어린 거이 담배스럽게 소를 갖다가 부렸었고, 그러니 오죽했겠냐. 점심은 먹였느냐 별 말씀을 다 하는데 다 감수했지. 소가 그 당시에는 큰 재산이지. 오죽하면 그 자리에서 눈물이 폭발을 하니까 펑펑 울었으니까. 더 이상 얘기를 안 하고 이놈 새끼 그냥 가 그러니까 집에 와서 어머니한테 [화]풀이하는 거지. 일꾼도 안 온다고 하고 괜히 어머니한테 투정했지. 어머니는 또 속상했지. 소를 해서 몇 해를 참 소도 팔았다 키웠다 송아지도 사다 키웠다 이렇게. …. 그전엔 소가 재산이니까. 소도 몇 번 팔아서 이렇게 했죠. 5마리까지 먹여 봤어요. (부인을 가리키며) 이 사람 고생 많이 했죠. 여름이고 겨울이고 없으니까. 아이들 키우지, 뭐 고생 많이 했어요. 우리 마누라, 동기간도 전부 같이 길렀어. 결혼시키고. 큰일은 다했죠. 큰 일꾼이지.

아버지 대신 보국단 일을 나가다

일본인들이 일 동원시키는 것을 그때 당시 '보국단'이라고 했어. 인원동원해서 한달씩 가서 일을 했어. 돈 받기는 그냥 봉사에요. …. 우리 아버님이 고집 피워서 안 들어오시니까. 고발 들어오니까 나라도 가서 때워야겠다 해서 간 거지. 연령이 되어서 간 것은 아니야. 몇 명씩 배정이 나오면 구장이란 사람이 찍어서 선정을 해서 보내야 되는데 그때만 해도 약한 사람을 몇 번이고 보내는 거야. 힘없는 사람은. 구장한테 잘 보인 사람은 빼놓고, 잘 안 보인 사람은 몇 번이고, 성가시게 구는 거지. 너는 나 말 안 들으니까 어디 고생 좀 해 봐라 해서 보내는 거지. 구장은 그 양반이 함자가? 권자인데. 권씨야. 수字 돌림인데. 권씨가 많아요. 우리하고 같이 들어온 씨족인데, 우리는 자손이 귀했고, 그 집은 손이 많이 퍼졌고.

[아버지가] 외지에 나가 계시니까 여기선 뭐 아나, 모르지. …. 그러니까 할 수 없이 내가 갔어. 나이가 16살 됐지. 김포로 갔죠. 거기 가서 수리 시설하는데, 토목이에요. 한 달 했죠. 그럼요. 어린 시절에도 15살 시절이야. 거기 가니까 동네 사람들하고 같이 갔죠. 같이 갔는데, 넌 어리니까 심부름이나 해라 해서, 일본 놈 감독이 있는데, 이런 데가 넓으니까 날더러 감독을 하라는 거야. 높은 놈 오나 안 오나 그걸 보내는 거야. 아니 인제 우리 간 사람 중에서. 니 몫꺼지 우리가 할 테니까 너는 저만치 가 가지고 우리는 담배나 피고 논다 이거야. 그러니까 그 일본 놈이 노는 거 보면 지랄 지랄하고 밥도 안 준단 말이야. 그렇지, 떴다 그러면 부지런히 일하는 척하고, 저만치 사라지면, 털썩 앉아서 놀고. 그걸 알려 주는 역할을 날더러 하라더라구. 그러니깐 여럿이 일하는데 50명, 100명 하는데, 한 사람 안 해도 몰라요. 뭐라 그러면 화장실 갔다면 고만이지 뭐야. 그래 그걸 날더러 하라고 그래. 그거 맡아 가지고 하고 있다가 어디서 뭐 저거한 놈이 오면 떴다 그러면 열심히들 하라고 하고. 가면 또 그냥 갔다 하면 허던 것도 멈추고.

"어린 시절에도 15살 시절이야. 거기 가니까 동네 사람들하고 같이 갔죠. 같이 갔는데, 넌 어리니까 심부름이나 해라 해서, 일본 놈 감독이 있는데, 이런 데가 넓으니까 날더러 감독을 하라는 거야. 높은 놈 오나 안 오나 그걸 보내는 거야."

이런 역할을 했어요.

숙소는 함바집[3]이라고 있어요. 자는 데 만들어 놓고, 그리고 인제 개인집이 있으면 사랑방이라고 있죠, 빌려 가지고 자고. 밥하는 공장이라고 있고, 거기 가 먹고 아침에 일 나가고. 곡괭이 하나 삽 하나씩 해서. 밥은 아유, 밥은 말 못 하죠. 옥수수 이런 거 섞어서 주는데 못 먹어요. 배가 고프니까 어쩔 수 없이 먹는 거지. 옥수수밥. 배고프니까 어쩔 수 없더라구요.

2번째 걸려서 가는데, 비행장으로 갔어요. 해방되던 해, 해방되기 전에 2번째 간 거예요. 열흘 교대예요. 가는데 비행장, 공항. 일제시대에 만든 거예요. 그래서 거기 가서 일을 하는데, 역시 나는 심부름 왔다갔다 일하는데, 나가서 그걸 그땐 인제 사람 숫자 파악만 하면 너는 어디로 가라 배치를 해요. 그러면 나는 어리다고 나이도 적고 용케 왔다 해서 사정은 그놈들이 봐 주더라구. 힘 안 드는 데 가서 지키는 거나 하라고 해요.

그래서 군인들이 있어요. 군인들이 있는 막사에 가서 돌아보니까 식당이 어딘가 보니까 몇 지나가니까 식당이 있더라구. 여자들이 와서 밥을 하고 그래. 남자도 몇이 있고. 거기 가면 누룽기[누룽지]가 많아요. 누룽기를 해서 지붕에다 넌다고 처먹지도 못 하니깐 말려서 나중에 먹을라고. 좌우간 갖다 끓여 먹으면 그렇게 구수할 수가 없어. 밥은 순 옥수수밥이야. 거 밴또가 있어. 거 하나 훔쳐 가지고 왔지. 다부졌어. 여적 그 밴또 가지고 있어. 형체만 남았어요. 옥수수밥. 밥 이렇게 (손으로 가득한 모양을 지으면서) 담아서 먹었지. 그때 공기가 어딨어. 시방 2순갈이면 다 먹지. 그때 같으면 소위 이런 밥 5그릇도 더 먹어. 옥수수밥

3 건설 현장에 있는 가건물로 지어 놓은 식당(飯場, はんば).

그것도 배가 안 차는 거야. 식당에 가서 누른 밥 말린 거 그냥 양회 봉달이[시멘트봉지] 있어요, 양회 봉달이. 엉. 거기서 일하니까 공구리치면 속에 꺼 2겹 뜯어 버리고 겉에 그게 5겹이야, 겉에 봉달이는 깨끗해요. 그럼 거기에 누룽기 다 집어서 끊어서 걸머지고 오는 거야. 동네 사람들 할 것 없이 아무개 다 와서 먹을 거 가져왔다고. 끓일 새 없어요, 그냥 어적어적 깨물어 먹는데 이렇게 하죠. 또 식당에 가면요. 그 사람들은 아유 배고파서 좀 먹어야겠다고, 가져가라고 아무나 또 안 줘요. 주다 들키면 혼난대요. 요량껏[요령껏] 가져가라고. 깨끗하게 털어서 거기다 담아서. 걸머지고 와요. 그것도 들키면 곤란하니까 뭐 훔쳐가는 줄 알고. 누구 있나 없나 보고 가져오고 그랬어요. 눈치껏 해야지. 들키진 않죠.

"양회 봉달이. 엉. 거기서 일하니까 공구리치면 속에 꺼 2겹 뜯어 버리고 겉에 그게 5겹이야, 겉에 봉달이는 깨끗해요. 그럼 거기에 누룽기 다 집어서 끊어서 걸머지고 오는 거야."

그중에 시궁창에 내려가면 갈치, 뭐 생선 이런 거 도막치면 흔하잖아. 흔했거든. 전시중에 와 있으니까 일본 사람들 보급이 얼마나 좋았는데—. 그냥 꼬랑지도 이만큼만 자를 걸 이만큼 자르고 내 뿔고[내 버리고] 원 토막만 먹어. 그냥 뭐 다 시궁창으로 쓸어 버리는 거야. 그걸 다 주워서 깨끗이 닦아서. 참 그런 거 많이 했다구. 여기서 간 사람들은 아무것도 없다고 감히 못 가져오거든. 난 가서 주워오지 누룽지도 많이 가져오지. 좋다고 아무개 여기 있어야, 동네 사람들 얻어 먹겠다 그랬어요. 그렇게 하고 와서 한 열흘 있다가 해방됐지.

그게 흉년들 적에 뭘 보태 먹나. 우거지 씨레기[시래기] 삶아 먹고 살았어요. 왜정 때 동산에 가면 송기 있지. 그거 깎아 먹고. 송기라고 그러지. 껍데기 베껴 먹는 대니까. 북한은, 거긴 왜정 때 모냥으로. 해방하고는 아무래도 몇 달은 고생했지만. 왜정 때는 전부 한국 사람 도둑놈 만드는 거야. 볏 가마 감추느라 야단이었지. 그렇게 해서 새끼들 하고 먹고 살아야지. 우리네 자랄 땐 일본 놈만 오면 숨고 그랬는데. 무서우니까. 그때에는 처녀들 보면 처녀 잡아가는 거 무서우니까. 숨고 그랬지. 누구네 집 가니까 딸이 잘 생겼더라 못 생겼더라 어떻다 하니까 숨었지. 시집보내고 그랬어. 15세, 16세도 다 데려가는데. 일찍 시집보내는 사람도 있었어. 옛날에 그랬어요. [배추, 무] 먹을 만큼 조금 심는 거지. 옛날에도. 그런 거 공출하랜 소린 못 들었어. 진짜 다른 건 다 뺏어가도 그런 건 달랜 소리가 없었어. 공출하랜 소린 못 들었어.

"왜정 때는 전부 한국 사람 도둑놈 만드는 거야."

송진을 채취하다 주인에게 붙잡혀 손을 베이다

왜정 때는 기름이 부족해 가지고 그거 내느라고 학교에서 따와라 이럭하고 동네에서도 따라 해서 소나무에 옹진이라고 있어. 나무 끄트머리 그걸 짤르며는 액체가 나와요. 그거 채취하기 위해서 그때 당시에 학생들 부락민 할 것 없이 그걸 전부 많이 땄어요. 산에 가서 한다는 걸 산 임자가 나무 망친다고 못하게 했잖아요. 내가 올라가서 하는 걸 하지도 못하게 쫓아와 가지고 연장, 까뀌[4]라고 찍는 거 있거든요, 그거 가지고 하는데, 망탱이(망태기) 매고 하는데, 어른이 와서 쫓아오는데 도망 왔잖아요. 산 임자가 오니깐 도망하는 거야. 이놈의 새끼들 나무 다 버린다고. 거기 섰지 못하냐고, 연장 다 뺏을라고. 무서워서. 후려갈기면 맞는 거지.

4 나무를 깎아 다듬는 연장.

그때 아마 4학년 때 그랬어요. 그때 한창 일본 놈들은. 피마주[피마자] 심으라고 해서 피마주 다 가져가고 기름 낸다고. 그래서 산에 그냥 쫓아가서. (잠시 멈춘 후) 아니 그래 가지고 그냥 이놈의 새끼 남의 산 버려 논다고 까끼를 뺏는다는 게 까끼를 안 뺏길라고— 연장도 귀해요. 뺏기면 고만이잖아. 내 집에서 가져가서 하는 거야. 그래 가지고 (상처 난 흉터를 보여 주며) 여기 근처예요. 홀딱 벳겨졌어요. 껍데기가 들러붙으니까 여기도 뻴~ 줗고, 여기도 다 치고 그래 가지고 병원에 가서 꼬매고[꿰매고] 그랬어요. 지서로 들어갔지. 지서로 들어갔는데 일본말로 유창하게 얘기를 하니까 일본 놈이 곤노야쓰[5] 하면서 4학년이면 12살 아녜요. 그냥 일본 놈들이 어린애가 하는 걸 그랬다고 반역자다 그래 가지고. 됐다고 이거 다 보고 그래 [산 주인 집으로] 경찰을 보냈단 말야. 경찰을 보내니깐 무서우니까 [산 주인이] 도망가 버렸어. 지서로 고발한다고 아버지하고 같이 들어갔으니까. 저 일산 그쪽으로. 사흘 만에 왔잖아. 일본 놈이 눈깔을 뒤집어쓰고 지랄을 할 때인데 배겨? 그래서 체포를 했지. 체포를 해서 끌고 가가지고 그냥 여기 인제 가 봤냐 안 가 봤냐? 가긴 어딜 가. 도망갔다가 집에서 잽혀간 놈을. 실컷 두들겨 맞고. 사과하라고. 조그만 애한테 사과하라고 하니깐 안 해. 잘못했으니까 와서 잘못했다고 하더라구. 병원비 다 물고, 잘못했다고 하고, 너 유치장에 갈 테냐 비용 다 물고 사과할 거냐? 병원비 다 물어주고 그랬다고.

"그냥 이놈의 새끼 남의 산 버려 논다고 까끼를 뺏는다는 게 까끼를 안 뺏길라고— 연장도 귀해요. 뺏기면 고만이잖아. 내 집에서 가져가서 하는 거야. 그래 가지고 (상처 난 흉터를 보여 주며) 여기 근처예요. 홀딱 벳겨졌어요."

5 곤노야쓰(こんのやつ): "이놈"이라는 뜻.

일제 시대 부친 이관응은 하성 농장에서 소작하다

"일제 시대는 하성 농장에서 소작했어요. 부친 때부터. 하성 농장의 주인은 일본인이었어요. 글쎄 이름은 기억 안 나는데. 전류리에 살면서 통제했지."

일제 시대는 하성 농장에서 소작했어요. 부친 때부터. 하성 농장의 주인은 일본인이었어요. 글쎄 이름은 기억 안 나는데. 전류리에 살면서 통제했지. 일본인들이 창고 짓고, 농사지어서 거기 전부 갖다 주는 거지. 도지를 걷었지. [하성 농장] 총 210정보 정도 됐어. 거즘[거의] 다 가져가다시피 했어. 7할은 아마 가져갔을 거야. 그렇죠. 우리는 일하는 품값에 지나지 않았어. 타작할 때 갖다 훔치고. 도둑놈은 일본인이 만들었어. 먹고 살 것이 없으니까 가져다 감출 수밖에 없었지. 왜놈들이 감독으로 오면 닭 잡아 주고, 닭 잡어 먹는 사이에, 그 사이에 벼를 퍼다가 짚가리 속에 묻어 놔뒀다 하고. 어떻게 하면 도둑질 하나 하고 그렇게 했어. 관리인은 한국인이고, 감독은 일본인이었어요. 타성 사람들이 관리인 했었고 이곳 사람들도 몇 있었어. 여기서는 권○옥(95세, 작고) 씨라고 형제가 권○옥(92세, 작고), 여기 나가서는 민○식 씨라고, 자제들은 이곳 떴고. 이 사람들이 마름한 거지. 해방 때까지 계속 했었어. [하성 농장 만들 때] 어려서 일 하는 것을 봤어. 소화 10년[1935년] 정도 그 전서부텀 관리는 했지만. 제방 막고 그런 것도. 1930년은 아니고 40년 정도. …. 아버님 때는 4천 평 정도. 아니지. 그때는 [나는 하성 농장 땅을 빌리지 않고] 아버지 밑에서 그냥 했지.

일본인이나 한국인 지주나 그때는 똑같았어. 지주도 농사를 짓고, 볏단을 몇 뭇이라고 해서 지주한테 알려 주면 지주 쪽은 파악하고 있다가 언제쯤 타작한다 하면, 떤다고 하면 그 사람이 지키고 있는 데서 하나씩, 하나씩 세면서 타작한 것이기 때문에 별 차이 없었어. 병작이란 것이 있고, 도지란 것이 있었는데, 도지를 많이 했어요. 도지란 것은 얼른 쉽게 이야기해서 6백 평당 백미 3가마. 병작은 소출의 1/2. 병작이 낫지. 잘 지으면 더 먹고 하니까. 그때 당시는— 시방은 수리조합이니까 그랬지, 그때는 비만 바라다보는 세월이었기 때문에 농사짓기가 어려웠어요. 수리 안전답이 전혀 없던 시절이라 농사짓기 힘들었어. 8 · 15 되면서 시작한 거예요. 걸포리 쪽은 왜정 때 시작을 해서 수리조합 만들 때 나도 가서 일을 했어요.

한국전쟁이 발발하자 의용군에 들어갈 것을 권유받다

[해방되고] 얼마 안 있다가 6 · 25가 난 거지. 그것도 우리네 김일성 대학까지 가르쳐 주겠다고 가자고 그랬다고. 안 갔죠. 여기 바닥 [빨갱이] 집안 되는 사람 이○기라고 있었는데, '너 같은 사람은 정신 좋고 똑똑하니까 김일성 대학 나오면 한 자리 하니까 내가 보내 줄 테니 가라.' 내가 싫다고 그랬더니 귀뺨을 한 대 맞았잖아, 말 안 듣는다고. 그럼 의용군 가라 그거야. 어머니 계시니까 어머니 아버지한테 얘기하고 간다고. 얘기하고 가라 하고, 대답도 안 하고 와서 '의용군 가라고 지원하라고 야단치니 어떡해요?' 하니까 어머니 아버지도 아무 말씀도 못하고 있다가 그냥 있으면 끌려갈 것 같아 그래 가지고 발가락에 못으로 흠집을 내고 잿물을 발랐어요. 그러니까 금방 성해

"그냥 있으면 끌려갈 것 같아 그래 가지고 발가락에 못으로 흠집을 내고 잿물을 발랐어요. 그러니까 금방 성해 가지고 그 이튿날 걸음도 못 걷게 붓지 뭐야."

"그때에는 사람이 좀 활동성도 있고, 그 사람들 편[북쪽]에 가까운 친구들이 있으니까, 그때는 똑똑한 사람이라고 하면 그쪽으로 다 기울었어요."

가지고 그 이튿날 걸음도 못 걷게 붓지 뭐야. 6 · 25 나고 나서. 의용군 한참 갈 때. 북한군이 여기 들어왔죠, 북한군이. 한날은 왔어. 발이 아파서 꼼짝 못 한다고, 꾀부린다고. 드러누워 있는데, 이맘때예요. 아니 꾀부린다고. 어머니가 가 봐라, 발을 다쳐 가지고 논에 나갔다가 발을 다쳐 가지고 꼼짝 못하고 있으니깐 가 봐라. 그냥 신발도 벗지 않고 안방에 뛰어 들어와서 빨갱이에요, 그냥 이렇게 덮고 있는데, 어디 보자 이거야. 부어 가지고 시뻘겋게 부어 가지고 여까지 부었으니깐 거짓말은 아니구나. 이놈새끼 엊그제까지 괜찮다가 꾀부리는구나, 아니라고 논에 나갔다가 찔려서 그랬다고. 그나마도 의심스러우니깐 논바닥 안 나가고. 의심스러우니까 밤에만 논바닥으로 돌아다녔어요. 그래서 의용군을 가까스로 모면했지. 많죠. [의용군] 갔다 온 사람들 많아. 많이 죽고 없어진 사람도 있고. 의용군 갔다가 도망 온 사람도 많고. 도망 와 가지고 군인, 대한민국 군인 지원해 가서. 그러니까 양쪽으로 한 거지, 인민군 노릇도 하고, 아군 노릇도 가고. 포로가 돼 가지고 이 박사가 석방 명령 내리는 바람에 집에 와 있다가 에이 안 되겠다 해 가지고. 이랬거나 저랬거나, 의용군 갔다 왔으니까 좋지 않으니까 그거 카바할려고[무마하려고] 국군부대로 다 갔죠.

[이○기 친북한 배경] 그때에는 사람이 좀 활동성도 있고, 그 사람들 편[북쪽]에 가까운 친구들이 있으니까, 그때는 똑똑한 사람이라고 하면 그쪽으로 다 기울었어요. 선생이고 청년들이고. 그렇게 몇 사람씩 있어요. 동네마다 이 편 저 편 다 있잖아. 6 · 25뿐만이 아니라 시방도 그런 경향이 있지만, 편이 있어 가지고, 그쪽 편으로 해서 자진

활동한 것이 그 사람들이 넘어오게 되니까 그쪽으로 완전히 기울어서 그 편에서 지시를 받는 것이 좋지 않은, 우리가 보기에는 좋지 않은, 사람을 잡거나, 사람을 이용하거나 그런 것들이, 그런 행동을 했었다…. 이○기 씨는 나와 10촌 관계야. 아버지와는 8촌의 아들이지, 9촌 당질이지. 그 사람만 그랬고, 이 동네 쪽에서 대표 격으로 활동한 사람이었고, 석탄 3리 대표로 활동한 사람이지. 그때 당시도 서로 인민군하고 총질하고 그랬어요.

6 · 25 사변 후 잠시 경찰에 들어가다

그 당시 명칭은 그냥 경찰인데 왜냐면 사변, 6 · 25 사변 나 가지고 경찰 손이 모자르니까 특별 채용을 했어요. 한 2주 교육, 실지 교육을 받고 그러고 배치돼서 각 지소에 배치돼 가지고 공산당들 많이 숙청했죠. …. [내가] 경찰할 적에는 공산당 잡으러 다니고, 분위기가 험하고. 손가락질만 하면 서로가 잡아가고, 희생도 많이 하고 그랬어요. 억울한 사람들도 많이 죽고. 인민군이 평복하고 다니기도 하고, 우익 측 사람들 찍어서 학살도 하고. 아군 복장하고도 나타나서 태극기 가져 나와서 우리 환영 좀 해라 하니까 좋다고 해서, 뭐 알아요? 순수하게 농촌에서, 태극기 꺼내서 만세 부르다 죽고 그랬어요.

"6 · 25 사변 나 가지고 경찰 손이 모자르니까 특별 채용을 했어요. 한 2주 교육, 실지 교육을 받고 그러고 배치돼서 각 지소에 배치 돼 가지고 공산당들 많이 숙청했죠."

하성 태산 공원 그쪽에 굴채가 있어요. 골짝이지. 여기서 처형하고. 아군들은 막 처형하고 그렇지는 않았어. 인민군 시절에는 우익 진영에 있는 사람들을 전부 학살하고, 더러 잡아다 창고에다 집어넣고 하나씩, 하나씩 끌어다가

▲ 군대갔을 때 찍은 독사진

취조하다가 거기서 요놈은 죽여야겠다는 놈은 따로 수용하고, 우리 말 잘 들으면 살린다 하고, 뭐든지 하겠다 하는 사람은 살리고. 너 집 내놓으라 그러면 내놓겠냐 하면 내놓겠다고 하면 살리고, 말 잘 안 듣는 놈은 끌어다 죽이고 그랬어. 6 · 25부터 수복 전까지 인공 측에서 그렇게 했고, 9 · 28 수복 때에는 우익 진영에서 바닥 빨갱이, 이 지역 빨갱이다 그 말이지. 바닥 빨갱이들을 잡아다가 그렇게 하고. '보도연맹' 이란 곳에 가입한 사람을 바닥 빨갱이라고 해. 창고에 집어넣어서 역시 똑같은 행태를 한 거야. 취조하고 사형하고. 진짜 빨갱이로 활동한 사람들, 사람을 죽인 놈들은 따로 해 놓았다가 우익 진영에서 밤에, 밤에 좋은 데 간다고 거짓말해서 저 강게[강가]에 데려가서 학살했어. 한강변에 데려가서 죽인 거지. 그때 당시 20~30명 되는데 잘 기억을 못 하겠는데. 인민군들이 아군 복장하고 와서 죽인 것도 5~6명 정도인 것 같은데. …. 1 · 4 후퇴 되니까 전부 소개시키고 맨 나중에 여기서 떠났어요. 완전 무장하고. 군인처럼 대구 집결, 각자 대구 집결하라고.

"우리 같이 근무하던 박○문이라고 그분이 … '군인들 전방에 가서 전쟁하는 게 낫다. 더 무서운 데가 공비 토벌이다. 난 가만 있을 테니까 넌 가면 죽는 거야.' 그래서 난 도망 와 가지고 한 두어 달 있더랬어요. 군에 지원해서 나갔죠."

그래 가지고 대구 가니까 이제 나이 아주 50세 이상은 이제 뭐야 젖혀 놓고. 젊은 사람들은 공비 토벌. 이렇게 하니까 그냥 안 간다고 도망가는 사람들이 많았어요. …. 그러니까 대구 가서 있다가 지리산 공비 토벌 가라는데 우리 같이 근무하던 박○문이라고 그분이 선밴데, '야, 너 공비토벌 가면 말이지 언제 죽을지 모른다' 이거야. '낮에는 주민이고 밤에는 인민군인데, 언제 잡혀가는지 몰라 잡혀가서 죽는 사람들이 허다 하니깐 너는 거기 가느니, 군인들 전방에 가서 전쟁하는 게 낫다. 더 무서운 데가 공비 토벌이다. 난 가만 있을 테니까 넌 가면 죽는 거야.' 고맙죠. 은인이죠. '선배님 그러시면 난 안 갈래요' 이러고 도망 와 버렸지. … . 그래서 난 도망 와 가지고 한 두어 달 있더랬어요. 군에 지원해서 나갔죠.

22세에 김순분과 결혼하다

결혼은 난 22살(1951년 2월)에, 우리 마누라는 18살에. 아버님끼리 잘 알아 가지고, 장인 되는 분이 나를 보고, '우리 딸을 주겠소' 해서 중매도 없이 했어. 후평리 경주 김씨네 셋째 딸이야. 처가는 집 형편이 괜찮은 편이었어. 궁하지도 않고. 우리 집 와서 고생을 많이 했지. 뭐냐면 당시는 어머니하고 이제 고부간이라는게, 난 그때 군인 나가고 없었을 적에. 인제 결혼은 51년도 2월 달에 했지. 알지 못하잖아. 경찰 할 적에 결혼을 했지 그래서 했는데, 우리 어머니도 젊었지. 그래서 내가 군인 나가고 없는 동안에 트러블이 있어 가지고 뭐야 저희 친정이 후평리니까 가 버렸잖아.

몇 년 정도 결혼생활은, 큰아들이 임신 2달인가 있다가 군인 나갔잖아. 임신도 몰랐지. 군에 갔다가 그 소식을 들었지. 편지도 난 안 했어. 편지는 안 하고 면회 와 가지고 면회 오신 동네 분이 그런 얘기를 해서 임신한 건 알았고.

트러블이 있어 가지고 나도 모르게 그때 당시는 휴가도 없었어요. 고 사이에 트러블이 있어 가지고 왔다갔다 하다가 그때는 완고하잖아. 여자가 어머니도 그렇고 아버지도 그렇고 우리 보통 집안이 아니에요. 여자가 아무리 고통이 있어도 이겨야지, 그래 그런 사람이 무슨 시집살이를 하냐. 갔다가 오빠가 데려오고 그래도 잘 안 받아 주시고. 나간 사람이 뭐 하러 오냐 해서. 임신해 가지고 왔다갔다 그래 가지고 어린애 낳고, 나서도 환영을 못 받았지. 아들을 낳는데도 뭐 우린 형제가 많으니까 아들 같은 건 어머니도 같이 낳는 판인데. 그러니까 며느리로서는 적합하지 않다 아버지가 판단을 내리셨잖아. 여기 또 들어와야 받아 주는 사람도 없고 그래서 외갓집에 가서 있더랬다구. 내가 제대해서 왔는데 결혼을 하고도 4년 정도 나가 있었지 도저히, 어린애 낳고도. 3살쯤 됐어. 그래 가지고 아버님이 도저히 들락날락 하는 여자는 안 된다. 소위 양반집에서 무슨 망신이야. 안 된다.

"고 사이에 트러블이 있어 가지고 왔다갔다 하다가 그때는 완고하잖아. 여자가 아무리 고통이 있어도 이겨야지, 그래 그런 사람이 무슨 시집살이를 하냐. 갔다가 오빠가 데려오고 그래도 잘 안 받아 주시고."

부모의 뜻에 따라 재혼하다

다시 며느리 해야 된다 하는 판에 강화에서 장사 댕기는 사람들이 있었어요. 여자들이 여기 우리 집 내용을 훤히 안단 말야. 와 보면 내가 결혼은 했지만 여자가 없으니까 나갔대더니, 아주 나갔구나 해서. 아버지 어머니 말 듣고, 어디 색시가 있다, 그럼 말 해다오 해서 내가 결혼을 한 거지. 내가 거부했으면 되는 거지. 그러나 거부를 하면 나도 소위 말해서 쫓겨 나가는 거지. 그때 제대해 가지고 나니까 29세 됐을 때야. 그래 나도 만약에 난 결혼 안 하고 나가겠달 수가 없는 거야. 부모 앞에서 못 있고, 부모 앞에서 여편네로 인해서 쫓겨 나간다 이거야. 이래서 이건 사람으로서 도저히 안 되겠다. 동기간에도 다 보고하는데 도저히 안 되겠어. 그래서 천상 부모가 시키는 대로 하는 수밖에 없지. 그때 당시에는 나가라 이거야. 아주 그래서 어느것을 택하던지 택할 판이지 그래서 할 수 없이 부모 그늘이니깐 부모가 말씀하는 대로 거부할 수는 없으니깐 사는 거야 살지만, 부모 앞에서 부모 말씀 거역하면은 사람 꼴도 안 될 테니까. 어머니, 아버지가 시키는 것이 강화로다 했지 정식으로 다 했지. 직접 색시 어머니가 와 가지고 보따리 장사를 하니까 보고, 동네 다니면서 얘기 들어서 봤을 거 아냐. 신랑은 참한데 해도 괜찮것냐 이런 걸 전부 탐지를 했갔지.

"부모 앞에서 부모 말씀 거역하면은 사람 꼴도 안 될 테니까. 어머니, 아버지가 시키는 것이 강화로다 했지 정식으로 다 했지."

[둘째 부인은] 그때 1살 아래야. 그렇지 [당시] 28세. 그래서 뭐야 결혼을. 김옥님이라고. 청풍 김씨고. 이 사람 [현재 부인] 경주 김씨고. 결혼했으니까 집에 와서 사는 거 아냐, 몇 해 만에. 괜찮았는데, 그때 당시 혼인신고를 미뤘어요. 시방 사람하고 살면서도 혼인신고를 그때 못했어. 내가 생각할 적에 이 결혼을 하게 되면 그때만 해도 전처에다가 자식이 올라가지 후취한테는 올라가질 않았어요, 풍습이. 그래서 안 하고 있다가, 고 후에 했지. 그러고도 난중에 그래서 여기서 살림하고 이 사람은 영등포 외갓집에가 있고. 그러니깐 인제 내가 외갓집을 가게 되잖아. 외갓집인데. 외삼춘네를 갔어. 갔더니 거기서 또 만난 거야. 내 외삼춘[외삼촌] 거기 있는 걸 만났어요. 외삼춘 댁이 싸고 돈 거야. 참아라, 참아라 하고. 자식도 있는데 뭘 걱정 하

" '우리가 셋이 다 운명이 좋질 않아서 만나게 됐은즉, 아무게 어머니가 무슨 죄인이냐, 노인네들이 너무 그냥 참 마음에 맞지 않는다고 했은즉은 자식이 있는데 몰라라 할 수 없잖냐?' "

냐. 그때 영등포 있었으니까. 거기서 못 가고 만났는데 한 쪽으로 생각을 하면 또 불쌍도 하고, 인생이. 이 장가든 나중 장가든, 왔다갔다 하는 걸 보고 거기 있는 걸 알고 제 난중 첩하고 그랬지. '우리가 셋이 다 운명이 좋질 않아서 만나게 됐은즉, 아무게 어머니가 무슨 죄인이냐, 노인네들이 너무 그냥 참 마음에 맞지 않는다고 했은즉은 자식이 있는데 몰라라 할 수 없잖냐?', '그럼 여기 와서 살라고 하고 난 나가서 살겠다.' 형편대로 하자 의논해서 방 얻어서 나갔지. 영등포로 가고, [이 사람은] 영등포에서 내려오고. 우리 아버님이 그때 당시 병환이 나셨는데, 병 관리를 제대로 못해, 난중 처가. 이 사람은 사이는 안 좋았어도 병 관리는 잘해. 할 수 없이 내려와서 잘 해드리니까. 어머니도 계셔도 어머니도 원래 사이가 좋질 않아. 아버지하고 원이 돼 가지고. 만나면 상극이야. 그래서 아버지도 이제 나이도 먹고 제대로 하니까. 자식이 있으니까 그래도 큰 며느리가 낫다. 그래서 난중은 방 얻어서 가고. 나중에 살림 좀 쬐끔 낫었죠.

그래, 그래 가지고 내가 혼인신고를 그때서 한 거야. 늦게 한 거야. 결혼하고 4, 5년이 지나서 했어요. 그래서 해 가지고 큰 아이도 그렇고 출생신고도 안 했더랬어. 곧바로 했고. 그래도 인제 그 뭐 법적으로 그런 건 없었어요. 그대로 해올렸다구. 난중 처도 혼인신고도 했지. 애들도 다 그 사람 앞으로 올라갔지. 자기 자식은 자기 자식대로 올라갔어요. 그렇게 돼 있더라구. 그러니까 원 정식 아니더라두 자식만큼은 올라갔죠. 둘 사이에 올라갔죠. 그 당시에도 그렇게 다들 안 했죠. 보통 본처에 다 올렸죠. 정리를 했고, 정식 혼인신고는 안 되는 거고. 죽었대든지 갈라져야 그래야 되는데. 제대로 그건 정리를 했어요, 맘먹은 대로. 아이가 3남매, 여기 4남매. 내가 7남매 두고 있어요. 그래서 인제 난중 처가 더 오래 살 걸로 생각을 했더니, 이상하게 친정에 가서 죽었잖아. 친정에 가서 뭐야. 근데 그래도 여기서 죽은 거보담은 백 번 저기 했죠. 혹시나 사람 일이 그렇잖아요. 뭐 어떻게 해서 죽게 만들었는가 그런 것도 있잖아. 그쪽 친정 입장에서는 괄세[괄시]를 했거나 뭘 했거나, 그런 건 없었지만. 뭐 어디 하나 기울어지게 행동은 안 했어요, 내가. 서로 말없이 잘 지냈어요. 잘 지내다가 큰일하고 그러면 오고 다 오죠. 같이 하고 그랬어요. 내가 그렇게 이해를 시켰으니까. '우린 어쨌든 팔자가 이렇게 만나서 이런 고생을 하라고 정해진 거니 어쩔 도리 없잖냐. 지금 우리가 헤어진대도 구순하게 살면 말 한마디래도 그 집이 그렇게 했어도 의좋게 잘 살더라, 이중고가 맨날 싸우고 살아 본댔자 자식들도 그렇고 본받을 게 없잖냐. 우리 운명은 이러니까 고생은 돼도 이렇게 같이 살자' 이렇게 해서 말은 없이 살다가, 뭘 병들어서 가서 죽은 것도 아냐. 시방 죽은 지 아마 5~6년 됐어요. 이 사람보다 1살 덜 먹었지. 사람이 똑똑해요. 중학교 나오고 그랬는데. 그래도 배운 사람이 이해력이 있지. 그래서 아 친정에 가서 한 사날 뭐야 좀 있다가 온다고 갔어. 여기 와 있다가 여 근처하고 [일] 다 하고, 근데 여기 와서 [일]다 하고 갈 적에 아들보고, 나보고도 그러더라구. 나 친정에 가서 한 사날 있다가, 그때도 고추 따고 그럴 때야, 도울 거 있음 도와주고 맘대로 해. 그래서 간 거야. 우리 애가 실어다 주고. 가고 있는데 하루 저녁 자고 하루 저녁 또 자고 아침에 떡허니 연락이 온 거야. 그래서 뭐 가 보니까 벌

*"그래서 인제
난중 처가 더 오래 살 걸로
생각을 했더니,
이상하게 친정에 가서
죽었잖아. 친정에 가서 뭐야.
근데 그래도 여기서
죽은 거보담은
백 번 저기 했죠."*

써 병원에서 영안실에 들어가 있더라구. 어떻게 된 거냐 하니까 처남이 급작이 말 한마디 못 하고 쓰러지더니 고만이더라[는 거야]. 병원에 오니까 이미 숨을 거두시고 그랬으니 어떡하냐. 그래서 내가 그랬어요. 사람의 명이지. 죽을래면 죽고 살래면 사는 거지. 거기 영안실에서 다 치뤘어요. 너무 좀 일찍 갔지. (눈물이 가득 고인 채) 좀더 고생을 하더래도 살아야 될 사람인데. 그거 아쉬운 거지 뭐. 사람이란 늙어서 죽으나 젊어서 죽으나 아쉬운 건 마찬가지니까. 그렇게 끝냈어요.

하천 부지 개간해 농사를 시작하다

[왜정 때라든지, 혹은 양반들이 소작한다고 해서 무시당하거나 그런 설움] 그런 설움은 받지 않았고, 그저 어려워서 있는 사람한테 좀 괄시받았지. 권씨도 그렇고, 집안간에도 그런 것이 있었어요. 종가집 살림이 좀 낫죠. 우리는 말하자면 자수성가니까 좀 어렵고. 그리고 여러 가지로 사람이 아는 것도 아는 것이지만 우선 내 의식이 제대로 서 있지 않으면 시방도 그렇지만 괄시를 받게 되어 있다고. 그렇죠. 없으니까. 그럼 종가집은 지금도 재산이 대대로 물려받은 재산이야. 한 4천여 평. 근래에 자손이 퍼지고 하니까 그렇지, 종가집도 자손이 별로 없어. 현재 종가집에 3형제가 있어. 3형제 우에 그 집 폭으로 한~시방 대여섯 집 되지. [종가집은] 그렇죠. 좀 나앗죠. 형제들이 자라면서 노동력이 생기니까 내가 결혼하면서부터 조금 형편이 나아지기 시작한 거지.

"그저 어려워서 있는 사람한테 좀 괄시받았지."

[결혼 당시] 그때가 만여 평. 왜냐하면, 하천 부지란 것이 있어서 개간해서 농사지었어요. 하천 부지가 한강변밖에 없어요. 한강변에 있는 석탄리 쪽 하천 부지. [이승만 시절인데 개간은] 초지(풀밭)에 둑을 쌓고, 땅을 골라서 농사짓는 거지. 내 땅은 아니지만 나라 땅이지만, 내가 권리가 있는 거지. 내 땅은 아니에요. 사용료를 나라에 내는데 얼마 안 되었어요. 15년 정도. 6천 평 지었어. 형제들이랑 같이 했지. 시작은 내가 했고, 농삿일은 형제들과 같이 했지. 하천 부지라고 나라에서 아무 때라도 길을 내서도 쓰고 하는 것이니까 개인에게 주지는 않죠. 제방도로 내면서 하천부지 땅이 많이 들어갔어. 농사지으면서 형편이 많이 나아지고. 내 이름으로 땅 산지가 그러니까 군대생활하고, 한 5년. 한 5년 동안 농사지었어요, 농사짓고, 이렇게 저렇게 돈 푼이라도 모아서 우리 집 마누라가 그것도 애 많이 썼죠. 처음 이거[집터] 깔고 앉은 게 처음 산 거야. 마누라가 곗돈 붓고, 매끼 꼬고 다 이렇게 해서. 계 얻고 해서 맨들어서 이것저것 팔아서. 천 2백 평. 이제 그렇죠. 저쪽 너머도 또 있어요. 글쎄요, 몇 년돈지. 60년대지 뭘, 주로 60년대에. 중반될 거예요. 그리고 인제 한 이태, 3년 있다가 6백 평 또 사고. 그러니까 그렇게 되니까 2년 만에 한 번씩 땅을 사게 되더라구.

"처음 이거[집터] 깔고 앉은 게 처음 산 거야. 마누라가 곗돈 붓고, 매끼 꼬고 다 이렇게 해서. 계 얻고 해서 맨들어서 이것저것 팔아서. 천 2백 평."

토지개혁 할 당시에 두 자리, 두 자린가 받았죠. 한 6백 평 하고, 9백 평짜리하고 받았어요. 아버지 명의로다가. 상환 붓고. 그래서 고걸 상환도 붓고 이렇게 해서 아버님 명의로다가 다 했죠. 그래서 인제 있다가 한 자리 한 9백 평짜리는 팔아서 인제 독산동 그쪽에다가 자리를 또 장만했죠. 하천 부지 한 5천, 근 6천 평을 했어요. 거기서 나오는 걸로 땅 사고, 집을 질 적에는 처분을 해 가지고 같이 해서 집을 짓고 그렇게 한 거예요. 독산동 집은 그거이 아직도 우리 아버님 앞으로 있어요. 근데 내가 다 했어도 우리 아버님이 원하신 게 있기 때문에 원하신 걸 풀어 드리기 위해서. 뭘 원하셨나 하면 어떻게든지 도시에 집을 한 칸이라도 장만 해 가지고 거기서 살다 죽었으면 원이 없겠다 해서. 교육 문제보다도. 글쎄 그렇게 원을 하셨다고. 그래 가지고 아버지가 늘 그런 말씀을 하시니까. 자식으로서 듣고, 어떻게든지 생존하셔서 말씀하신 그대로 원을 풀어 드려야겠다 해서 이것저것 처분을 해 가지고. 장만해 가지고 거기서 몇 해 사시다가 돌아가셨지. 어머님하고 거기서 같이 계셨더랬죠. 어머니, 아버지는 거기 가 계시고, 나도 대개 가 있다가 농사철이면 와 있고, 이 사람은 주로 여기 주로 와 있고. 오늘날까지 그렇게 산 거죠. 그래서 독산동에서 많이 살았죠. 그래서 우리 큰아이도 거기서 공부하고.

"하천 부지 한 5천, 근 6천 평을 했어요. 거기서 나오는 걸로 땅 사고, 집을 질 적에는 처분을 해 가지고 같이 해서 집을 짓고 그렇게 한 거예요."

"교육시키면서 많이 팔고 또 동생도 일부 주고. 그랬어요. [남동생] 셋. 다른 애들은 전세방 정도 얻어서 도시로 가겠다고 하니까."

교육시키면서 많이 팔고 또 동생도 일부 주고. 그랬어요. [남동생] 셋. 다른 애들은 전세방 정도 얻어서 도시로 가겠다고 하니까. 집을 사 줄 형편이 안 되니깐 아이들 교육 문제도 있고 쪼달릴 판에 잔치만 해 주고, 전세만. 자수성가 한 거죠. 시방들은 잘 살아요. 막내만 같이 있다가 아버님이 당신 앞으로 있는 걸 줬죠. 가장 형편이 안 된다 싶으니깐, 다들 잘 살아. 나만 농촌에 있으니까 쪼달렸지. 그전엔 그랬어요. 제일 쪼달림 받았지. 목표는 대학교는 못 가르킬망정 최소한도 고등학교까지 가르치면, 고등학교까지 나오면 배운 놈만은 할 거 아니냐. 기본은 아버지 어머니도 그렇고, 그러나 손주만큼은 대학교를 나와야 된다,

큰손자만큼은. 우리 증조할아버지가 원래 문장이셔. 글도 가르치시고, 학자시고 그랬기 때문에 어떻게든지 우리 집안에 선생도 나와야 되고, 대학교까지 나와야 된다 말씀을 하셨기 때문에, 할 만큼은 했지만 걔 하나만큼은 신경을 쓰셨다고. [아들] 다 대학 나왔죠. 다 나왔어도, 선생은 큰아이 하나밖에 안 됐지. 지금은 농사 6천 평쯤 가지고 짓고 있어요. [6천 평 중에서] 더러 밭 같은 것은 임대료 받고 빌려 주고. 땅값이 올랐다고 하는데, 올랐다고 해서 팔아서 쓰게 되면 안 되지. … . 남한테 손바닥 벌릴 정도는 아니니까. [교육비] 더 할 것도 못하고 자식들 키우느라 땅을 팔고 그런 것이지.

일제 시대 벼 품종은 제일 먼저 쓴 게 은방조, 다마금. … 다마금은 50년대까지 심었어요. 그러고 나서 품종이 달라졌지. 어름벼, 농림 6호. 여러 가지예요. 일본서 많이 들여오니까. [다마금] 그게 젤 쌀이 좋아요. 지금은 여기 없어요. 어딘가 한 군데 있다고 하는데. 그게 괜찮고. 털이 이만큼씩 해. 그 수확이 좀 적어. 그래서 농사꾼이 수확을 우선 많어야 하니까. 같은 벼라도 수확 많이 나는 걸 채종을 해서 심어요. 50년대 없어졌어. 농림 6호도 있고, 이리 23이니 25 이렇게. [농림 6호] 그것도 쌀이 괜찮았다고. 그게 많이 심었어요. 적어도 70년대. 어름베라고 있고. 어름베는 서리 맞아서 베는 베[벼]라고. 늦게 베는 걸 말하는 거예요. 서리가 얼 정도면 땅들이 얼거든. 그래도 그 놈이 좋다 해서 많이 심었죠. 또 쌀도 좋더라고. 그것도 그때 당시에는 한 7~8년 심었어요. 80년대 그렇게 될 거예요.

"시방은 그런 것[은방조, 다마금]이 없고, 현재는 아끼바래(추청벼)를 써."

그렇게 심고 하도 많이 변동되어서 잊어버렸어. 그렇죠. 시방은 그런 것[은방조, 다마금]이 없고, 현재는 아끼바래

[추청벼]를 써. 새마을운동 때는 통일벼 많이 심었죠. [생산량] 늘었죠. 통일벼도 심어서 정부 수매했죠. 수매는 통일벼 장려하면서 전량을 다 나라에서 수매했어요. 통일벼만큼은 다 받았지. 수입이 조금 난데, 그게 많이 [값이] 떨어지기 때문에, 그게 장려품이 안 된다고 해서 폐지했고, 수확은 많이 나요. 그게, 장단점이 있는 거지만, 맛은 좋지 않아서 이거라도 해서 자체 해결하기 위해서, 자조하기 위해 그걸 한 것이지, 시방은 통일벼 없잖아요? 통일벼는 2년 정도밖에 안 했어요. 1973~74년. 저 아래[호남, 영남]은 오래 심었지만 아마 작년에도 심었던 것 같은데, 이곳은 일찍 떼었어요. 여기도 심은 사람은 5년까지 심은 사람도 있었지만 보편적인 것은 아니지. 통일벼는 수매하는 것도 전량을 안 받아 주고, 품질도 좋지 않아. 왜냐하면 떨어져 이게. 떨어지는 것이 많아서 그래서 수확은 더 낫긴 하나, 툭 치기만 해도 와르르 벼가 우수수 떨어져서 좋지를 않아.….

그러다가 통일벼 없어지면서부터 석천벼라는 게 있어요. 석천벼. 석천벼. 그걸 몰라베라고 그랬어요. 몰라베. 그게 일렀어요. 일렀는데, 그것도 이제 없는 사람들이 짓는 거예요. 그게 단점이 뭐냐면 제때 안 비면 비를 맞든지 하면 거기서 싹이 나 버려. 싹이 나면 버리거든. 알이 나와도 맛이 없어. 진이 다 빠진 거니까. 그게 단점이야. 이르긴 이른데, 다른 것보다 한 10일쯤. 그것도 아직도 시방도 더러 심는 데가 있어요. 몰라벼. 석천벼라고. …. 또 통일벼 다음에는 '이리벼' 라고 있어요. 이리벼 2년 정도 심었고, '어름벼' [농림 6호] 심고. …. 근래는 아끼바래[추청벼]. 아끼바래도 일본말이야. 아끼바래 쌀. 경기도에서 아끼바래라 그러면 다 알아. …. [추청벼가] 그렇죠. 밥맛도 괜찮고. [씨앗] 작아요, 저 철원 같은 데서는 오대벼. 그건 달라요. 추운지방이 되서 좀 이른벼. 여기선 아끼바래가 제일이라고 하고. …. 이리 23호니 4호니. 일일이 말로 할 수 없어. 여태까지 품종을 다 개량해 가면서 썼기 때문에.

[농업 활동] 평생. [벼농사] 4월서부터 이제 못자리 시작을 해요. 양력. 양력 4월 초순이면 볍씨를 담기 시작해서 한 열흘 담궜다가 건져서 인제 그걸 싹을 트여요. …. 이제 못자리에는 그 동안에 정리해 가지고 있다가 뿌려서 싹이 트면 자라면 한 10cm 이상 자라면 뽑아서 그땐 논바닥으로 나간다. 그래도 물길 잘 닿고, 그리고 좌우간 조금 질이 나은 땅. 물이 잘 닿고, 땅이 산성화된 데는 안 되죠. 산성화 안 되고, 흙도 여러 가지니까 그냥 토질이 좋은데. 그런데 선택해서. 색깔은 천차만층이에요. 빨간 논도 있고, 그건 질땅이라고 그러죠. 개흙 땅 바다에서 들어와서 앙금앉은 땅. 이런 갯벌 같은 데는 덜 되고. 될 수 있으면 에, 질분이 많은데 요런 데 선택해서 하는 거니까. 아니죠. 같은 땅에 하는 것이 많아요, 그때는. 못자리한 데만 해요. 그것도. 왜냐하면 씨가 제대로 안서. 딴 데로 윈기며는[옮기면]. 여기다 해 보고 씨가 골고루 잘 트고 실패를 안 할 것 같으면 만날 그 자리에다 해요. 딴 데로 윈기며는 땅 성질도 모르니까 실패할 확률이 많아. 거름도 많이 들어간다든지 알카리가 많다든지 하면 나오다가 씨가 죽어 버려. 한군데다 해서 제대로 잘 되면 계속 거기다 해요. 시방도 그런 형태가 많아요. 싹을 트이고. 옛날에는 이 저 물에다 왜정 때 침종한다고 못자리해 가지고 볍씨를 건져 가지고 이제 못자리 해 놓고 설라네 그냥 얼음을 깨뜨려 가면서 씨를

"옛날에는 이 저 물에다 왜정 때 침종한다고 못자리해 가지고 볍씨를 건져 가지고 이제 못자리 해놓고 설라네 그냥 얼음을 깨뜨려 가면서 씨를 뿌려요. 물이 시방처럼 살짝 얼어요. 그걸 아주 발 시려서 죽을 노릇이지 뭐."

뿌려요. 물이 시방처럼 살짝 얼어요. 그걸 아주 발 시려서 죽을 노릇이지 뭐. 모판이 아니지. 논에다가 쓸려서 물 잡아 놔 가지고. 요정도 물댄 녁에 따로 씨를 뿌려요.

[모판] 그건 아주 후조. 옛날에는 이렇게 논 썬대다가 물 이만큼 잡아 가지고 볍씨 건진 거 이거 가져가서 뿌리는 거예요. [볍씨] 담궜던 걸 건져서 물빳녁에 뿌리는 거야. [볍씨를 물에 담그는 거는] 물 먹어 가지고 얼른 싹 트라고. 물에다 대엿새 담궜다가. 건져서 가져가서 아침이면 뿌려요. 왜냐하면 좀 늦게 하면 바람이 불어서 물놀이치니까 안 돼. 아침엔 잔잔하잖아요. 거기 내려가면 일르니까 얼음이 살짝 언 거 그냥 막 딛고 하니까 발이 얼어빠지는 것 같지. 그래도 참고 농사짓는 거는 때가 있으니까. 그 때는 장화도 없어요. 60년대가 뭐예요. 50년대지. 50년대, 아, 50년대 40년대 농사법이 그랬고, 고게 인제 차차해 가지고 그 다음해는 이제 물 없이 빤빤한 데다 해서 씨를 뿌리고. 응. 물 없는 데다가 재 뿌리고. 재. 소재 탄 것. 농촌에서 많이 썼어요. 재. 재. 불탄 재. 옛날에는 아궁지[아궁이]에다 때는 게 있어. 곡초를 땠거든. 그걸 가지고 가서 그 위에다 뿌려. 씨 뿌리고 그거 뿌리고, 그때 처음 비니루가 [비닐이] 나올 적엔 비니루를 거기다 덮어, 그냥 덮고 흙을 날라 가지 말라고 흙을 양쪽에 덮고. 그렇게 해서 그게 열흘 되면 모가 삐쭉삐쭉 나와. 거기서 이만큼 자라. 자라면 들고 일어나지. 들고 일어나면 이만큼 자란 녁에 비니루 젖히고. 물을 살짝 대 줘요. 대 주기도 하고 그냥도 하고. 그렇게 해서 한 10~15cm 정도 되면 그때 뽑아서 냈죠. 손으로 낼 때야 그때도. 모내고. 논에다 심는 거야. 물대고 쓸려서 하는데. 그때만 해도 소로다 많이 했죠. 소로 농사

"옛날에는 이렇게 논 썬대다가 물 이만큼 잡아 가지고 볍씨 건진 거 이거 가져가서 뿌리는 거예요. [볍씨] 담궜던 걸 건져서 물빳녁에 뿌리는 거야."

짓는 시대. [모심는 거는] 사람이. 소는 갈고 써레질 하고. 그러고 끝나는 거죠. 그렇게 한 것이 그 다음에 나온 것이 경운기가 나온 거야. 경운기가 나오니까 소일하는 거에다 데요? 아주 기계로 하는 게 낫죠. [경운기가] 그렇죠. 논 갈고, 밭 갈고 써레질 다 하고. 소 대신 다하는 거지. 덮는 거는 사람이 덮는 거고.

[모판은 60년대 이후] 그렇죠. [그 이전] 밭 한 귀퉁이에다 논 한 귀퉁이에다 못자리 해 가지고. …. 판작이라고 그러는데, 논 썰려서 판작을 넉자로 만들어요. 논에다가 이렇게 해서 씨 뿌리는 거고, 근래는 모판이 있어 가지고 거기다 씨 다 뿌려서 손으로 쪄서 모를 냈지. 이 시방 기계화된 지 얼마 안 돼요. 안 세웠어요. 세운 건 없어요. 세운 건 없고, 판자에다가 비니루 씌워서 한 다음에는 대가 나왔지. 텃넬 식으로 텃넬 식으로 또 몇 년간 했죠. 허고, 시방은 모판 나와서 그걸 텃넬 허는 거와 동시 모판이 속에 들어가 있는 걸 텃넬을 다 해서 씌워서 하면 조금 발아가 빨리 돼. [지금은] 모판은 사가지고 고걸 하나가 10평 나는 거야. 모판 하나가 10평. 그전에는 손으로 해서 손으로 뽑아서 내는 걸. 모판 생기고 나서는 계속 그걸로다가 하니까 왜냐면. 네. 고거 하나 10평이니까 평수에 따라서 사다가. 몇 장만 하면 되겠다. 천 평이면 백 장 만 평이면 천 장. 요렇게 숫자가 딱딱 들어맞게 돼 있어요. 비싸죠. 6백 내지 7백 원 이래요. 한 장에.

"판작이라고 그러는데, 논 썰려서 판작을 넉자로 만들어요. 논에다가 이렇게 해서 씨 뿌리는 거고, 근래는 모판이 있어 가지고 거기다 씨 다 뿌려서 손으로 쪄서 모를 냈지."

"골고루 뿌려서 쌓아 놓던가 흙으로 덮어 가지고 논에 판대기 해 놓은 데다가 대 꽂고 터널하고 날라 가지 않게 덮으면 끝나는 거야."

[뿌릴 때] 파종기가 있어요. 예전엔 손으로 뿌렸지. 마당에 쪽 펴 놓고, 모판에다 흙을 깔고, 흙을 담아서 반듯하게 해 놓고 다 담아 놓고 씨 뿌릴 때는 파종기가 있어요. 한판에 1홉이 조금 못 들어갈 거에요. 그렇죠. 골고루 뿌려서

쌓아 놓던가 흙으로 덮어 가지고 논에 판대기 해 놓은 데다가 대 꽂고 텃넬하고 날라 가지 않게 덮으면 끝나는 거야. 그러면 일주일 넘으면 이만큼씩 전부 나오지. 그렇죠. 그때는 벼를 침종을 했다가, 담갔다가 건져서 이제 아귀를 터야 돼. 저 뭐야. 그러니까. 그걸 뭐라고 그럴까? 베[벼]에서 순이 나오기 시작하게 뾰족뾰족 나오게 요렇게 한 녁에 이제 파종기로다가 그걸 다섯을 그거는 다섯을 가져야 돼. 다섯이서 그룹을 짜야 하니까. 그렇게 하는 거니까 혼자서는 안 돼요. 기계는. 기계에다 넣고 또 얼만치 씨를 뿌리게 만들어 놓고 또 흙으로 덮고 이렇게 해서 갖다 쌓아 놓던가, 즉시 나가서 못자리 설치하든가 요렇게 해요. 그건 마음먹은 대로 하니까.

"쌓아 뒀다가 그러면 여름에 베어서 나두면 겨울이 나. 겨울에 썩느라고 김이 무럭무럭 나. 아주 뜨거워요."

비료죠. 일제 때도 비료야. 일제 때도 비료에요. 많이 안 나왔지. [비료가 없을 때는] 퇴비. 썩은 거, 옛날에는 퇴비가 주로였었죠. 비료는 적고. 그러니까 여름에는 제초 풀 베어다가 이렇게 쌓아서 퇴비를 맨들었죠. …. [그걸] 두엄. 그냥 갖다가 쌓는 거야. 썰진 않아요. 썩으면 뭐 거름되는 거니까 썰 필요도 없어. 그래 가지고 봄에 논에 원바닥에 피고 갈고 해서 거름이 됐고, 확실히 그거 들어간 데 벼가 잘돼요. 쌓아 뒀다가 그러면 여름에 베어서 나두면 겨울이 나. 겨울에 썩느라고 김이 무럭무럭 나. 아주 뜨거워요. 썩으면. 그러면 봄에 논 갈기 전에 다 실어 내서 피고 그러구 논 갈고. 그럼요. 많이 하죠. 그러니까 아니 퇴비장이 따로 맨들었었어요. 왜정 때에도 그렇고. 집에 마당 한 구석에. 퇴비장을 맨들었었어요. 왜정 때도 그렇고, 8 · 15 해방되면서도 계속 했어요. 그때 왜정 때는 비료가 적었어요.

옛날에 모 찌는 거 있어요. 모 찌는 거 못 봤을 거예요. 못자리를 해요. 쭉 바닥에다가 한다고. 논 판판하게 골라서 거기에 씨 뿌려 가지고 뭐가 수북이 나오잖아요. 그걸 손으로 모를 쪄 모내는 거 뽑아서 묶고, 모내는 거 하는데. 인제 주인이 이제 저 논두랑[논두렁] 같은 데다가 사이에 담배를 사다가 담배가 귀했어요. 인제 그게 일등 담배야. 먼저 나오는 놈이 이거 담배 피는 거다 하니깐 담배 그거 쪼금 예전에 일을 하면 봉지 담배가 있어 봉지 담배, 봉지 담배 아마 못 봤을 거야. 간빵 같은 봉지에다가 담배가 있어요. 잎사귀를 썰은 거. 아니 노인네들 곰방대에 피는 거. 봉지를 몇 봉 사다가 세목에 노나. 풀어서 담배를 줘요. 일을 하면 담배를 줘요. 한 갑씩 줘요. 왜정 때는 건빵봉지처럼 된 봉지를 사다가 (기침하면서) 5명 몰아서 담배를 가져다가 5명씩 노놔 줘요. 일하면서 피라고 종이, 신문지, 뭐 신문지나 있어요. 뭐 마분지 같은 거 있어요. 시커먼 거 있어요. 그냥 이렇게 침 발라서 잘라 가지고 담배 피워요. 담배. 곰방대 담배 같은 거 있는 사람은 거기에 피지만, 근데 이제 그런 담배를 주는데 말은 거 있어요. 말은 거 왜정 때지. 그거는 여간해서는 못 사 먹어요. 비싸니까 그때 당시만 해도 그게 고급담배에요. 하얀 종이로다 말은 거니깐, 그래서 말이지 일 잘하는 사람들 1등, 2등 캐냐고 이젠 몇 갑 사다가 논물에다 놔요. 먼저, 먼저 나오는 사람이 이거 먹는다 그러면 못자리에 놔요. 쪄 가요. 손으로 뜯어요. 그럼 손이 이렇게 부르터. 그럼 손으로 뽑는 건데 희안하게 뽑으면 동그란 게 보기 좋다구요. 그래 이젠 먼저 쪄 나가면 담배를 가지는 거죠. 그냥 해 가지고 나도 해 가지고 했는데, 왼손 오른손으로 하는 사람 별반 없어요. 한쪽 손으

"이젠 [담배] 몇 갑 사다가 논물에다 놔요. 먼저, 먼저 나오는 사람이 이거 먹는다 그러면 못자리에 놔요. 쪄 가요. 손으로 뜯어요. 그럼 손이 이렇게 부르터."

로 하는 거지 한쪽 손으로 암만 빨리 해 봤자 두 손으로 하는 사람 못 당해요. 그래 나는 그때만 해도 담배도 안 피고 해도 부지런히 나가서 담배를 차지했다구. 좋아서 인제 더 하려도 안 해요. 다른 사람 1/3일도 못 하는데 그걸 쪄서 나와야 점심을 먹든지 새참을 먹든지 하니깐.

그때 14살 15살 때지 왜정 때니깐 그래 이냥 두 손으로 못 뜯어내면 악물고 하는 거야 1등을 해야 소문이 팍 나거든. 아무개가 담배도 타고 못자리 찌는 데 1등이야. 이제 1등이야. 조금 못해도 못 잘 찌는 사람은 뭐 그냥 이렇게 돌아가고 일 조금 덜해도 그 사람 일 잘한다고 그래. 그래 나도 그때 어렸어도 돈이 없으니깐 일은 해야 하고 참 많이 했어요. 그냥 찌는 데 가서 두 손을 찌는데, 흙을 흔들어서 흙은 묻지, 일 많이 하는 사람이 곱게 해. 그냥 거칠지. 그냥 하나둘 수도 없어. 그걸 잘하는 사람을 달랑달랑해서 깨끗하게 해 가지고 모내기도 좋고, 참 좋다고. 이건 뭐 흙도 달라붙고 뭐가 달라붙어서 일을 잘해도 모내기 좋다, 좋다. 그렇게 하고 그랬어요. 담배 때문에 담배 안 피지만 피는 사람들 나눠 주고 좋다고. 마른 담배를 피기가 힘들어요. 어떤 사람은 가져다가 저 아버지 가져다 줘요. 노인들 그렇게 살았어.

"그때 14살 15살 때지 왜정 때니깐 그래 이냥 두 손으로 못 뜯어 내면 악물고 하는 거야 1등을 해야 소문이 팍 나거든. 아무개가 담배도 타고 못자리 찌는 데 1등이야."

그때는 뭐. [모] 심죠. 바로 안 심어도 관계없어요. 며칠 있다가 심어도 괜찮아. 사흘 있다가 심어도 돼요. 근데 너무 오래 되면 이렇게 구부러져서 서로 들러붙어. 그게 떡떡 떨어져 가지고 버려요. 그래서 그래 옛날에 일하는 거는 한달을 모내고 나면 끄트머리에 있는 사람은 첨에는 그냥 2백 평 매면 나중엔 백 평도 못 매. 지쳤지. 힘들지 그러니깐 언제든지 먼저 하는 사람이 이익이야. 그리고 모내고 나면 먼저 매야 해. 풀 허리를 펴서 매는 건데. 기운이 없어도 먼저 한 것처럼 해야 돼. 낭중에 하면 못 해. 이렇게 있어도 먼저 한다는 소리를 못해. 순서가 있으니깐, 그렇게 참 잘 지켰어. 시방 같아 봐 아~ 어림도 없지. 우린 그때 살면서 했건만 [지금은] 누구한테 양보를 하라고 하면 안 하지.

[모내기] 품앗이 해야죠. …. 그전에는 나도 모내기 한달씩 냈어요. 품앗이 해 가면서. 정하는 것은 서로 뫼든지, 의논해서. 우린 며칠날 할 꺼다. 보통 마을 사랑이라고 해서 마을 사랑에 가서 못자리 해 놓고서 날짜를 잡기 시작하는 거죠. …. 인제 동네가 모여서 타협을 해요. 며칠날은 누구 네가 한다는 데 그렇게 정해지면 그날은 안 잡지 한 동네 살면서 서로가 그 사람들이 댕기면서 하는 거니깐. 세일즈를 하면 너도 하겠다, 나도 하겠다 그러면 싸움이 되니깐. 그때만 해도 우리가 좀 점잖았지. 한 발 양보해서 고 이튿날 한다든지 천상 연방 잡히면 잡히는 대로 하고 해요. 시방은 제각각 하니 그런 게 없죠. …. [동네에서 말께나 하는 사람이 먼저 모내기를 하는] 그런 것도 있을 수가 있지만, 왜정 때 얘긴데, 왜정 때는 이 동네로 말한다면 밥술이나 좀 먹고, 인제 뭘 말할까 권위가 좀 서고, 인제 에~ 일을 농사를 짓는 사람이 그분이 우리가 날을 잡아서 됐어도 그분이 내 아무 날 뭣 좀 해야 되겠다 하면 내가 내 일할 거 있어도 가서 일을 해 줘야 해. 그럼 그분이 그 동네에서 말발이나 하고, 그 양반이 아무 날 하신단다 그럼 천상 난 며칠날 해야겠다 하고. 왜정 때부터 해방되고 나서도 몇 해 그렇게 했어요. 인제 딴 일을 내가 인제 내가 A네 일을 맡았잖아요. 그분이 일한다고 하면 그 일

"그분이 우리가 날을 잡아서 됐어도 그분이 내 아무 날 뭣 좀 해야 되겠다 하면 내가 내 일할 거 있어도 가서 일을 해 줘야 해."

을 깨고 거길 가야 해 만약에 거길 안가면 내가 일한다고 했는데, 이 놈이 말을 안 듣고 글루 갔어. 언제 한 번은 불러다 놓고 혼방을 내. '너 이놈아 너 그럴 수가 있어. 이 놈아 엉 너 이놈아 내가 일을 하라는데 너 그럴 수가 있어. 아무개가 더 중하냐? 이놈아!' 이러고 막 혼방을 쳐. 그러면 '아이구 잘못했습니다. 담에는 그런 일이 없도록 하겠습니다.' 그럼 고담에 가서 일을 이상 없이 해야 돼. 그런 일이 허다했지. … . 말하자면 권위주의지. 권위주의. 그렇게 맘을 먹고 하고 그러니깐 동네 사람들이 욕을 하면서도 어쩔 수 없이 호령 아닌 호령을 하고 에험 하는 식으로 '너 임마 너 그럴 수가 있어? 아무개가 더 좋으냐? 엉 내가 말하는 게 우스우냐?' 이러면 어떻게 나이도 먹고 그러니깐 '내가 잘못했습니다. 다음부터는 그렇게 안 할게요.' 그 다음부터는 말만 하면 척 들어줘야지 어떻게 안 듣고 저거하면 하 요놈 봐라 요새는 그런 일은 안 하겠다고 그러고, 요놈이 사람을 놀려. '야 아무개야 가서 아무개 오라고 해라.' 그런다고, 이래가지고 또 부르니 안 갈 수 있어? 호통을 하면 얼굴이 쑥밭이 돼서 오지.

"모내고 나면 즉시 김을 매야 돼 또. 풀 김. [모 심은 지] 보름. 보름이나 늦으면 20일. 이렇게 하면 벌써 김이 나오죠. 김매 줄 적에는요, 보름 하면 다른 집하고 나면 또 김이 나와. 그러니까 세 번 네 번 하는 거야."

모내고 나면 즉시 김을 매야 돼 또. 풀 김. [모 심은 지] 보름. 보름이나 늦으면 20일. 이렇게 하면 벌써 김이 나오죠. 김매 줄 적에는요, 보름 하면 다른 집하고 나면 또 김이 나와. 그러니까 세 번 네 번 하는 거야. 한 논에 세 번 네 번 매야 이만큼 자라면 풀이 안 나와. 그때는 조금 더 그랬다가 쉬는 기간을 그저 한 20일 정도 있다가 피라는 게 나와. 피, 김. 그거 나오면 그거 댕기면서 뽑아주고. 그럼요. 그때는 쉴 틈이 없었죠. 그것도 품앗이 하죠. 김매는 것도 품앗이 했죠. 혼자 못해 힘들어서. 그럼요. 돌아가면서. 논두렁 같은 건 수시 깎아야죠. 낫 가지고. 낫으로 다 깎아 줘야죠. 그것도 세 번 네 번 깎아야 되요. 그것이 흔히 7월 달에 많이 하죠. 7월 달에서 벼 벨 때까지. 네. 그것도 세 번 네 번 깎아야 되요. … [제초제] 없을 때는 호미로 맸지. 호미로 그냥 다 이렇게 엎어 놓는 거야. 인제 김을 일일이 뽑을 수가 없으니까. 약 없을 적에 하는 일인데 호미로 다 파매. 그럼요. 말도 못해요. 아, 첫날 했을 때는 온몸뚱아리가 쑤시고, 팔다리 아프고. 사흘나흘 해야 조금씩 나져. 한 1주일 허면 아무데 개[서] 해도 아픈 데가 덜해요. 그렇게 고통을 받으면서 했어요, 농사를. 예. 그러다가 약이 나오니까 거저먹기지 뭐. 그럼요. 뿌려 버리면 요만큼 나는 것도 다 죽여 버려.

[허수아비 설치] 어 고거 나는 해 보진 않았는데. 그렇죠. 일른베[올벼]. 어려운 사람들은 빨리 해서 돈을 장만하느라고 일른베들을 심어요. 일른베를 심으면 이제 일른베는 나오니까 고 때는 옛날에는 보릿고개라고 했는데 시방 그 대책으로 일른베를 심으면 새들이 많이 덤벼. 여름내 먹을 게 없잖아. 벼로다 덤벼. 거 한 사람들을 허수아비를 세우는데 새에 대한 방비를 하는데 그깟 하나 마나예요. 그렇지 않으면 옛날엔 이렇게 돌리는 거 있어. 이렇게 돌리는 거 착하면, 돌리면 빵빵 소리가 나면 새들이 놀라서 도망가요. 이제 그게 홀채라는 건데, 서너 발 동아줄처럼 해 가지고 끝에 가늘게 해 가지고 이렇게 하면 이렇게 돌려서 채면, 내가 직접 해 가지고 하면 짱 소리가 나서 이놈의 새들이 놀래 가지고 총 쏘는 줄 알고 날라 가고 그러는데. 돌아가는 힘에 의해서 소리가 자연히 나요. 그건 먼 데서 해도 소리가 나니까. 아니 먼 데서 하니까.

새 날라 가라. 그렇지 않은 사람은 와서 새 보다가 깡통 같은 거 두드리고 그런 거죠, 이른 벼. 같이 해도 이른 건 조금 빨라요.

[벼 베기] 그럼요. 손으로 비고, 이렇게 놔뒀다가 한 대엿새 후에 뒤집어서 묶어 손으로. 묶어서 쪽 건조. 이렇게 세워 놔뒀다가 그랬다가 그걸 끌어들여 가지고 집 마당에 와 가지고 이제 쌓아 놔뒀다가 그것도 품앗이로 돌아가면서 어느 날은 누구네 하고 어느 날은 누구네 하고, 날 잡아 가지고 새벽부터 떠는 거야. 한두어 시 되도록 새벽부터 저녁 될 때까지. 옛날에는 1시까지는 깨우러 댕겨요. 일꾼을. 밥 먹어라 그러면 에. 새벽 1시죠. 한참 잘 때지 뭐. 그런데 많은 집에는 일을 많이 하니까 8시, 9시, 10까지 일하고 저녁 먹고 쓰러져 자는 거야. 1시 되면 또 깨우러 와. 품앗이니까 안 갈 수도 없잖아. 죽어라 찡그려 가면서. 부모가 애처로워서 깨지는 못해. 그럼 깨우러 온 사람이 악을, 악을 쓰고 그냥 일어나라고. 이렇게 해서 제대로 밥도 제대로 못 먹어요. 깔깔해 가지고. 물을 훌훌 말아서 마시고. 그렇게 1달을 하다 보면 사람이 얼굴이 아주 안됐지. 살이 붙었던 것도 쪽 빠져서 톡 치면 쓰러질 정도로다 그렇게 일을 했어요. 말도 못하지 뭐.

"8시, 9시, 10까지 일하고 저녁 먹고 쓰러져 자는 거야. 1시 되면 깨우러 와. 그렇게 1달을 하다 보면 사람이 얼굴이 아주 안됐지. 살이 붙었던 것도 쪽 빠져서 톡 치면 쓰러질 정도로다 그렇게 일을 했어요."

[탈곡] 그렇지. 발로 눌러 가면서 하는 거니까. 얼마나 힘들어요. 그냥, 그걸 인제 그렇게 한참하고 그러고 나서 한두어 시 돼서 다 턴 것 끝내고. 그리고 털어 놓은 놈 불려서 담아서 이렇게 해 놓으면 그걸 다 처 날라야 돼. 다 똑같이 하는 거예요. 다 똑같이 털고, 1, 2시까지 털고. 가다쓰기 하고. 다 마무리 짓고. 그러고 나서 벼를 떤 거 불려, 깨끗이 바람개비에 불려서 담아요. 담아서 가마에다가.

떤 거니까. 하루에 다 하는 사람도 있고, 마 못하면 그 이튿날 또 떨어야지. 다 마무리 짓고 딴 집에 가서 또.

[벼 베는 시기] 누릇누릇하죠. 노랗게 돼요. 다 군었죠, 알이. 다 직감이 다 나와요. 아 저건 베도 되겠다. 다 군어서 베도 괜찮다 지으면 다 나와요. 보면 베 빌 때 됐다. 아무네껀 베도 넉넉해 하면 이렇게 되면 며칠 후에 벼 비어달라 해서 그것도 품앗이해서. 벼 비기 시작하면 날이 쭉 잡혀요. 같이 돌아가면서 하니까. 날이 돌아가면서 하니까. 만약에 급한 일이 있어서 돈 쓸 일이 있다든지 그러면 아무게네 딸 시집보내는 데 급하대 돈이 급하대 그럼 그 집 며칠날 빈다고 하니까 그거 해 줘. 딸 시집보내는 데 돈 필요한데 그럼 해 주고서 그래 시작이 되는 거예요. 딸 시집보내는 데 먼저 가서 해 줘야지 하자 해서. 90% 익으면 베어요. 고개 숙이고 퍼런 것만 없으면 베어요. [볏단] 말리죠. 노란 건 다. 말리는 거. 그건 적어도 그것도 급하면 그 전에 소로다가 끌어들였어요. 그전에는 소로다가 발채라고 발채에 얹어서 짚을 착착 쌓아 가지고. 50문 그 정도 해 가지고 왔어요.

"아무게네 딸 시집보내는 데 급하대 돈이 급하대 그럼 그 집 며칠날 빈다고 하니까 그거 해 줘. 딸 시집보내는 데 돈 필요한데 그럼 해 주고서 그래 시작이 되는 거예요."

[추석 전에 베는 벼] 그건 시방도 석천벼를 심는 데가 있어요. 몰라벼. 일찍 수확을 해요. 그거밖에 없어요. [송편] 그냥 묵은 쌀로도 하는 거죠. 뭐 그때그때 찧어서 하는 거니까 뭐 맛은 별로 차이가 없어요. 맛은 약간 햅쌀이라고 하면 난데, 그때에 맞을 적이 있고, 안 맞을 적이 있고 그래요. [볏단 말리기] 열흘, 빠른 사람은 열흘 만에 끌어서 터는 사람도 있고, 그렇지 않으면 보름 이상 두는 사람도 있고. 만약에 잘 말랐으면, 만약에 날이 우죽하다고 하면. [비가 오면] 다른 일 젖히고 끌어들이는 거고, 그전에

는 비 와도 비 맞혔어요. 베린 거라고 하는데, 베려 놓으면 비가 와도 별로 젖지가 않아. 겉으로 물이 다 떨어지지. 그래서 한 이사날만 날 좋으면 다 말라. 그랬는데, 그거이 참 희한하더라구. 그거 다 젖을 것 같은데 안 젖고 겉에만 살짝 살짝 젖어. 베에 물이 잘 안 먹는 거죠. 사나흘 있으면 끌어들여서 쌓아 놔뒀다가 떨고. 그렇게 할 수가 있고.

[탈곡 후] 방앗간에 가서 방아도 찧어야죠. 내가 필요한 거만큼 방앗간에 가서 찧어서 쌀로 가져왔죠. 대충 10월 달에나 11월 달, 양력으로. 그때 되면. 추석 때는 가을 추수가 시작이 안 되고, 때에 따라서 이른 벼가 나올 적이 있고. 그때도 시절에 따라서 좀 절기가 빠를 적이 있고 늦을 적이 있기 때문에. 그리고 일른베라는 거는 어려운 사람이 심기 땜에 약간이죠. 저거 한 사람은 만생조. 늦은 거 그런 거 심어서 양력 10월 달이나 11월이 되면 추수해서 떨어서 찧는 거죠. 건조가 잘 됐으면 바로 가서 찧을 수가 있고, 건조가 안 됐으면 멍석 깔고 수분을 맞춰서 찧을 정도 되면 가지고 가서 찧고. 그렇죠. 2~3일 말려야죠. 그러니까 그때 되면 상하지 않으니까. 웬만큼 상할 정도는 지났으니까. 거기서 말리는 건 집에 들어와서 특별히 말릴 게 없고. 쬐끔 일찍 들어온 놈은 덜 말랐으니까 방앗간에서 안 쪄지거든.

"옛날에는 우리 어려서는 절구라고 있어. 절구에다가 그냥 찧고. 그래서 절구 돌개라고 있어요. 방앗간에 가져가면 찧는 삯 줘야지. 농사 적은 사람들은 내 인력으로 찧어서 먹었어요."

옛날에는 우리 어려서는 절구라고 있어. 절구에다가 그냥 찧고. 그래서 절구 돌개라고 있어요. 찧는 돌맹이가 있어요. 돌절구라고. 그렇지 않으면 나무통 절구 이런 데다가 찧어요. 여자들 남자들 품앗이해서 찧고 했어요. 그거 힘들죠. 그래 가지고 절구 없으면 빌려다가 죽 놓고 둘이서 찧는 거여. 그러면 쌀 2가마도 찧고, 가마 반도 찧고. 날라 가도 마당이니까 나중에 쓸어야지. 헤지고 그렇죠. 방앗간 가기 전에. 생겼어도. 방앗간에 가져가면 찧는 삯 줘야지. 농사 적은 사람들은 내 인력으로 찧어서 먹었어요. 그럼. 맷돌에다 타 가지고. 어느 정도 해서 절구질해서. 맷돌에다가 일차 작업을 하고, 돌려가면서 맷돌에다 놓고 하고. 안 넣지. 물 넣으면 까지나? 까불러서. 까불르고 그랬어요. 그래 가지고 없는 사람들은 다 그렇게 해서 먹고 살았어. 왜정 때. 힘들었죠. 여자들이. [방아 찧을 때 부르는 노래] 더러 부르는 사람도 있었는데, 몰라. 우린 안 불렀으니까.

[볏단 처리] 그걸 따로 쌓죠. 마당에 쌓죠. 퇴비할 사람은 퇴비에 더러 넣고. 소 멕이는 사람은 소 멕이고. 시방도 먹여요. 소가 다 먹어요. 아까도 재 얘기를 했는데. 나무 해 올 능력이 없는 사람은 짚을 때서 밥 해 먹고. 아궁지가 있어서 만날 때서. 여자들이 고역이지. 옛날에 그걸로 가마도 짜고 새끼도 꼬고. [짚으로] 가마니도 치고. 매끼도 꼬고. 그럼요. 또 옛날에는 지붕. 새마을 사업으로 스레트(슬레이트)가 됐지, 그전에는 곡초로 다 지었어요. 다 더러 베끼고 한 사람은 몇 사람 안 돼. 이엉 엮어서 지붕 엮는 거. 버릴 게 없죠. 절대 버릴 게 없어요. [지붕 엮기] 대강 12월 달에. [추수 후에] 그러고 나서 바로 이엉 엮어서 하는 거예요. 적어도 한 50마름 60마름씩 엮어야 지붕을 씌워요. 20단 엮은 거의 50~60개 있어야. 엄청 필요하죠. 그러니까 농사짓는 사람은 그거 하고 나면 짚이 얼마 안 남아. 땔감할 사람은 때질 못해. 아까워서. 천상 겨울에 남의 산에 가서 뭐고 가서 나무해서 때야지. 그럼요. 남의 산에 가서 때고. 이렇게 살아요. 아 옛날에 사는 거 말도 못 하지 고

"옛날에 그걸로 가마도 짜고
새끼도 꼬고.
[짚으로] 가마니도 치고.
매끼도 꼬고. 그럼요.
또 옛날에는 지붕.
버릴 게 없죠.
절대 버릴 게 없어요."

"농협은 박정희 시절부터 시작한 거예요. 그전에는 행정단위별로, 면에서 수매했죠. 자꾸만 수매를 축소를 하니까 시방도 예약을 해요."

생. [농사는] 지붕만 해 씌우면 끝나는 거야. 정월에 노는 거지, 가마니 짜고. 가마니 짜서 필요한 사람 주면 돈 생기고. 담배벌이라도 해야 한다고 하는 사람 많아요.

수매는 행정적으로 요새는 수매를 미리 신고를 해요. 봄에 2월이나 3월에 나는 얼마를 수매를 하겠다 하면, 선도금이란 것을 줘요. 선도금을 지금은 한 반쯤 넘겨 주나 봐. 그건 약속이니까 농협 공판장에 공판 일정이 정해지면 그걸 내라고 하면 갖다 바쳐야지. 아니지. 벼로 40kg씩 공판장에 넘겨. 수매 과정은 해방 이후로 오래 됐는데, 왜냐하면 정부 양곡이 그런 식으로 이루어진 것이니까. 농협은 박정희 시절부터 시작한 거예요. 그 전에는 행정단위별로, 면에서 수매했죠. 자꾸만 수매를 축소를 하니까 시방도 예약을 해요. 예약 신고를 하면, 내가 돈 쓰려면 쓰고, 안 쓰려면 그때 낼 수도 있고. 내가 신고한 만큼 받아 주죠. 전량은 안 받아 주죠. 몇 가마이 내에만 해라 그러는 거예요. 한 3년 된 것 같아. RPC[미곡종합처리장]에서. 농협에서 하는 것이야. 거기다 다 출하하면 쌀 가격을 쳐서 통장에 입금시켜 줘요. 보관하려면 보관하고, 자기가 필요할 때 요청하는 대로 금액을 지불하던가 그래요. 팔아 주기도 하고, 보관하기도 하고. 정부에서 받아 주는 것보다는 가격이 떨어지죠.

일제 시대에는 욕심도 없었고, 천수답이고, 비가 와야 농사를 짓고 그러는 시절이라 평당 벼로 서 근[3근], 벼로 서 근. 새마을 이후부터는 너 근[4근]. 그전에는 정부에서 치는 건 두 근[2근] 쳤다고, 지금 너 근. 너 근도 많이 나는 거야. 괜찮긴. 현재 파는 정도로는 그냥 마지못해 파는 것이지. 실제로는 인건비 이런 것 따지면, 다른 물가에 비해서는 아무것도 아니야. 농사는 부채 좀 있는 사람들은 쩔쩔 매. 지금 기계화 시대니까 웬만한 건 위탁하니까 [인건비 등이] 올라가면 올라갔지 안 내려가요.

[우르과이라운드] 문제가 많죠. 정부에서 대책을 세워야 하는데, 직불제라고 해서. 그건데. 그거는 별로 도움이 안 되고, 평당 100원꼴 될까. 넘지 180원 정도는 될 것 같아. 다른 나라에서는 국가에서 다 보호하는 차원에서 하는데, 우리나라는 下죠. 아이들 교육 문제도 그렇고, 보통 심각한 것이 아니죠. 뭐랫말로 노동하는 사람이면 노동을 하지 농사를 안 지어. 농사지어 봤자 지금 주는 것으로는 어림도 없으니까, 차라리 노동을 해서 버는 것이 낫것다.

"뭐랫말로 노동하는 사람이면 노동을 하지 농사를 안 지어. 농사지어 봤자 지금 주는 것으로는 어림도 없으니까, 차라리 노동을 해서 버는 것이 낫것다."

농사짓는 연령은 전부 노령층이 많죠. 2/3가 노령층이고, 젊은 사람은 거의 없어요. 시방 석탄 3리가 농가 호수 46호가 되는데 젊은 사람은 11호 정도더라고. 젊은 사람들도 위탁해서 기계로 다 하니까 붙어 있지, 그렇지 않으면 이 사람들도 나가서 차라리 월급받는 게 낫다 이거야. 가구는 모르고 호수는 46호에요. 나부텀이라도 농기계 있는데, 끌고 나가면 노인네가 뭘 하냐고 그런 실정인데. 어쩔 수 없이 늙은이라도 할 수 있으면 해야지. 웬만한 것은 젊은 사람에게 다 위탁해서 하고 있어.

소 하나 멕이면 소가 제일 어른이야

[소 관리] 소는 천상 그전에 썰어서 곡초를 썰어서 그래서 삶아 먹였죠. 그걸 쇠죽이라고 했지. 일일이 다 줬죠. 3마리든 4마리든. 계속이지. 쑤어서 멕이는 거야. 그러니까

나무도 엄청 들어가지 짚도 엄청 들어가지. 또 그거 깔아 줘야지, 그럼 거름되고. 똥 싸고 하니까. 그거 또 긁어서 퇴비 만들고, 거름이지. 돌아가는 거지. 쇠죽, 하루가 뭐야. 끼마다 쑤어야지. 그렇게 해 내려왔어요. 3끼 다 쒀서 주는데. 쒀 멕여야 돼요. [여름에도] 그럼요. 쒜 먹여야 돼요. 여름에 풀만 먹이면 설사를 하고 병이 나. 그러니까 쒀서 줘야 풀을 먹어도 소화가 되지. 쒀 먹이지 않고 풀만 멕이면 설사를 해서 소 몇 달 잘 멕인 거 헛 먹인 거야. 사람도 설사 한 번 하면 싹 빠지잖아. 짐승도 그래. 밥 달라고 하지 않거든, 그러니까 사람이 소 성질도 알고 다 해서 줘야 하니까. 쒀서 꼭 먹이죠. 넣는 거야 여러 가지 있죠. 볏단 썰어 넣고, 방아를 찧으면 겨가 나와. 거, 매즈미껴[6]는 겉껍데기고 고운 겨는 소 겨고, 그니까 고운 겨는. 매즈미껴는 내뻬리는 거고, 거름용이고. 고운 겨는 소 멕이고. 소, 돼지 멕이는 거야 그게. 또 콩, 콩도 좀 넣어서 주고. 그렇지 않으면 밀농사 지으면 밀도 한줌씩 넣어 준다. 쌀 씻는 뜻물 있죠. 그거 얼마나 좋은지 알아요? 그거 하나 안 내 버려. 소 주고, 뿌연 거. 사람도 그 뜻물 해서 놓으면 또 영양 가치가 있다 이거예요. 사람도 오줌이 잘 안 나오고 저거 할 적에 쌀 뜻물 먹으면 잘 빠진다 이거야. 그런 역할을 하는 거야. 그럼요. 버리는 거 없어요.

"3끼 다 쒀서 주는데. 쒀 멕여야 돼요. [여름에도] 그럼요. 쒜 먹여야 돼요. 여름에 풀만 먹이면 설사를 하고 병이 나. 그러니까 쒀서 줘야 풀을 먹어도 소화가 되지."

그래서 소 하나 멕이면 소가 제일 어른이야. 소한테 매달려야 하니까. 잘 안 먹으면, 소가 잘 안 먹으면 나도 밥맛이 없어, 걱정이 돼 가지고. 옛날에 농촌에는 소가 제일 재산이에요. 그거 해서 쌀 자식 시집보내고 며느리 해 오고. [소] 팔지요. 팔고 큰 재산이래니까. 그러니까 불가피한 처지에는 어쩔 수 없지만. 새끼 키워서 또 하고. 꼭 필요해

6 매조미쌀: 벼를 매통에 갈아서 왕겨만 벗긴 쌀. 여기서는 벼의 겉껍질이라는 뜻으로 말함.

서 파는 데는 어쩔 수 없죠. 농사 짓던 거라도 끌고 나가서 팔아야 돼. A라는 사람 소가 있으면 품앗이 격으로 부리고, 소 대신 일 해 주고. 그렇게 품앗이 해 준 거야. 어느 지방에는 소가 하루 빌려서 하면 둘씩 가서 해 준다고 사람이. 우리 여기서는 1:1이야. 그렇게 하고 그랬어요. 소들이 이제 많은 건 좋고, 적으면 그것도 둘이라도 해 주고 내가 적당한 시기에 해야 될 테니까. 그렇게 하고 그래. 소죽 쑤는 솥이 따로 있죠. …. 그 소는 곡초를 먹어야 소화가 잘 돼요. 크게 하는 사람도 곡초 갖다 그냥 막 줘요. 썰어 주면 더 좋지. 안 썰어 줘도 다 먹어요. 왜 먹고 나서 도로 이렇게 토해 가지고 또 씹어 먹어요. 씹을 만큼 올라와. 되새김질을 해요. 소를 가만히 보면 회금질한다고. 이 담에라도 보라고. 그걸 회금질이라고 한다고. 도로 씹어서 돌린다. 도로 나와서 다시 들어간다. [하루에] 3번 줘야지. 의식은 없어. 소에 대한 의식은 여긴 없었고. 하여간 옛날엔 소 하나 멕이면 소가 어른이야. 신경을 거기다 다 쓰니까. 그게 큰 재산이고. 그랬어요. 큰 돈이 나오죠. 딸 시집보내고, 며느리 받고 그랬는데. 딸이 쇠죽 잘 쒀서 먹이면 그거라도 팔아서 시집보내야지. 그게 큰 밑천이에요. …. 농사 지으면서 뿌듯한 거는 내가 아까 얘기를 했지만, 소 키워 가지고 내 소가 됐다 했을 적에가. 새끼 낳아서 그거 키우니까 이제는 돈 덩어리 나왔다, 기분 좋았죠. 그게 제일 좋았고, 하나라도 목적 달성은 주어진 일에 욕 안 먹게 해 주십사 하는 기도의 심정으로 활동하는 거 그거죠.

"그래서 소 하나 멕이면 소가 제일 어른이야. 소한테 매달려야 하니까. 잘 안 먹으면, 소가 잘 안 먹으면 나도 밥맛이 없어, 걱정이 돼 가지고. 옛날에 농촌에는 소가 제일 재산이에요."

새마을운동 때부터 기술적으로 향상되다

[소출이 많이 늘어난 때] 새마을운동 때부터 기술적으로나 많이 향상되었지. 일제 시대에는 농사지어도 그렇게 노력을 안 했어요. 그때는 비료 관계도 있고 수리 안전답이 아니고 해서

그렇게 열심히 안 했어. 수리시설이 됐다 해도, 자체에서 하는 것이기 때문에 강물을 끌어서 하는 것이기 때문에 비가 안 오면 물이 짜서 끌어들이질 못했죠. 농사짓는 것에 대해서 시방처럼 좋지 않았어. 현재처럼 된 것은 해방되고 1년서부터 수리 시설이 되었고, 그 후 경지정리를 1983년에 동네 안쪽으로 했고. 경지정리는 83년 안에 끝났어. 논 고르고 하고. 새마을 때는 경지정리는 없고, 지붕개량, 스레트 사업한 거고, 정부 지원이 반 정도야. 나머지는 자가 부담이고. 무조건 했죠. 스레트 얹힌 때가 1972년도부터였을 것이야. 지붕하고 농로 확장했어.

"[농로 확장] 동네 자체에서 인력 동원해서 하고, 일부 정부 시책에 의해서도 했고, 그런데 인제 정부 시책에 하는데 땅 들어가는 건 임대료를 하나도 안 줘서 억울하지."

[농로 확장] 동네 자체에서 인력 동원해서 하고, 일부 정부 시책에 의해서도 했고, 그런데 인제 정부 시책에 하는데 땅 들어가는 건 임대료를 하나도 안 줘서 억울하지. 시방까지도 측량을 해야 되거든요, 그냥 방치하고 있지. 정부에서 그건 잘못한 거야. [보상] 안 됐죠. 안 됐는데, 시방 행정적으로 보면 보상이 다 됐다 대답을 하고 있거든, 근데 그럼 땅 들어간 사람도 몰라. 돈 받은 사람도 없고. 누가 와서 물어보는 사람도 없고. 그 땅에 대해서 세금은 그대로 부과하고. 몇 평 들어간 것 얘기하면 감해 준다 하니까. 그런 식으로 하니까 정부에서 절대 잘못하는 거다. 내

땅 들어간 것 없지만, 대의적으로 보면 정부 시책이지만, 그거는 부당한 것이죠. 측량을 해서 정리를 해서 보상도 해 주고, 세금도 감해야 하는데, 얘기하면 재정 얘기나 하고. 대부분이 다 응했어요. 새마을 사업에. 농촌의 순수한 뭐라고 할까 진실된 마음이지. 대의적으로 다 하는 것이니까, 나만이 땅 들어간다고 해야 안 되지 않나, 해서 그대로 응했어요.

경운기를 월부로 구입하다

경운기 여기 나온 것이 75년도서부터. …. [경운기 샀을 때] 그때도 좋았지. 소로 멕이면서 남들 경운기를 사서 부리는 걸 보니까 나도 언제 경운기를 사서 부려 볼까. 그니깐 이제 돈도 없지. 아이들 교육하지~ 겨우 사는 놈이 경운기는 감히 맘도 못 먹었죠. 하천부지 하는데 물을 퍼서 했어요. 남들은 경운기로 와서 거서 장치하고 길이 좁아도 경운기로 하고 논을 갈아도, 나는 소로 하는데 옆에 경운기로 후딱 갈고 가니까, 하니까 무척 부러웠어요. 그러다가 경운기 신청을 해서, 월부 붙는 걸로 경운기 하나 나오니까 그렇게 좋을 수가 없죠. 그러니까 82년도. 82년도에 그랬어요. 여기 경지정리는 83년도에 했거든요. 그때에 사 가지고 정말야, 나도 남과 같이 농사짓게 됐다, 그때 참 기분이 좋았지. 소는 소대로 너는 편안하게 살아라. 그러고 했는데, 경운기가 논 갈고 편할 수가 없어요.

"아이들 교육하지~
겨우 사는 놈이
경운기는 감히 맘도 못 먹었죠.
… 그러다가 경운기 신청을
해서, 월부 붙는 걸로
경운기 하나 나오니까
그렇게 좋을 수가 없죠."

그랬는데 몇 해 하고 보니까 네 발 달린 게 나와, 트랙터가. 경운기는 사람이 걸어가잖아, 이건 자동차 마냥 타고 가는 거. 트랙터가 나와. 운전하는 거 아녜요? 경운기로 하니까 소 몰 때하고 똑같애. 저놈은 자동차처럼 와서 후딱 갈고. 경운기는 쟁기가 하나거든요. 이건 두 개 세 개씩 달린 놈이 와서 하니까 몇 곱절 빠르니깐 이거 소 몰 때처럼 고심이 되는 거라. 경운기도 5~6년 부었죠. 정부에서 보조가 조금 있었어요. 낮은 이자로 그때도 12%였어요. [경운기] 5~6년 부어서 끝났지. 보조가 약간 있었어요. 융자, 12%. 이자 비쌌어요. 근래에 싸지. 그전엔 돈 얻어 쓸래면 12% 돼요. 그것도 등수가 있어요. 담보가 있어야 되고. 제일 이자가 싼 게 아파트 담보야. 그게 8%야. 시방은 또 내려갔지만. 그리고 전부 10% 넘어가요. 농지, 집터 이런 거 담보 해 봐야 그걸 가지고 이자를 매기더라고. 그래서 그걸로 불평을 많이 했죠.

그런데 그래 가지고 해 가지고 이젠 내꺼다. 그래서 괜찮았고, 몇 해 해 보니깐 트랙터가 나오니깐, 운전면허증이 있어야 하나 했는데, 없어도 된대. 근데 남의 기계를 가지고 할 수도 없고, 고장 나면 소리 듣잖아. 몇 해 동안은 힘들어서 못 하겠는 거야. 그래서 트랙터 하는 사람한테 맡겼어요. 4~5년 맡겼어요. 농사를 지었어요. 농사를 지어도 그런 대로 빠지잖아. 근대 처조카가 실패를 해 가지고 농사를 못 져. 기계는 다 있는데, 이양기고 뭐고 다 있는데, 다른 사업한다고 하다가 농사는 내 운명이구나 하고 하면 되는데, 가산까지 파산을 했어요. 갖다 둘 데는 없으니까 처조카 딸인데. 친정이 없고 그러니까 고모한테 의지하고 그러다가 기계 살림까지 우리 집에 다 쌓아 뒀어. … 그게 있는데 그걸 한 4년 전에 판다고 그래. 쓰던 거니까 팔거나 말거나. 저희 돈 아쉬우니까 팔아 쓰겠지 했더니 우리 집 마누라가 우리가 맡자고 펄펄 뛰네. '그거 누가 부려. 당신이 부려. 난 못 부려.' '막내아들 오라고 해야지.' '그래? 마음대로 해, 난 줄 돈도 없고 부릴 자신도 없다.'

군대에 가서 차를 좀 운전을 했어요. 운전 교육을 8주 받아서 면허증 받아서. 군대에서 차를 부렸어요. 경험도 있긴 있지만 그것도 몇 십년 되니까 다 까먹지. 그래도 대충은 다 알어. 그전에는 연료계통, 연금계통 이런 거만 알면 된다 그랬는데, 사실 시방 사람들 운전만 했지, 정비는 못해. 우리는 정비도 겸해서 했어요. 웬만한 거 다 하고, 휘발유 이런 거 무지하게 먹었수다. 충이 없어졌어. 정비하면서 전기 장치 아니면 연료계통이야. 두 군데를 점검할래니까 기름도 먹어야 되고, 전기도 팔딱팔딱 올 때 있고. 그래서 촌충, 회충 같은 게 없어졌어. 기름을 먹으니깐. 그런 경험은 있는데, 아주 무식한 사람과는 다르죠. 그래서 그 군대에서 나온 면허를 다시 봐야 돼. 다시 봤으면 면허증은 유지했을지도 몰라요. 다시 보기 싫으니까 내가 뭐 자동차 사겠냐. 난 농촌에 살면서 무슨 자동차가 필요하겠냐 해서 운전면허를 다시 보면 참고가 된다고 하는데, 안 봤어요. 근데 시방 후회가 되지. 몇 해 전에 트랙터를 마누라가 못 가져가게 했어. 장사꾼이 왔는데도 못 가져가게 했지. 우리가 할 수 없이 맡았어요. 맡아서 한 4백 만원 줬어요. 손질 좀 해 가지고 그때부텀 뭐 어떻게 해. 기계가 있으니. 자동차하고 똑같으니까. 기계를 올렸다 내렸다 그거만 못 했지. 그래서 내가 여태 부리고 있는 거죠. 한 4년 됐어요. 그러니까 얼뚱났죠. 2개 가지고, 쟁기가 2개 있는 사람도 있어요. 그런 사람 옆에서 난 3개니까

"몇 해 전에 트랙터를 마누라가 못 가져가게 했어. 장사꾼이 왔는데도 못 가져가게 했지. 우리가 할 수 없이 맡았어요."

후딱 갈고. 시원하게 갈고 간다 그런 소리 듣는 거죠. 편안하고 그렇게 사는 건데, 애들 오면 귀찮게 안 하던 거 하라고 할 수도 없고, 가급적으로 내가 하는 거죠. 아직은 할 자신은 있으니까.

자식들 교육시키며 빚을 지다

대학교 나오고 그럴 적에 어렵지. 그때가 고빈데. 딸 둘 가르치고 아들 셋 대학교 가르칠 때 고생했지. 차별이 아니라, 어떻게 할 수가 없지. 지들도 아니까 상과 나오고 그래서 회사 가고 그랬지. 저희들이 가서 잘하니까 돈 푼이라도 모으니까 부모 생각해서 용돈이라도 보내고. 막내딸은 20만 원씩 보내고, 그래서 적금하고 있어요. 언젠가 필요하다고 하면 천만 원, 2천만 원이라도 이렇게 하고. 서로 그렇게 의지하고 사는 거지요. 이렇게 먹고 살면 됐지 뭘 욕심도 안 부리고 순탄하게 지내는 게.

"그때는 빚 졌지. 농협 돈. 아무래도 80년대가 제일 힘들었지. 80년도부터 하여간 80년부터 90년 사이가 제일 어려웠어. 아주 그때가 제일 생활에 쪼달렸지. 그래서 내외가 힘들었지."

그때는 빚 졌지. 농협 돈. 아무래도 80년대가 제일 힘들었지. 80년도부터 하여간 80년부터 90년 사이가 제일 어려웠어. 아주 그때가 제일 생활에 쪼달렸지. 그래서 우리 내외가 힘들었지. 그럼 다 이제 [갚았지]. 그래가지고 90년대가 빚 좀 갚고, 90년대에 한 2~3년 동안 갚고, 또 저축해서 이 집 짓고, 큰 아들이 한 3천만 원 보내 줘서 그래서 집을 진 거예요. 걔도 벌고 저축해서 보탠 건 좀 결혼한 거는 비용은 걔가 번 것 있으니까. 고생을 해서 살아오는 과정을 다 보고 해서 돈을 쉽게 쓰질 않아요. 낭비하지 않고. 결혼해서 저거 할 적에 돈을 조금 얻어서 전세방 얻어서. 전세방으로 시작해서 시방은 외래 우리보다 부자야.

즈들이 잘하니까. 뭐 도와주는 거 없어요. 난 농사져도 안 주고, 원래 가정교육이라고 할까 방침이, '너희가 따로 사는 이상에는 너희 자체로 해결하고, 너희가 직장에 나가면 봉사가 아니잖냐? 월급이란 게 의미가 뭐냐, 너희 살라고 주는 거지, 너희들이 해결하다 못하면, 죽을 먹어도 내가 같이 먹을 자신 있으니까. 식구들 거느리면서 제대로 부양 못 할 거면 부모랑 같이 사는 거다.' 애들이 전부 손 벌리고 하진 않죠. 언제든지 시방도 자식들 손주들 있어도 남한테 손가락 받을 짓 하지 말아라. 법도 정의에서는 참 필요 없다는 주장을 하고 사니까. 모르죠 앞으로, 맘으로 돌아가면 나쁜 짓 할지도 모르지만, 정의로워야지. 선생으로서 말을 함부로 한다던가, 욕심 부리고 이런 건 교직자가 아니다.

"뭐 도와주는 거 없어요. 난 농사져도 안 주고, 원래 가정 교육이라고 할까 방침이, '너희가 따로 사는 이상에는 너희 자체로 해결하고.'"

이런 걸 내가 주장을 많이 해요. 동생들도 나눠 주고, 그래서 농사가 많이 줄어들은 거죠. 그때는 부모가 맘 잡순 대로 다만 얼마라도 분배해 주신 거지, 서로간에 시방 모냥으로 어디 껀 나꺼다 이런 건 없었어요. 부모가 그건 너네 몫으로 가지고 농사짓던지 팔아서 딴 걸 하든지 하라 그랬죠. 그니까 물론 조금 낫게 생각은 하셨겠지. 집도 지니고 있고. 지금 생각하면 전에 그 노력한 거에 의하면 더 이상 가게 할 수도 있고 그런 거예요. 부모의 명에 따라서 순종한 거. 부모님께 다 위임하고. 서울에 있는 집도 원래가 내가 다 했지만 부모가 계시니까 부모의 기쁨을 드리기 위해서 부모 앞으로 해 드렸죠. 생활에 지장을 주는 건 아니니까 그대로 유지해라. 어디까지나 할아버지 명의로 놔두되, 할아버지가 살아 계신 대로 그냥 놔두고 있어요.

유산분배 시방은 할 생각 없다

"앞으로 나가 시방 생각하고 있기로는 죽을 때까지 재산은 우선 자식들한테 주겄다 하는 마음은 없고"

[유산분배] 앞으로 나가 시방 생각하고 있기로는 죽을 때까지 재산은 우선 자식들한테 주겄다 하는 마음은 없고 죽을 때까지 유지하고, 내가 먼저 죽건 마누라가 먼저 죽건, 내가 먼저 죽으면 마누라가 유지하고, 왜냐하면 저들이 궁하다고 하면 좀 어떤 거라도 한군데 줬으면 하겠지만 그렇지는 않으니까, 시방은 자식들한테 분배할 생각은 없어요.

부모가 가진 게 있어야 열 번에 한 번이라도 더 온다 이거야. 가족간에 왕래가 있고 대화가 있어야 하는데, 오지 않고 등한하고 그러면 사람 사는 가치가 없다. 시방도 이런 때 있으면 무조건 내려오라고 그래. 농사일도 거들게. 그런 거 저런 거 안 시키면 울 어무니, 아부지는 일 하시거나 말거나 하고, 서로 정이 흐르지 않는다고. 며느리들도 다 오라고 한다고. 이렇게 하고 있어요. 물론 좀 구찮은 기도 있겠지(귀찮기도 하겠지). 그러나 부모가 있으니까, 며느리들도 부모가 살아 계시니까. 오면 배우면 배웠지. 모순된 건 없지. 조카며느리들도 때 되면 다 와요.

자식 키울 때 제일 힘들었던 이야기

그땐 어려우니까 용돈 제대로 주지 못했어요. 책 산다고 그러면 책값이나 좀 주고. 다~ 그렇잖아, 2만 원 달래면 기껏해야 1만 원이나 주고 그랬다구. 우리 아이 얘길 하면 좀 기가 막히지. 큰 아이가 공부를 잘했어요. 성남 고등학교 여기선 거기 들어간 사람 별반 없어요. 갔다가 거진 뭐. 중학교서부터 고등학교 갈 때까지 공부를 잘하니까 계속 열반,[7] 그땐 열반이 있었어. 열반이라고 특수반이 따로 있었어요. 근데 그런데 고모들 틈바구니에 있고, 할머니 할아버지 앞에 있다 보니까 나름대로 신경 쓰는 부분이 있었지. 여자 남자 다르니 그러나 동생들은 그놈이 장자니까 끔찍이 여겼고, 용돈도 좀 주고 그랬지. 뭐 한 건 한 거구. 다 같이 살았지. 거기[독산동] 60년도, 그러니까 65년부터 자리잡았어요. 일찍 잡았어요. 그래 가지고 집을 자작 짓고. 부모님이 원하시는 거니까. 자식으로서 부모 원하는 걸 만분지일이래도 세우지 못한다는 건 도리가 아니거든. 부모의 원을 다소나마 해야겠다 마음을 먹어서 했는데~ 해서 공부를 하다가 이상하게 열반에서 처졌어. 그래 갈등이 생겨 가지고 이놈이 그냥 공부하기 다 틀렸다 해 가지고 이탈을 해 버렸잖아. 놀아 버리긴, 놀아 버리면 괜찮지. 행방불명이 돼 버렸지. 가출을 해 버렸지 고3이지. 한창 대학교 준비할 때 아녜요. 그래 가지고 내가 가서 찾아왔어요.

"이놈이 그냥 공부하기 다 틀렸다 해 가지고 이탈을 해 버렸잖아."

우리 집 마누라하고. 대천바다에 가서 찾아왔어. 며칠을 울고불고, 우리 마누라가. 자식이 그렇게 되니까. 어떻게

7 여기에서 구술자가 말하는 '열반(劣班)'은 내용상 모두 '우반(優班)'을 의미함.

돼서 애가 집을 나갔느냐, 고모들 등쌀에 나가지 않았냐 해서. 그런 일이 있는지 없는지 몰라도 그렇게 생각을 하고 그냥 울고불고해서 갔는데, 어디 갔는질 알아야지. 사흘 나흘이 되도 소식도 없고. 우리 아버지도 실신하시다시피 했어. 그나마 그놈 하나 잘 키워서 사람 만들어 볼까 했는데, 내심 그랬는데 말도 못 하셨어. 말도 안 하셨어. 내가 잘못해서 그런가 보다. 책임은 전부다 당신이 진다고 내가 데리고 있으면서 내가. 그 속은 얼마나 저거 하냐구. 말도 못하지. 그러니깐. 난 여기 있고. 걔에 대해선 모르지. 그래서 닷새 만에 편지가 하나 날라 왔더라구. 날라 왔는데 그냥 사유를 썼는데 엉엉 울었어. 보고. 뭐 고모 갈등 그런 건 없고, 이제 지가 공부를 못해서 무슨 신경을 쓰다 보니까 공부를 못해서 친구들 뵈기도 뭐하고. 죽기 아니면 살기로 말을 하더라구. 이 세상 사람으로 생각지 말고 아주 액자로다 표현했더라구. 애물단지로. 그러면서 죽을 걸 결심하고 이제 썼더라구. 그러니까 뭐야 발신지도 쓰질 않았고. 그냥 여기 주소만 쓰고. 이렇게 해서 저희 어머니 생각은 한 거야. 이랬거나 저랬거나 어머니를 못 봐서 어떻게 되더라도 어머니나 보고 말이나 해 보고 없어져도 없어지는데. 그것도 포기했습니다 그러고 했는데, 아주 죽을 생각을 하고 갔더라구. 눈이 어두워서 뵈기나 해요. 내가 가까스로 보는데, 눈물이 가려서 볼 수도 없더라구. 그렇게 말을 썼더라구. 특별한 사유는 안 하고. 그런 얘기를 했으니까 신경을 쓰다 그랬으니까. 학교들 가야 동료들 보기도 그렇고 이런 처신에서 도저히 더 이상 저걸 못 하겠다. 여태까지 애물로다가 저거 했다 하면서 없어지는 얘기야. 밤새도록 울고 4시에 일어나 나간 거예요. 나가서

"사흘 나흘이 되도
소식도 없고.
우리 아버지도
실신하시다시피 했어."

차가 있으니까 첫 차를 물어보니까 5시 40분인가 이렇게 있어요.

그러니까 그때가 언제냐면 베 벼서 훑을 때야. 시험 볼 때예요, 고비예요. 그걸 끝나야 대학교 갈 판인데. 이젠 새끼 하나 버렸다 이렇게 생각을 하고 그랬어요. 고걸 편지를 보니까는 도장 찍은 게 있더라구. 우체국 소인이 있더라구. 대천이더라구. 그래서 어쨌든 편지를 받았으니까 가 보자. 대천 근방에 가면 되겠다 해 가지고 여기서 아침 첫 차로다 간 거예요. 공주를 가니까 그때 조반 먹기 시작하는 거야. 그래서 그렇거나 저렇거나 시장하니까 입질이라도 하고 가자 그러니깐 못 먹겠다는 거지. 자식은 나가서 지금 굶었는지 며칠 먹었는지 안 먹었는지도 모르는데 못 먹겠다 하는 거지. 돈도 한 푼 없이 나간 거지. 용돈이래도 줬을까 했더니 돈도 한 푼 없는 상태에서 나갔다 그러더라구. 어머니 아버지가 같이 있어서 용돈이라도 줬을 줄 알았는데 한 푼도 안 줬다는 거야. 번쩍번쩍해야 얻어먹기라도 하지, 그렇지도 못한 거고. 먹고 가자니까 무슨 뭐이 넘어가겠다고 먹겠냐구 싫다 그거야. 그래 그냥 가자 해서 대천을 채 못 미쳐서 더듬어 가자고 해서 한 정거장 앞에서 내린 거예요. 걸어서 찾아가자. 이럭하고 가는 거예요. 학생은 다 내 자식 같애. 여기 가나 저기 가나 책가방 끼고 가는 거 보면 내 자식 같아. 환장하는 거야. 그래서 가 가지고 역전을 쪼금 비켜서서 이렇게 물어본다고 안엘 들어갔어요. 안엘 들어가는데 보니까 그쪽은 대문이 없잖아. 안에 들어갔는데 학생이 하나가 베를 훑고 있더라구. 이렇게 쌓아논 데다가 베를 훑고 있더라구. 저놈이 우리 아이 같애, 맘속에. 역에서 걸어서 한참 걸어 가지고 웬

"대천을 채 못 미쳐서 더듬어 가자고 해서 한 정거장 앞에서 내린 거예요. 학생은 다 내 자식 같애. 여기 가나 저기 가나 책가방 끼고 가는 거 보면 내 자식 같아. 환장하는 거야."

집에 물어본다고 들어가다 보니까, 이런 앞마당이 있는데, 식구들이 모두 모여서 벼를 훑고 있어. 학생 모자를 쓴 놈이 잔뜩 수그리고 훑고 있어. 저 새끼 아냐 그랬더니, 먼데서 살펴보니 글쎄, 글쎄, 이왕 왔으니 물어나 보자. 말씀 좀 물어봅시다, 주인이 네 그러세요, 뭘 물어보십니까 하니까, 이놈이 낌새 치고 도망칠려고 그래. 아 저놈이 '야 임마 광용아!' 거기서 꼼짝 못하지. 거기서 붙잡은 거야.

그 주인 얘기가 어저께부터 어디 간다는 걸 붙잡았단 말이야. 저것 좀 조역해 달라 해서 그걸 훑는다 이거야. 아주 잘 오셨다고 어떻게 때가 맞았다고. 안 그랬으면 어디로 갔을 거라구. 어디 가는 데도 없고 가다가 맘먹은 대로 죽고, '그냥 나 인생은 끝난 인생인데요,' 자꾸 이런 소리를 하더래. 그러지 말고 나도 바쁘니까 조역을 해다오. 사정을 해서 밤새도록 물어보니까 농촌서 태어나서 도시 와 있다가 공부하고 이런 얘기를 하더래. 들어 보니까 아버지 어머니도 있고, 할아버지 할머니까지 다 있더라 그거야. 다 갖춰 있는 사람인데 조끔 잘못해서 그랬구나 해서 붙들어 놓고 있다고. 아주 잘 오셨다고, 때맞춰서. 그래서 붙잡아 왔어요. 아무 소리도 안 했지. 거기서 '참 만나길 잘 만났다. 이 새끼야 어딜 가더라도 에미, 애비가 자식 있는 데를 가게 돼 있어.' 대천서 기어 올라오다가 안 되겠다 싶으면 일을 저질러도 저지를 판이야. 저희 어머니는 붙들고 울고, 저도 눈물을 흘리더라구. 나도 눈물이 흘려지더라구. 혼도 안 내고 그냥 칭찬을 해 주고, 도망갈까 봐, '너 공부 더 얼마나 더 할 거냐 말이야, 공부하기 바라지 않는다, 시방 고만둬도 니 학벌이면 충분히 하니까 하고 싶은 거 다 하게끔 해 줄 테니까, 걱정 말고 학교를 그

"나도 바쁘니까 조역을 해다오.
사정을 해서 밤새도록
물어보니까
농촌서 태어나서
도시 와 있다가
공부하고 이런 얘기를 하더래."

만큼만 다녀도 간판은 되니깐, 대학교 공부 다 포기하고 올라가자. 할머니, 할아버지가 시방 누워 계시니까, 봐야 되지 않냐, 너 어떻게 키웠냐, 할머니, 할아버지 생각해서도 그렇고, 어머니 한 순갈 밥도 안 먹고 울면서 왔어. 어머니 생각하고, 할머니, 할아버지 생각하고. 고모들이 잘하든 못 하든 용돈도 주고 그랬는데, 너만 생각하면 어떡하냐. 사람을 다 미치광이 만들 거냐 그러니깐, 그러니깐 공부해서 크게 될 생각도 안 하고 그러니까 일만 안 저질르면 돼. 아무 생각하지 마라, 맘 비워라' 그러고 데리고 왔어요.

데려왔는데 친구 애들이 전화를 걸고 그러는데, 친구들은 다 서울대학교 나왔어. 고등학교 시절에 친구들이 와가지고 방이 하나 있는데, 방에다가 문을 걸어놨더니 거기서 줴 패는 거야. '이 새끼 그런 줄 몰랐더니 할아버지, 할머니 망신시키고, 어머니, 아버지 미치게 만들고, 행동을 한단 말야. 정신머리 나쁘니까 고쳐야 된다' 고 두드려 패는 거야. 끽 소리 못하고 맞았지. '이 새끼 정신 차릴 거야, 말 꺼야, 우리가 너 지킬 거다' 그러고 밤 3시까지 그 지랄하더니 가더라구. 그래도 맘에 안 놓이니깐, 꼭 곁에서 붙어서 잤어요. 학교를 아버님이 학교 가서 사정 얘기를 해놨지. 일주일 만에 찾아온 거야. 아버님이 가셔서 불원간 올 거니까 좀 잘 좀 설득해 줘야지 어떻하냐고. 사정을 해서 담임 만나서 사정하고 그렇게 해서 담임이 할아버지까지 오셔서 이런 말씀을 하시니 어떻게 말을 안 듣겠냐고, 걱정 마시라고, 걱정 마시라고 말 듣겠다고. 학교를 꼬박 1주일 빠졌더라고, 그러다 보니 2주를 빠졌어요. 학교를 가서 학교를 가라고 그럴 수가 없더라구. 그냥 두는 거지. 1주일 또 돼서, 2주 되는데 학교 가서 선생님하고 고만둬야겠습니다[그만두어야겠습니다] 인사라도 하고 와야겠지 않느냐, 살살 꾀었어요. 아무 소리도 안 하고 있어. 가자, 내일 가자, 일단 나도 몇 번 가 봤지만 선생님도 훌륭하시더라. 인사나 하고 오자. 할 수 없이 끌려갔지. 가도 빈 가방이라도 들고 가야 된다 해서 넌 학생이야 해서 내가 들고 갔지. 선생이 참 잘 왔다고. 반겨 주고, 그냥 학생들 친구 애들이 광령이 왔다고 얼싸안고. 그래도 낯이 안 풀려. 그래서 인사만 하고 왔는데, 선생이 그러더라구. 천상 학부모님이 노력을 하셔야지, 재 시방 마음이 공중에 떴으니까 학교 얘기는 하지 말고 왔다만 가셨으니깐, 천상 부모님이 신경 쓰셔야지 어떡합니까 해서 내가 2달을 같이 댕겼어.

"2주 되는데 학교 가서 선생님하고 고만둬야겠습니다 인사라도 하고 와야겠지 않느냐, 살살 꾀었어요."

"[그때가] 제일 불안했죠. 큰놈이고, 아직까지도 뭐니 뭐니 해도 같이는 안 살아도 큰놈을 위주로 해서 뭐든지 생각을 많이 하죠."

시험 볼 때까지 내가 가니까 안 따라갈 수 없잖아. 내가 가방을 들고. 2달 된 다음에 가방을 니가 들고 가. 가서 교실에 같이 앉았어요, 변소에 간다고 튀면 어떻게 그래서 변소에 가도 같이 가고. 그래서 학교를 참 이렇게 저렇게 됐는데, 그래도 제깐에 졸업도 되니까 책을 들여다봅디다, 들여다 보니까, 열반에 제껴진 놈을 열반(우반)으로 도로 원대복귀 시킬래니까 안 된대요. 이미 꽉 짜져 있기 때문에 누구를 빼내냐 이거야. 누굴 빼내면 걔도 그렇게 된다고 열반이 나쁘더라구. 그래 가지고 이제 열반 복귀가 안 되니까 선생이 걱정 마세요, 그거 이상 가게 지도를 할 테니까 걱정 마세요 그래. 선생 말만 듣고 했는데, 말에 가선 책을 들여다봐. '아버지 안 가도 되갔나?' '아버지 가지 마세요.' '인제. 너가 가갔어? 너 혼자 가라. 갔다 와. 책 들고 가라. 할아버지 걱정하셔.' 내 뒤따라 갔다구. 버스에서 내리면 한참 걸어가요. 성남 고등학교 갈려면 고개 하나 넘어가요. 옷도 딴 거 입고. 거기서 멀쩡히 나올 때까지 있다가 오고 그랬어요.

나중에 그래도 예비고사 본다고 그래서 다행이다 그러고. 우리 아버님도 그래도 공부한 기틀이 있어서 그러는구나. 그러더니 예비고사 합격이 됐어. 그래서 할 도리는 하는구나. 예비고사 합격이면 아무 대학이나 가는구나 했어. 떡 하니 이게 어디를 지원했냐 하면 서울대를 지원했어. 선생이 좀 낮은 데로 쓰라고 했는데, 못 가더래도 해본다 하고 했는데, 낙방했어요. …. 1년 더 공부를 해야겠잖아, 전반기 후반기 다 떨어졌으니까. 1년 더하고 자꾸 급수가 높은 대로 하니까 얕춰라, 얕춰라 해서 동국대 국문학과를 간 거야. 거기선 1등을 했죠. 그래서 교편을 잡을 수 있고 저거하다고 그래.

…. [그때가] 제일 불안했죠. 큰놈이고. 아직까지도 뭐니 뭐니 해도 같이는 안 살아도 큰놈을 위주로 해서 뭐든지 생각을 많이 하죠. 아직도 그때는 더 했죠. 그놈 잘되야 된다고 하고, 말 한마디라도 잘해야 한다고 그러고. 말이라도 지원을 하고 그럴 판인데 얼마나 속상해요. 그렇게 해서 사람을 겨우 구슬렸지.

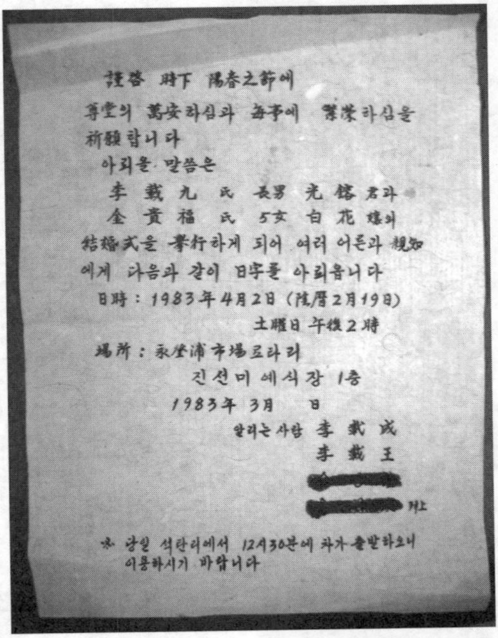
謹啓 貴下 陽春之節에
尊堂의 萬安하심과 每事에 繁榮하심을
祈願합니다
아뢰올 말씀은
李 載 九 氏 長男 光 鎔 君과
金 貴 福 氏 5女 白 花 孃의
結婚式을 擧行하게 되어 여러 어른과 親知
에게 다음과 같이 日字를 아뢰옵니다
日時 : 1983年 4月 2日 (陰曆 2月 19日)
土曜日 午後 2時
場所 : 永登浦市場로타리
진선미 예식장 1층
1983年 3月 日
알리는 사람 李 載 成
李 載 王
[redacted] 拜上
※ 당일 석란리에서 12시30분에 차가 출발하오니
이용하시기 바랍니다

▲ 1983년 장남 이광용의 결혼 청접장

선거위원으로 활동하다

선거도 내가 한 10여 년 선거위원으로다가. 이 박사 시절에도 했고, 박정희 시절에도. 공화당 시절이고, 자유당 시절, 그때 했죠. 선거위원장도 3 · 15[8] 부정 선거할 때 그 전에도 했어요. 그전서부터 선거에 개입해 가지고. 박정희가 저기지 이승만. 그때(30대). 정확하게 [기억] 안 나지. 그 전서부텀 선거에 개입해 가지고. 제대하고 나서. 그때가 27세에 아마 제대했을 거예요. 30세쯤부터 그래서 그러다가 여기 투표구라고 있어. 투표선거관리위원장이라고. 책임자로다 해서 그것도 10여 년 이상 했죠. 그것도 아마 [박정희] 그때죠. 전두환이 시절까지 했는데, 영 사표를 내도 사표를 안 받아 줘. 공직에 있는 사람도 안 되고, 무슨 저거 하는 사람도 안 되고 그래요. 그런데 난 그만하고 젊은 사람한테 넘겨줘야겠다 했는데 안 돼서 할 수 없이 여기 있으면서 퇴거를 했죠. 1년 만에 싹 갈아진 다음에 왔지. 그랬더니 또 해야 된대. 또 간다고, 그래서 고만둔 거예요.

"선거도 내가 한 10여 년 선거위원으로다가."

10년이면 강산이 변한다고 10여 년 했으면 딴 사람도 해야 되는데, 행정에서 고집을 부려서. 돈은 일당 나와요. 선거 종사원이라고 해서 일당 나온다고. 일당이래야 술 한 잔 먹는 거지. 혼탁도 했죠. 자유당 시절에는 혼탁도 했고. 좀 지나간 거지만 이 박사 당선시키기 위해서 야당들, 형사들이 감싸고. 투표하는 과정에서 공개 투표를 했잖아. 그런 거 어딘가 나왔을 거야. 3인조를 해서 서로 누구 찍었다 알게끔. 공개 투표를 했다고. 자유당 시절에 그랬지.

8 1960년 3월 15일 자유당 정부에 의해 부정으로 실시된 제4대 정 · 부통령 선거. 4 · 19 혁명을 촉발시킨 계기가 됨.

약간 좀 적극성을 띠었지. 이렇게 순리 해 가지고는 안 된다고. 그래 가지고 만약에 그때 시절에는 야당은 이 관에서도 감시를 했다고. 자손이 공직에 있으면 물러나야 돼. 아버지가 야당이면 여당, 야당 아니여, 아버지가 야당이면 아들이 공직에 가 있어도 저절로 물러나거나 안 물러나도 물러나게 하거든. 진급을 안 시키니까. 아 후계자가 과장으로 가 봐요. 아랫사람이 시키고 그러니까 아니꼽잖아. 그땐 그 시절이었고. 사상범으로까지 취급했어요. 말 안 듣는다고 해 가지고. 여기도 있지. 권○옥(생존, 서울 거주)이라고 있지. 그 사람의 아버지가 야당이었어요 그때 당시. 권○규(작고)라고. 그 아들이 공무원인데, 마포에서 살면서 마포구청에 있드랬는데, 결국엔 그랬었는데, 아버지한테 사정을 해도 '너는 너고 나는 나다. 니가 잘하면 니 맘먹은 대로 그럴 텐데 왜 날 파냐.' 형사들이 와 가지고 조사를 해서 아들이 어디 근무하고 하는 걸 다 조사를 하거든. 형사들이 해 올려요. 그게 가면 찍어 놔뒀다가 진급할 것도 저쳐 놓고 딴 사람 시키고 하니까 화가 나잖아. 아들 말도 안 들어 주잖아. 끈질기게 붙어 있다가 제대한 거지. 퇴직했죠. 못 올라갔지. 진급은 못했지. 그런 사람이 여기 있어요.

"만약에 그때 시절에는 야당은 이 관에서도 감시를 했다고. 자손이 공직에 있으면 물러나야 돼."

50대부터 건강이 악화되다

나야 뭐 한 50대까지 애들 교육시켜 가면서 많이 못 했죠. 재산은 많이 증식은 못 하고 겨우 먹고 사는 거나 하면 되갔다 해서 맘먹고 욕심도 안 부렸어요. 애들한테 투자

▲ 게이트볼 대회에 참석하여 동료들과 함께

"한 50대서부터는 내가 몸이 곤해서 일도 많이 못 했어요. 그래서 병원생활도 많이 하고 내가 게이트볼 시작한 것도 50대 후반기에 했어요."

하는 게 우선이다. 애들 교육시키고. 시방은 누구한테 손은 안 벌리니까. 한 50대서부터는 내가 몸이 곤해서 일도 많이 못 했어요. 병원생활도 많이 했죠. 위궤양으로 뭘 먹질 못했어요. 그래서 병원생활도 많이 하고.

내가 게이트볼 시작한 것도 50대 후반기에 했어요. 그걸로 운동이나 해서 회복이나 될까 해서 했는데, 효과 많이 봤죠. 대표로 선수대표로도 많이 활동했고, 김포시 대표로 각지 다 댕기면서 시합 많이 하고, 우승도 많이 했어요. 음 58세부터 그렇게 했고. 아주 일찍 시작했죠, 운동. 그래서 약도 많이 먹고, 병원에도 무척 가고. 어떤 때 위경련도 많이 나고 해서 병원에도 많이 가고 그랬어요. 인제 운동하고, 그리고 나서 악화돼 가지고 병이 이상하게 경련이 일어났는지 꼼짝 못했어. 활동을 못 할 정도로 한

7~8년 전에 병원에 갔죠. 위경련인 줄 알았더니 맹장이래. 젊은 사람 의산데, '맹장이 뭐요, 위로해서 여태 고생을 하고 밥도 못 먹고, 죽을 먹고 하는데, 위장약 아주 떠나지 않고 먹는다' 니까, '위장은 괜찮으신데 맹장이에요.' 추석 때 걸렸지 뭐야. 내일이 추석이면 오늘 그래서 야단이 났지. …. 그래서 맹장 수술을 했는데, 맹장이 불어서 터졌어. 터지면 터진 대로 오물이 쪼금씩 나오면 복막염이래. 동생들이 확실히 봤대요. 터져 가지고 노란 고름이 나오는 걸 봤대요. 형님 수술 받길 잘 했다구. 그때부터 속 아픈 걸 몰라. 그래서 오늘날까지 운동하고 이렇게 댕기는데 지장받거나 한 건 없어요.

노인회장직과 종친회 일을 맡다

노인회장은 내가 회장으로 들어서기는 2000년서부터. 노인회장 하는 것도 58살부터 노인회를 봤어요. 총무. 총무로 그냥 발탁돼 가지고 총무로 한참 오래 있었죠. 10년 이상을 그렇게 해서 많이 활성화시키고 해서 결국에 한 십년 한 사람이 있어요. 그분이 잘못해 가지고 떨치는 바람에 내가. 석탄 3리 노인회장. 전주 이씨 덕홍 부원군 부회장도 시방 십년이 넘었어요. 한 63세부터 10년 전서부터. 고때서부텀 계속 하는 거죠.

아버지는 부회장으로 계셨다가 회장으로 17년 동안 하셨고, 하는 바람에 그 종친 관계도 우리 집에서 종친 조직을 했어요. 경상도, 전라도 각지 종친들이 사흘 동안 우리 집에서 묵어가면서 의논을 하시느라고 30~40명을 다 먹

"경상도, 전라도 각지 종친들이 사흘 동안 우리 집에서 묵어 가면서 의논을 하시느라고 30~40명을 다 먹이느라고 그때는 독산동에 살았는데 우리 마누라 고생 많이 했다구."

▲ 종친회 제사에 참석하여

이느라고 그때는 독산동에 살았는데 우리 마누라 고생 많이 했다구. 거기서 살 적에 했는데, 어떤 때는 국수 삶아내고, 아침, 저녁은 밥 해내고, 반찬도 있는 대로 몇 개 장만해서 그 여러 사람 동네 일가 되는 사람도 와서 조역을 했죠. 했기 때문에 하나서부터 열까지 나 외에 잘 아는 사람이 없지. 덕흥 대원군 자손들이 수만 명인데도 처음서부터 오늘날까지 현황은 내 외에는 아는 사람이 없죠. 만약에 그전의 얘기를 했다가는 나한테 아주 혼나지. 전국이에요. 우리 종파 일은 전국 경향각지에서 다 오셨으니까, 노인네들이. 진성군파 회장? 진성군파는 小派. 소종중도 계속 해요. 10여 년 됐어요. 김포시 종친회가 있어요. 거기에 내가 부원장이지. 그것도 10여 년 넘었어요. 날더러 회장하라는 걸 내가 안 해요. 거 할려면 내가 맨날 시에 가 있어야 되거든, 사무실이 있으니까. 내가 개인적인 생활을 못 한다 해서. 회장님이나 부회장을 맡은 때는 63세 내외로 한꺼번에 하게 됐다. 그런 쪽에 관심을 가지면서 하게 되었다.

환갑 때 일가를 찾아 울산을 가다

[환갑, 진갑] 안 했어요. 하지만, 이제 왜냐면 그때 당시도 뭐야 아버님도 계셨고, 그런데, 계신 게 아니지. 계신 게 아니고 환갑 때에 난 생일 같은 거 관심이 없거든요, 워낙 어렵게 살던 사람이 그런 거 찾아먹느냐 해서. 그때에 환갑 때 어딜 갔어. 말하자면 도망간 거지. 그러니까 그냥 저 울산 내려갔어. 일부러. 겸사해서 갔죠. 겸사해서 그것도 우리 아버님이 원하시는 게 있기 때문에, 그것도 달성할 겸.

일가 찾는 거. 우리가 여기서 고적하게 사는데, 우리 작은 집 일가가 그러니까 임진왜란 이후 행방불명이 돼 가지고 그걸 어떻게든지 우리가 왕족이다 보니까 몰려 가지고, 광해군 시절에 몰려 가지고 전부 어떻게서든 살려고 뿔뿔이 흩어진 거야. 5형제가 헤어진 거야. 임진왜란, 광해군 시절에. 선조대왕 시절에. 웃대죠. 그래서 1400년대는 아니고 광해군 시절이니까 아주 옛날이지. 일가들이 틀림없이 한국에는 살고 있을 것이다. 골짜구[골짜기]든지. 족보를 우리 아버님이 서둘러서 내셨는데, 그 일가가 나왔는데 주소가 안 백혔어. 수단이라고 해서 모집하는 사람이 있는데, 대강 얘기를 들으니까 울산에 사는데 그 일가가 아닌지 모르겠수다 해 가지고 그 양반[아버님]이 가신

"일가들이 틀림없이 한국에는 살고 있을 것이다. 골짜구든지. 족보를 우리 아버님이 서둘러서 내셨는데, 그 일가가 나왔는데 주소가 안 백혔어."

다고 하면 병환이 나, 위장병이 있어 가지고 못 가셨어요. 결국엔 만날 앉으시면 그 말씀 하시다가 한을 말씀하시다가 돌아가셨기 때문에.

울산이 어떻게 생긴 덴가 그래 가지고 내가 그러다가 나이 육십 먹어서 거길 간 거예요. 이름만 적어 가지고. 울산에 갔어요. 그래서 인제 찾아 가지고 이제 간 거야. 갔는데 그러니까 남대문에 가서 김 서방 찾는 식이야. …. 이름만 적어 가서, 면만 적어서 하성면 이렇게 적어 가지고 가서 이가(李家)만 찾는 거지. 이가를 찾았는데, 여기서 울산을 갔는데, 어두워서 여관에 가서 자고, 아침에 댕기는데. 나이 살이나 먹은 사람한테 묻는 거죠. 요행히 아는 사람을 만났어. 아무개 그분인가 본대. 도대체 어디 사는지 알려 주십시오, 두 번 버스를 타고 가래. 적어서 아침에 일찍 갔어요. 그 사람을 찾았어. 얘기를 하니까 구십 먹은 어머니가 계시더라구. 어머니가 그 양반이 나오시질 않고 안에서 얘기를 하고 그러니까 일가들이 댕기면 협잡질을 많이 해서 일가를 와도 일가로 대하질 않고, 협잡꾼으로 생각을 하더라구. 장사꾼으로 생각하더라구. 겨우 사는 집이더라구. 울타리도 없어. 난 그런 사람이 아니고 장사꾼도 아니고, 누구 속이러 다니는 사람도 아니올시다. 나는 서울서 왔는데 우리 아버님이 이런 일을 하시고 늘 말씀을 들은 거라, 내라도 일가를 찾아야 되겠다 해서 왔지, 절대로 난 무슨 밥이 없어서 밥 얻어먹으러 댕기는 사람도 아니고, 돈이 그리워서 돈 벌러 다니는 사람도 아니니 맘 놓고 얘기 좀 하자 해서. 노인네가 서울서 오셨대니, 옛날, 옛날 시집올 때 들으니 서울에 이가가 많다고 하니 여쭤봐라 해서. 얘기를 하더라고 '서울 일가도 많지만, 난 서울서도 살지만 시골서도 삽니다. 옛날 얘기를 하니까. 나보다 1살 더 먹었는데도 영, 숑방이야. 아무개 아저씨는 아실까 그래. 그럼 미안하지만, 거기 좀 같이 갈 수 없냐, 같이 가자. 저녁은 여관에서 잠자리 정하고 나와서 먹고, 조반은 안 먹었잖아. 배가 고픈데 밥 달랜 소리도 못 하겠더라구. 여기 음식점이 어딘지 어디 가서 밥이라도 먹고, 그 형님이란 분, 아저씨란 분 만나게 해달라고. 절대로 그런 사람 아니다. 부탁을 하겠노라고. 나섰어요. 나오니까 그 노인네가, 나이 먹은 사람이 낫더라구. 얘 거지가 와서 밥을 달래도 한 그릇 주는데, 일가 찾으러 댕기는 분인데 그냥 보내서야 되겠냐 어미야 아무 말 말고 밥 차려 드려라. 반찬은 없지만, 한 끼 대접해 드려라 이러고 가지 말라고 날 붙잡읍디다. 거기서 눈물이 콱 나더라구. 아버지 생각도 나고. 그래서 인제 눈물을 거기서 흘리니까 어떻게 생각했는지. 야, 어서 배고파 죽갔지. 그때만 해도 육십이래도 짱짱했다고. 눈물을 닦으면서 과연 이것이 일가의 정이올시다. 내가 참 고맙다고. 그 노인네를 뵈니까 아주 꼼짝 못하시는 노인네야. 92세라는데.

"얘 거지가 와서 밥을 달래도 한 그릇 주는데, 일가 찾으러 댕기는 분인데 그냥 보내서야 되겠냐 어미야 아무 말 말고 밥 차려 드려라."

그때 비가 많이 와서 둑이 터지고 그럴 판이에요. 동네에 나가서 둑을 막는다는데, 미안하지만 진지 잡숫고, 내가 시간 내서 아무개 형님네만 가르쳐 드린다고 나가더라구. 한 그릇 뚝딱했지. 그것도 일생에 저거라고, 조기 하나 궈서 놨더라구. 참 잘 먹었지 뭐야. 거기서 이제 형님이라는 사람네를 얼마만큼 가야 하냐 그러니까 차를 타고 가야 된대. 그러냐고 기달려서 갔어요. 일가를 찾아서 갔어. 갔더니 시방 모냥으로 족보식 뭐 근거 있으면 내놔 보시오. 난 이런, 이런 사람이 돼서 또 아버지 얘기를 또 했지.

우리 아버님이 회장으로 17년 계시는 동안 늘 말씀을 하셔서. 다른 집도 아니고 우리 작은 집만큼은 찾아야겠다고 해서. 돌아가셨지만 내가 찾으면 우리 아버님이 찾은 거나 마찬가지라고 열일 젖히고 왔노라고. 근거될 만한 거 아무 거라도 내놔 보시오. 그래 뭘 가서 뒤지락 하더니 종이짝을 가져오더라구요. 시커먼 거 가져오더라고 보니까 바로 그 사람네야. 우리가 중종대왕 손이거든요. 중종대왕으로부터 덕흥 대원군 중종대왕 아들로서 덕흥 대원군이예요. 임금의 아버지는 대원군이에요. 그러니까 더 사람이 반갑더라구요. 아~ 이제 찾았다 하고 손뼉을 치고. 항렬 대니까 거기서 내가 할아버지뻘 되니까 아 그러시냐고 하고. 그때까지만 해도 책장사로 생각하고 그러는 거야. 내 원도 풀었다. 고맙다. 언젠가는 또 만날 날이 있겠다 하고. 밥 먹으란 얘기도 안 해 10시쯤에 조반을 먹었지만, 그 정도 굶는 건 예사로 생각해요. 그전엔 많이 굶어서. 형편도 집은 좀 큼직하게 지었는데, 여기 같은 집은 없더라구. 넉넉하나마나 처음 만났으니, 산골에서 대처먹는 그쪽 사람들이 좀 무뚝뚝하더라구. 인사하고 나와서 시내 나와서 음식점 와서 한술 먹고.

"다른 집도 아니고 우리 작은 집만큼은 찾아야겠다고 해서. 돌아가셨지만 내가 찾으면 우리 아버님이 찾은 거나 마찬가지라고 열일 젖히고 왔노라고."

한 사람을 또 제일 나이 많은 사람을 찾아야겠어, 진짜 여기서 이름 적어 간 사람을 찾아야겠기에 물어보니까 가르쳐 주더라구. 시내에 어떻게 들어가면 전화번호를 가르쳐 달래서 시내 와서 전화를 건거야. '아무개 씨 되냐고, 나는 서울서 아무개올시다.' 그 사람 조카 항렬이야, 나이가 많은데. 얼떠떠름해. 누굴 만나기로 하고 어쩌고 그래 그래서 다른 사람 만나는 건 나중에 만나도 되고 나는 서울서 온 사람인데 이러이러하다 죽 애기하니까 '알았수

다, 어디서 만날지 대쇼.' 나 있는 곳을 얘기하래. 그래. '여기 터미널 전화박스 있는데 있수다. 난 무슨 옷을 입고, 난 키도 자그만 하니까 무슨 옷을 입고 기다리겠수다.' 그러라고 해. 한 40분 있으니까 왔어. 웬 노인네가 두리번해. '전화하신 분이죠,' '아 그렇다고 해.' '서로 전화 통화한 사람 아니냐고 아 그러냐고.' 진짜 찾을 사람 찾은 거야. 자기네 집을 가자고 하더라구. 가서 이런저런 얘기를 하고, 못 가게 하지 뭐야. 이왕 오셨으니 괴로워도 쉬어 가시라고. 나이 먹으니깐 달라. 누구네, 누구네 거쳐서 알아서 왔수다 했더니 그러냐고 하는데, 내용적으로 보니까 집안끼리 싸워 가지고 서로 오고가지 않는 처지더라구. 울산 바닥에서도 그래서 그러냐고 그러고. 불가피하게 오늘 가야겠더라구. 목적은 달성했으니까 후에 한 번 더 오겠노라고. 왔어요. 이 미친놈들이 장사꾼으로 생각하고, 일가라고 우숩게(우습게) 생각하고 그랬겠죠. 감명을 생각을 하고 편지를 했어요. 그래서 그 사람들도 편지를 보고 감동을 했나 봐. 거기서 편지를 했어. 처음에 간 사람도 하고, 마지막 한 사람도 편지를 하고 그랬는데, 사실은 일가가 찾아왔더래도 무슨 협잡꾼이 아닌가, 장사꾼이 아닌가 낭중에 일 당하는 거 아닌가 이렇게 생각했는데 진짜 일가가 왔는지 몰랐다고 썼습디다. 잘못했다고 백배 사죄한다고. 어머니가 그렇게 말씀하셨는데, 서울에 일가가 많으시다고. 근데 그 자손들이 다 부산, 대구 거기 가 있는 거야. 서울엔 와 있는 사람이 없어.

"사실은 일가가 찾아왔더래도 무슨 협잡꾼이 아닌가, 장사꾼이 아닌가 낭중에 일 당하는 거 아닌가 이렇게 생각했는데 진짜 일가가 왔는지 몰랐다고 썼습디다. 잘못했다고 백배 사죄한다고."

그래서 그러면 한 번 또 만나자 그래 편지를 서너 번 왔다갔다 했어요. …. 시방은 서울 오면 꼭 전화를 걸고. 서너 번 왔드랬어요. 그 사람들이 그때 당시에 그 사람들이 진짜 일가로 우리가 깨달았으면 노잣돈이라도 드리고 했을 텐데, 너무 무지막지하게 다른 생각하느라고 푸대접을 했다고. 죄송한데 그저 용서해 달라고 웃대 할아버지 제사 때는 꼭 와요. 꼭 오라고. 잘하고 못하고는 저처 주고 당신네가 잘 옴으로써 자손들 후대가 인제 여간해서 올 테니깐 할아버지 긍지를 받게끔 해 줘라. 잘 와요. 오면 여러 명 중에서도 내가 안 뵈면 그냥 찾아 댕기지. 내가 역할을 다 하니까. 지시를 하니깐 만나면 저거 하고 그래요. 서로 안부는 주고받고 해요.

앞으로의 소망

배우지도 못하고 경험으로 사는데 나가면 책임이 돌아오고 그래서 안 나가려고 그래. 우리네 술도 안 먹고 담배도 안 피고 거짓말도 안 하거든요. 물어보고 그러니까 얘기를 하지. 과거지사니까 얘기하지, 들춰내고 싶지도 않아. 요새 만날 여기서 오라, 저기서 오라 하면 가고, 시간 있으면 노인정 가서 노인회를 책임지고 있으니깐, 회장님도 안 오시는데 뭘, 그러니까 하는 동안에라도 가서, 내가 안 가면 마누라라도 가서 봉사 활동하는 거죠. 난 또 그 이상에 면 직책으로 있으니까 다른 노인정에서 무슨 총회를 하든지 정기회 할 적에 가서 참석하고 그런 거죠.

"바람은 몸 건강하게 활동하고 싶은 대로 하다가 무사하게 끝나는 거. 그거죠 뭐. 다른 건 욕심 부릴 거 뭐 있어."

바람은 몸 건강하게 활동하고 싶은 대로 하다가 무사하게 끝나는 거. 그거죠 뭐. 다른 건 욕심 부릴 거 뭐 있어. 댕기면서 인사나 할 겸 하라니까 하잖아요, 그럼 회원 여러분 건강이 첫째고 고 다음에 어디 가든지 즐거움, 즐겁게 살고 건강하고 즐겁게 살고 뭐든 일이 재미있는 일만 창출하는 게 그게 우선 아니냐. 다른 거 바랄 거 있느냐, 우리 늙어가면서 석양에 뛰는 사람이 뛰어 봤자 얼마나 뛰겠냐 그거야. 회장님 말씀하시는 거 보니까 대학교 교수 이상 한다고 아주 그래 그런 칭찬 말고 흉이나 하지 말라고. 그저 건강을 주장하죠.

흙과 사람을 섬기며 한평생 열심히 살았어요

—내죽마을 이기돌의 일과 삶

변화영(전북대학교 전라문화연구소)

이기돌은 1919년 김제시 만경읍 대동리 내죽마을에서 아버지 이성학과 어머니 이공덕의 2남 3녀 가운데 막내로 태어났다. 형의 무절제한 노름으로 집안이 백산 수록리로 이사를 가야 했다. 만경보통학교 3학년에 재학(10세 입학) 중이던 이기돌은 학교를 중퇴하고 부모님을 따라 수록리로 왔다. 15세부터 부모를 도와 농사를 짓기 시작한 이기돌은 17세에 고향인 대동리에 사는 김규현의 딸 김순여와 혼인하여 아들 셋과 딸 넷을 두었다. 19세에 두레에 가입하고 23세에 분가한 그는 이듬해 갑작스런 징용장 발부로 인해 도망치듯 고향인 만경 대동리로 이주하였다.

▲ 구술자 이기돌의 근영

해방 이후 식구가 늘어나면서 빚을 지게 된 이기돌은 소작한 땅에서 산출된 쌀만으로는 부족하다는 것을 절감하고 토탄을 캐기 시작하였다. 토탄 캐기 이외에도 계절에 따른 장사를 병행하였다. 농사를 지으면서 3월부터 5월 말까지는 토탄을 캤고, 여름에는 삼베장사를, 9월쯤에는 담배장사와 감장사를, 겨울에는 생선장사를 하였다. 땅 1마지기 변변히 없는 가난한 농민 이기돌은 치열하게 생활하였던 것이다.

한국전쟁 동안 이기돌은 피난가지 않고 내죽에서 쭉 농사를 지었다. 개인적으로 전쟁의 피해도 없었지만 생활의 변화도 없었다고 한다. 1956년, 딸만 두었던 형이 별세하자 이기돌은 장남 이단오를 형의 양자로 호적에 올렸다. 61세 되던 1979년이 환갑이었지만 이기돌은 잔치를 하지 못하게 하였다. 아버지 환갑날에 따뜻한 진지 한 그릇 못 올린 불효자라는 생각에서였다.

67세가 되던 1985년에는 쌀 계를 끝내고 논을 두어 필지 샀다. 이기돌은 논을 샀을 때가 가장 행복한 순간이었다고 한다. 그 해 부부가 처음으로 제주도 여행을 하였다. 하지만 부인의 병환이 시작되었고 7년 동안 병 수발을 드느라 일도 못 하고 논도 다른 사람에게 내주었다. 이기돌의 헌신적인 병구완에도 불구하고 1993년에 부인이 사망하였다. 부인과 사별한 이기돌은 홀로 지내면서 친구들이 모이는 경수당에서 하루 일과를 대부분 보내고 있다.

이기돌은 15세에 농사를 짓기 시작한 무소유의 농민이지만, 부모님을 존경하고 아내를 사랑하며 자식을 아끼는 마음은 누구보다도 크고 힘이 있었다. 그는 논 1마지기 없는 가난한 농부였지만 가족을 위해 밤낮을 가리지 않고 치열하게 순간순간을 열심히 살았다.

이기택의 가계도

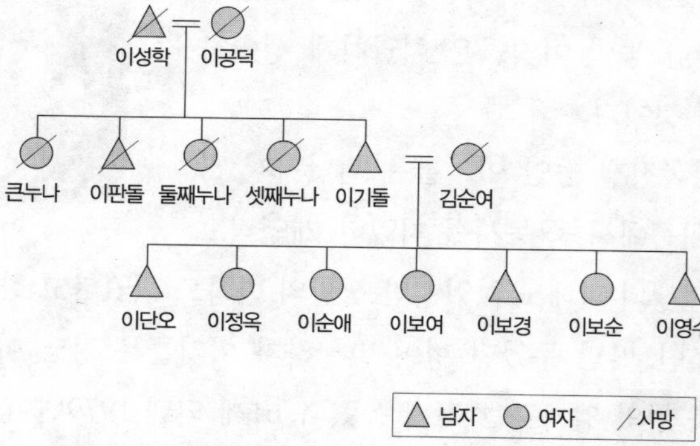

이기돌의 연보

1919년(1세) 김제시 만경읍 대동리 내죽마을에서 아버지 이성학과 어머니 이공덕의 막내로 출생(호적으로는 1921년생).
1927년(9세) 아버지 환갑(잔치를 하지 못함).
1928년(10세) 만경보통학교에 입학.
1930년(12세) 만경보통학교를 중퇴, 만경 대동리에서 백산 수록리로 이사.
1935년(17세) 만경 대동리의 김순여와 결혼.
1937년(19세) 두레에 가입. 아버지 사망(음력 6월 24일).
1938년(20세) 맏아들 단오를 낳았음(음력 5월 5일).
1941년(23세) 수록리 본가에서 5백 미터 떨어진 곳으로 분가.
1942년(24세) 징용을 피해 고향인 만경 대동리 내죽마을로 이사, 혼인신고를 함.
1945년(27세) 해방, 개인적으로 큰 변화는 없었음.
1947년(29세) 어머니 사망(음력 12월 26일).
1950년(32세) 한국전쟁이 일어난 3년 동안 피난가지 않고 내죽에서 쭉 농사를 지음.
1956년(38세) 형 이판돌이 죽자, 맏아들 이단오를 형의 양자로 호적에 올림.
1979년(61세) 환갑(잔치는 하지 않음).
1985년(67세) 부부가 제주도 여행.
1986년(68세) 논 두어 필지를 삼. 부인의 병환이 시작됨.
1933년(75세) 부인과 사별.
2004년(86세) 경수당을 오가며 하루 일과를 친구들과 보내고 있음.

12살에 학교를 그만두고 농사꾼이 되다

"긍게 그때 핵교 댕기다 가 가지고 거그서 12살 먹어서부터 솔가지도 찢고 뭐, 밭일도 허고 논일도 허고, 지냈지. 그렁게 옹색혔당게. 옹색히서 핵교고 머시고."

핵교 댕기다 가 가지고 거그서 12살 먹어서부터 솔가지도 찢고 뭐, 밭일도 허고 논일도 허고, 지냈지. 그때는 또 솔가지도 찢어서 팔고. 그때는 인제 만경 같은 디 지고 가서 팔기도 허고. 그렁게 옹색혔당게. 옹색히서 핵교고 머시고. 여그서 살림을 허다가 우리 형님께서 노름 술받이 허고 이제 그런 디나 댕기고 헌게 그냥 거그다 맽기고 그리 갔으믄, 맽기믄 지 책임되면은 괜찮다고 인제, 울 아버지 친구들이 권헌게 맽기고 그냥 갔지. 갔는디 그해 1년도 못 가서 살림 다, 싹 다 조져 버렸지. 형님이 그때가 한 40살 됐어.

그때는 내, 지 터가 아니라 넘의 논이지, 셋논. 셋논. 거그 가서 논 천백서른 평짜리 하나 짓고. 거그 인제 선산 따라갔응게 선산 밭이 또 많지. 그때는 또 솔가지도 찢어서 팔고. 그때는 인제 만경 같은 디 지고 가서 팔기도 허고, 그냥 따서 말려 놓으면, 지금 사람들이 그릇, 옹기그릇 구울라믄 솔가지가 있어야지. 거그다 냉겨 주기도 허고.

19살에 두레에 가입하다

15살 먹었을 때부터 농사를 지었지. 두레 가입을 19살에 했지. 사람 아홉이 곰방두레[1] 짜 가지고 서로 그렇게 농사를 짓는디. 쬐만한 두레 짜 가지고, 아홉이 대님서 지심도 매고 여럿이 허는디. 신참이 인자, 그 처음 들은 사람은,

1 규모가 작은 두레를 뜻함.

일을 배우려 드는 사람인게. 화리(화로) 심바람(심부름)도 하고. 두레 입학을 허면은 그렇게 심바람을 해 줘야 혀. 담배들 피고 그러느라고 [화로가 필요했어]. 화로는 짚세기에다 놔야지. 일꾼들 쌈지랑, 화리랑 놔두어야 하니까. 샛(새참) 때 되면 술 먹으라고 술 심바람 해 주고. 지심을 매야. 지심을 맴서, 내가 심바람을 다 하고. 상일꾼이 내 곁을 꼭 따라다녔어. [상일꾼이] 흙을 파서 내게다 탁 집어 내쏘면서 "이놈아 정신 챙겨라" 그려. 일을 잘 못한다고. 일을 그렇게 가르치는 것이여. 두레 중에서 제일 일 잘하는 사람이 날 찝어 당겨. 일을 가르쳐 주시느라고.

"두레 가입을 19살에 했지. 사람 아홉이 곰방두레 짜 가지고 서로 그렇게 농사를 짓는디. 쬐만한 두레 짜 가지고, 아홉이 대님서 지심도 매고."

[두레 짜서] 남자들만 일하지. 9명도 짜고 7명도 짜고 그러지. 모심는 것은 두레가 없고. 모심는 것은 개인 놉 얻어서 심고. 호미로 땅을 파서 지심을 맬 때, 그때가 두레가 있지. 그냥 논에서 손으로 쟁기로 갈아 가지고, 쇠스랑 같

▼ 만경의 능제 저수지

은 것으로 뭉개서 꾸며 가지고 그냥 심은 게, 어떻게 억신가(억센가), 모를 심으면 반절은 떠, 땅이 억세서. 근디 그 뒤로는 경운기가 있어서 경운기로, 로터리로 바숴 가지고 꾸민 게 덜 떴지. 지금은 트랙터로 바숴 가지고 기계로 심은 게, 인자, 모 뜰 것도 없지 뭐. 농사 때는 4시 반도 일어나고 5시에 일어나기도 하고. 시한(겨울)에는 보통 6시 일어나고. [일어나서 먼저] 논꼬 보러 가지, 논꼬. 물이 어디서 새는가 보러 가지. [만경에는] 능제 저수지 물로 만경, 청하, 공덕 3개 면을 다 먹어. 농사짓는디. 만경이 참 이름 있는 디여.

징용을 피해 다니다

내가 징용을 피해 댕기느라고 제급 나 가지고 다 살림을 없애 버렸어. 여그가 고향인디, 내죽이라는 데가 고향이여. 대동리 내죽이 우리 사촌 형님들이 여럿이서 살고. 고향으로 걍 들왔어. 여기 와서 농사짓다가, 그러고 돌아다닌 게. 징용 피해서 댕긴 게 살림도 없고. 암 것도 없어. [소작으로] 논 서 마지기를 지었어, 한 5백 평. 여그 저 만경 사는 이재섭 씨 [땅]. 저 대동리 뒤으 가서, 여그서 한 1키로(1km) [떨어져 있어]. 5백 평이면 쌀 많이 나와야 한 8가마니나 나와.

"징용 피해서 댕긴 게 살림도 없고, 암것도 없어. [소작으로] 논 서 마지기를 지었어."

농사를 지어 놓으면 지주가 가을에 와서 논 답사를 해가. 지주허고 그 사음허는 사람이 있어. [지주가] 그 사람[사음]허고 같이 가서 답사를 혀. [그리고] 도지계가 나와, 몇 가마니 내라고. 그러면 그때는 줘야지. 소작을 얼매 줬는가는 초기에 못 허지. 그 얼매썩 준다는 규정이 없응게. 쌀, 나락 6가마니 줬으면 명년에는 7가마니 줄 수도 있고 그렇게. 얼매 규정이 없어. 전 수확의 반절까지는 안 내지. 좀 들 내지. 40프로(40%)도 되고 50프로(30%)도 되고 그러지.

고지를 먹지 않으려고 노력하다

긍게 곤란허지. 어려울 때는 그냥 그대로 살지 뭐. 넘의 집에 가서 도적질도 못 허고. 배고프면 배고픈 대로 살고. [고지도] 별스럽게 먹지도 않고, 그냥. 고지 먹은 사람 품앗이해서 농사는 지었어도, 내가 내 것 먹고 고지는 안 했어. 강고지라는 것은 논 주인이 아무것도 안 주는 것이여. 안 주는 것이 강고지여. 모심고 지심 매고 해서 육고지도 있고 오고지도 있고 사고지도 있고 그려. 육고지, 사고지, 오고지. 나락 타조까지 다 해 주는 것이 육고지여. 나락, 인자 홀태타서 논 임자네 집까지 다 대주는 것이 타조지. 밥도 하나도 안 얻어먹고 그냥. 뭣이냐, 생고지로 그렇게 해 주는 것이, 언청 옹삭하니께 해 주지. 나는 한 번도 해 본 적이 없어.

"내가 내 것 먹고 고지는 안 했어. 강고지라는 것은 논 주인이 아무것도 안 주는 것이여. 안 주는 것이 강고지여. 모심고 지심 매고 해서 육고지도 있고 오고지도 있고 사고지도 있고 그려."

가마니 짜기, 쟁기질… 안 해 본 것이 없다

[가마니는] 많이 짰지. [손으로] 꽈 가지고 두 내외간의 짰지. 낭중으 그런(가마니 짜기) 기계가 있었어. 근디, 이 촌

으서는 가마니 짜 가지고 파는 사람도 많았어. 이것저것 해 본 게 결국 남는 것이 없다고. [이엉 엮을 때] 내가 일헌디. 지푸락으로 엮는 거, 그것을 하루 품 들여서 엮어 본 적 없어. 다른 일 봄서, 새벽으 나가서 그냥, 보통 11장씩은 엮었응게. 조반 때까지 11장을 엮어. 한 40장이나 50장은 가져야 혀. 다른 일 보면서 적어도 새벽으 한 다섯, 엮어야 혀. 용마름까지. 시방 사람들은 쥑인다고 해도 일 못 혀. (호탕하게 웃으며) 허허허.

"두 내외간의 짰지. 새벽으 나가서 그냥, 보통 11장씩은 엮었응게. 조반 때까지 11장을 엮어. 한 40장이나 50장은 가져야 혀. 다른 일 보면서 적어도 새벽으 한 다섯, 엮어야 혀."

쟁기질도 해 보고. 먹고 살란 게 안 해 본 것이 있간. [사람들이] 소를 키워 가지고, 길들여 가지고, 논도 갈러 댕기고, 밭도 갈러 댕기고. 나도 소는 많이 키워 봤어. 보통 소 키먼은 이십 사석이라고 네 달을 켜. 킨 뒤에는 가지고서 소를 길을 들이지, 길을. 논에도 몰고 댕기고 허다가, 그놈이 인자 논도 갈 수도 있고 밭도 갈 수 있고 구루마질도 할 수 있고. 처음으 구루마 채워 가꼬 몰고 댕기고. [그래서] 쟁기질도 해 봤지.

"쟁기질도 해 보고. 먹고 살란 게 안 해 본 것이 있간. 소를 키워 가지고, 길들여 가지고, 논도 갈러 댕기고, 밭도 갈러 댕기고."

가을 되면 밭으 가서 콩도 걷고 나락도 비고 인자, 지게질도 허고. 나락을 비어서, 쪼막만하게 깔잖여. 안 깔고 걍, 엮어서 쨈매서(묶어서) 논으다 나란히 놔. 품삯도 받고, 서로 품앗이도 허고. 일거리 따라서 틀려지니까. 타조로 해야것다 허면 10마지기를 홀태 10이나 붙여야 혀. 남자도 거그서 허드리지. 나락 떨어진 거. 남자도 한 대여섯 있어야 혀. 지푸락 다발 묶으고 지푸락 갖다가 쌓고 [하니까].

고리채신고를 안 해 마을사람들에게 비난받다

식구는 많고. 식구가 솔찬혔어. 그때[박정희 정권]에 내가 빚이 많이 있었어. 식구는 많고 벌이는 없고 헌게 별 수 없지. 개인헌티 [빚을 얻었지]. 쌀 한 가마니 가져가고, 쌀 한 가마니 반은 갖다 줘야지. 그때는 박정희 씨가 정권을 잡았을 때여. 잡어 가지고 고리채신고를 했어, 정부다가. 정부서, 고리채신고 시찰을 받으면 그 정부 그 빚 가지 간 사람은 아무 소용이 없어. 그렇게 정부에서 준다는 게 그렇지 뭐. 시원찮여. 빚은 많고. 그리서 어디를 갔다가 오는디. 온게, 여 삼거리라는 디가 술집이 세 간디여. 그런디 지남서 보니까 술집으서 술 먹음서 내 말을 허드라고. 고리채. 박정희 씨가 우리 읎는 사람을 살기 위해서 고리채신고 내라고 했샀는디. 나는 한 가마니를 고리채신고를 안 냈다고. 그런 사람 땜에 우리 읎는 사람이 주목을 받는다고. 고리채신고를 내면 떼먹는 것이여. 난 그때 나락으로 한 70가마 [빚이 있었지]. 그리서 집으서 한 소금 자고서 나서, 죽은 우리 마누라에게 상의를 했어. 내가 고리채신고를 안 해서 부락에서 주목을 받고 있으니께, 뭐라고 할 것도 없이 반절씩은 내자고. 그랬더니 죽은 우리 마누라가 뭐라 그러고니. 우리가 먹고 사니라고 빚 졌는디, 갚다 못 갚으면 자식들이래도 갚어 줘야지, 그지, 정부으다가 신청을 내면 씨겄냐고. 그래 가지고 한 가마니도 못 냈어. 그때는 면 직원이 있었어. 담당직원이 있어. 우리 집 와서 머심살이를 했어. 빚이 많은디 하나도 안 낸게.

"우리가 먹고 사니라고 빚 졌는디, 갚다 못 갚으면 자식들이래도 갚어 줘야지, 그지, 정부으다가 신청을 내면 씨겄냐고. 그래 가지고 한 가마니도 못 냈어."

식구는 많고, 먹고 살기가 수월치 않았어. 그렇게 지내다가 인제 그 뒤에로 논을 한 마지기 한 마지기씩, 빚을 갚어 감서 샀어. 농사도 짓고. 빚이 그렇게 많이 졌어도 문 앞에 찾아오는 사람이 없게 만들었응게. 미리 쫓아가서 언제 준다고 연기를 허고 그렇게 했어.

토탄 캐기 10년 만에 빚을 갚다

그때는 땅 속으서 토탄을 캤어. 토탄.[2] 나무 썩은 놈을. 땅 속으서 걍 나무토막 썩은 것이, 그놈 캐 가꼬서 산으다가 갖다 말리먼은, 그놈 그 불어서 나무를 혀, 밥도 히 먹고, 그렇게 혀. [토탄 캐기를] 한 10년 했을 거여.

한 평 [토탄을] 캐는디, 보통 그때 돈으로 품삯 하나씩이나. 품삯 하나면은 쌀 서너 되는 더 되지. 논을 사 가지고 하닌게로, 날마다 놉[3]을 얻어. 놉을 얻어서 지정 일꾼으로 칠팔 명씩 얻어 가지고 토탄을 캐기도 허고, 바깥으다 허기도 허고 그러지. 우리 죽은 마누라가 맨날 점심을 내와야 혀, 밥을. 쌀로 지은 밥이지 뭐. 막걸리는 샛거리로 주고. [새참은] 아침 10시 넘으면 줘야 허고, 점심 때 4시 넘으면 줘야 허고. 샛거리는 막걸리허고 김치. 논빼미가 이렇게 있어. 그럼 이쪽으 가서 캐서 미고 비고 히서, 있으먼 이쪽에서 또 캐서 미고 비고 해 가지고 모심어. 농사지어. 그냥 묵이는 것이 아니라 농사를 짓는당게. [토탄 캐기는] 봄에 보통 3월 달부터 허기 시작허지. 3월 달으 캐먼은 한 5월 말 이때까지는 끝나야지. 거그다 모 심어야 한게. 그니까 [모를] 늦게 심지. 토탄 땜에 늦어서. 심을라니까. [겨울] 그때는 추워서 어는디. 토탄을 캐 봤자 말리들 못 허

"그때는 땅 속으서 토탄을 캤어. … 그놈 캐 가꼬서 산으다가 갖다 말리먼은, 그놈 그 불어서 나무를 혀도, 밥도 히 먹고, 그렇게 혀. 한 10년 했을 거여."

2 土炭. 땅 속에 매몰된 기간이 오래지 않아 탄화작용이 제대로 이루어지지 않은 석탄. 발열량이 적으며, 비료나 연탄의 원료로 쓰인다.

3 일꾼.

지. 농사도 짓지, 그니까. 토탄 거그서 나오는 금액 가지고 인제 땅도 사고 빚도 갚고. 그 많던 빚을 하나도 안 떼먹고 다 갚았어. 한 20년 걸쳤는가. 거치고. 걍 농사도 지으면서 빚도 갚고. 긍게 우리 마누라 고생 많이 시켰지.

마누라 고생 많이 시키다

[아내가] 점심은 간단하게, 반찬 사다가 지져서 내 오고. 생것, 긍게 갈치 토막도 있고 그렇게 해서 내다가 먹는 것이지. 모심을 적으 밥을 내다 먹지. 지심 매거나 할 적으는 집에 들어와서 먹지. 집에 들어와서 먹고, 모종에 가서 한 소금씩 자다가 2시 넘어야 일 나가. 새로 2시 넘어야. 12시 들와 가지고 밥 먹고 모종에 올라가 한 소금씩 자고 그러고 나가. 그때는 [모종에서 사람들이] 꽉 차게 자지. 자는 사람도 있고 안 자는 사람도 있고 그러지. 1시간 정도. 1시에서 2시까지. 자고 나면 낫지. 기운이, 기운이 날 때도 있고, 낮잠 자면 더 기운이 없을 때도 있고 그려. [밥은] 보리 섞어서 해 주지. 있는 사람들도 왼 쌀밥 안 줘.

"반찬 사다가 지져서 내 오고. 생것, 긍게 갈치 토막도 있고 그렇게 해서 내다가 먹는 것이지. 모심을 적으 밥을 내다 먹지. 지심 매거나 할 적으는 집에 들어와서 먹지."

〈농번기 농부들의 하루 일과〉
새벽 일
07시 아침 식사
아침 일
10시 새참 시간
오전 일
12시 점심 식사(모 심을 때는 논에서, 지심 맬 때는 집에서)
낮잠(1시간 정도, 모정에서)
낮일
16시 새참 시간
오후일
18시 저녁 식사

쌀밥 많이 먹어 본 지가, 내가 24살 적으 먹었나. 기미년의 흉년이 들었는디. 저 죽산면 신평리에 일본 사람 하춘의 집에 품 팔러 가서, 일본 사람 낮일 가서 많이 먹었어. 낮일을 맡어서 하는 것이 아니고 그냥 하루 일을 해 주는 것이여. 입사발에다 [밥을] 주는디. 한 끄니(끼니) 밥 세 그릇씩 먹었어. [밥은] 보리 섞어서 주지만, 반찬은 지져서 잘 먹었지. 흉년에 배곯고 있는 사람들잉게. 조기, 굴비, 찌깐한 굴비 하나씩 구워서 주더만. 김치도 주고… 허지만 돈 드는 반찬은 굴비여, 굴비. 집에서 굶다 먹다 하다가 가서 앵깅게 더하지. 나뿐만 아니라 거기 인부들이 한 30명 먹는디, 겁나게들 먹었어. 그 집 한 집 가서 열하루 있다가 나왔는디, 품삯을 돈으로 받았지. [흉년 들어] 논에서 쌀 1되박도 못 먹었으니게. 아, 능제방죽이 틈이 쩍쩍 가고 그러지 뭐. 쌀이 없응게. 그럭저럭 넘의 논 부쳐서 먹고. 그렇게 먹고 살았지 뭐. 죽도 끓여서 먹다, 밥도 끓여서 먹다.

농사가 적어 생선이며 온갖 장사를 하다

"식구는 많고 어떻게 벌어 먹을랑게 별 수 없이 생선장사를 허고, 농사는 적은게 뭐, 농사철에는 농사도 허고 내가 따로 그랬지. 철 따라서. 주로 시한에 많이 힜지."

나 안 해 본 거 없어. 별 것도 다 해 봤어. 장사도 해 보고. 차 타고 다니면서 걍, 저 목포네 여수네 돌아댕김서 생선도 사다가 팔기도 허고, 시장으다가. 생선장사는 이리 이사 와서 힜지. 그때가 한, 한 삼십 먹어서 생선장사, 한 10년 했지. 인제 그때는 자전거다가 가구[4] 차고, 가구에다가 생선 받아다가 팔기도 하고 먹기도 하고. 농사가 적은게 그랬지. 농사가 적은게. 그냥 헐 것이 없은게, 식구는 많고, 식구는 많고 어떻게 벌어 먹을랑게 별 수 없이 생선장사를 허고. 농사는 적은게 뭐, 농사철에는 농사도 허고 내가 따로 그랬지. 철 따라서. 주로 시한에 많이 힜지. 시한에 나갔어.

[시장이] 김제도 있고 만경도 있고. 만경이 훨씬 컸었고 그러니까. [만경장은] 4일, 9일에 서. 사거리 알어? 사거리서 쫌더 걸어가면 장터거리가 있어.

만경장에서는 별 것 다 팔았지. [나는] 생선을 팔았지.

4 플라스틱으로 만든 커다란 바구니.

▲ 만경장터가 있던 자리

군산서도 사 오고 익산서도 사 오고. 익산은 시한에나 그렇게 댕기고. 늦은 봄부터 가을까지는 군산에서 사 와. 군산에서 사 와서 만경에서 팔았지. 겨울에는 익산 가서 사 가지고, 칠보에서 팔았지. 생선은 치일 때 많이 사지. 겨울에. 익산 생선 약간[5]에 가서 생선을 사지. [생선은] 인자 나름대로 사지. 뭣을 목적 잡아서 내가 뭘 조그를 사야겄다, 명태를 사야겄다 하는 것이 아니라, 물건이 좋으면 사기도 허고. 저 정읍 칠보 같은 데서 [팔어].

이기돌이 익산에서 생선을 사 가지고 그날 칠보에서 팔려고 했던 것은 두 곳 모두 오일장이 같은 날(4일과 9일)에 서기 때문이었다. 만경도 같은 날에 오일장이 선다.

술을 많이 먹었지. 생선장사는 술을 먹어야 장사를 혀. 비위가 없응게, 술을 먹어야 떠들어. 팔아야 허니까. 칠보 가서 사 가꼬 온 것을 팔고. 하루짝을 보고서 밤중으 들어올 적으. 팔고 올 적으. 도로포장이 잘 되았으면 좋은디. 도로포장이 안 된 게 질어. 그전에는 여기가 참 교통이 곤란허니 좋들 못 혔어. 질이 저렇게 사무리질[6]이 아니라 걍 녹으믄 질어서 못 댕기고, 얼므는, 꽝꽝 얼으믄 걍 댕기고. 그렇게 댕겼어. 긍게 오다가 자전거로 못 오면 내가 하루 저녁으 샐 때도 허다했어. 얼어서, 땅이 질어서 자전차를 못 끄시믄 저 배깥에서 기양 혼자 날 새고서 언 디, 새복(새벽)으사 끄꼬 들오기도 허고, 그렇게 허고 살았어. 그렇게 고

5 새벽에 열리는 공판장을 의미하는 듯함.
6 시멘트 포장도로.

상을 헌 사람이여, 내가. 그렇게 고상혔어도 명은 진개벼, 내가. (주름 깊은 이마를 쓸어 올리면서) 나도 고생 많이 했어. 새벽에 [만경에서 익산까지 자전거로] 1시간 반이나 [걸려] 익산에 가서 생선 사서, 3시간 동안 달려 칠보로 가서 팔고, 그 다음에 집으로 오면 밤중. 밤중이 아니라 날새고 들어오는 때도 허다 허당께. 집안 식구들도 고생 많이 시켰지만, 나도 고생 많이 했어. 시방 사람들은 고생 허고 산 사람 없어. 다 부자고. 다.

"술을 많이 먹었지. 생선장사는 술을 먹어야 장사를 혀. 비위가 없응게, 술을 먹어야 떠들어. 팔아야 허니까."

담배장사도 허고 삼베 갖다 팔기도 허고. 삼베. 미영베. 산중으 가먼은 저, 삼베 짜 가꼬 파는 사람들 많여. 아, 여 칠보만 가도 있어. 칠보, 임실, 순창. 장수[만 가도 있어]. [장사 품목은] 계절마다 틀리지. 한 9월 달쯤, 그때 갈 적으는 댐배도 사다가 팔고. [칠보] 저 산중으 가서 댐배 같은 것을 자전거에 싣고 와. 담배장사들이 농사지은 거. [그것을] 저 과자 곽(종이 상자)의 큰 놈 있잖아. 거그다가 차곡차곡 쟁여서 [사 오지]. 댐배장사는 못해 먹겄어. 왜그냐면, 댐배 냄새나서 경찰들이 뺏어. 그냥 댐배 엮은 거 사다가 그대로 팔어. 많이 사야 한 댓 마지기 사 가지고 와. [칠보에서 만경까지] 하루면 와.

생선은, 뭔 생선 헐 것 없이 간재미 장사도 많이 허고, 장대 뭐, 북대, 뻴건 헌 거, 북대, 고앵이가 북대 대가리 물어다 놓고 땐땐혀서 못 먹고 한숨 쉰다고 안 혀? 장대는 검어. 군산 가서 많이 사다 팔았지. 자전거 타고. 저런 시장으 대님서 팔았지. 가서 팔고 밤중으 오다가 땡이 질어서 못 오믄 배깥이서 기양 날 새고. 그렇게 고상을. 근게 내가 자식들도 남같이 부럽게 키들 못 힜어.

〈계절별 생업〉
봄, 여름: 농사
가을: 담배장사와 삼베장사(칠보, 임실, 순창, 장수 등지)
겨울: 토탄 캐기(집 근처 논에서)
생선장사(만경장, 칠보장, 익산장 등)

17살에 동갑내기 아내와 결혼하다

[아내가] 나하고 동갭인게. 나는 막둥이, 우리 마누라는 막내. 근디, 처갓집이는 처남이 넷이고 양념 딸 하나여. 그 전에는 만나서 결혼헌 것이 아니라 중매결혼이지. 열일곱에 갔어. 우리 사촌 누님이 [중매를 했지]. 그 양반이 말씀해서 우리 쟁인 양반이. 시방 살아계신다고 보면은 백스물다섯 살인가 그런디. 그 양반이 [내가] 백산면 살 적으, 그리 혼자 선을 보러 왔어. 사호(사위) 선을. [수록리] 거기서 장개 갔응께. 그리서 와서 보고서는. 그냥, 하도 찌깐헌게 "너 장개가고 싶으냐?" 혔어. [내가] 찌깐했어. 장인 어르신은 속 다 알응께. 장개갈 날짜, 사주갈 날짜 전부 다, 당신 손수 봉께. 다 히 가지고 왔더라고. 선보러 옴서. 우리 아버님보다 7살 덜 잡수셨으니까, 그 양반이. [장인은] 웃도 않는 양반여. 저 거시기, 그전, 한문 선생질하고 그런 양반여, 쟁인 양반이.

"첫날밤에 족두리 벗기고
뭐 허고 할 적으,
처음으로 보았지.
[초례청에서] 어떻게 봐아,
부끄러워서. 그때는 뭐.
저녁에는 볼 판인디.
인간의, 내게 그거 아뇨?
하늘만치 이뻤지."

혼사에 처음 가는 것이 사성[7]이야. 남자 집에서 사성이 가야 여자가 시집을 가는 것이여. 긍게, 택일이라는 것은 혼삿날이 나야 택일을 혀. 사성이 가고 택일이 가면은 여자 집으서 아주 시집가기가 편혀. 혼수품은 농하고 이불이지 뭐. 시방마냥 반지 히 주고 시계 히 주고 그런 건 없지. 첫날밤에 족두리 벗기고 뭐 허고 할 적으, 처음으로 [아내 얼굴을] 보았지. [초례청에서] 어떻게 봐아, 부끄러워서. 그때는 뭐. 저녁에는 볼 판인디. 인간의, 내게 그거 아뇨? 하늘만치 이뻤지. [성격이] 좋았어. 법 없이도 살 사람이여.

7 四星. '사주(四柱)' 라는 뜻으로, 사주단자의 봉투에 쓰는 말.

아내를 7년간 병수발하다

"짝꿍 없는 사람이 제일 불쌍혀. 58년 동안 동거했어, 58년. 17살에 장가가서 75살에 작별했응게. 7년을 데리고 다니면서 고생했당께. 중풍 팔마치로. 일도 안 다니고, 농사도 안 지었어."

이 집 자린디. 시방 개량되었구만. 방이 3개가 돼야, 되는디, (안방을 가리키면서) 여그가 방이 2개여. 저그가 방이 1개 있고. 근디, 저녁이면 내가 요강을 방에다 못 들여 놓게 혀. 방에다 놓으면 냄새 나닝께. 요강을 안 들여 놔. 저 마룽에다 놓고서 언제든 나가서 싸고, 소변 마려우면 싸고, 인제 그런디. [아내가] 저녁으 소변이 마렵다고 해서 그렇게 하라고 헝께. 나가더니 당최 안 들어와. 그서 문 열고 나가 봉게, 그냥 벌벌 떨고 마루에다 똥, 오줌을 싸 버렸어. 그때부터 내가 수발했지.

거시기, 군산의 그전 구시청 앞의 허영상 내과를 다녔는디. 그곳을 꼭 데리고 다님서, 같이 치료도 허고, 거시기 했는디.

한창 거시기 신경질이 날 때는 그냥, "죽을라면 어서 죽으라" 고 그 소리까지 했어, 내 입으로. 죽고 난 뒤에는 참말로 후회되더라고. 짝꿍 없는 사람이 제일 불쌍혀. 58년 동안 동거했어, 58년. 17살에 장가가서 75살에 작별했응게. 7년을 데리고 다니면서 고생했당께. 중풍 팔마치로. 일도 안 다니고, 농사도 안 지었어. 몸이 괴롭고. 누가 와서 밥 해 줄 사람도 없고 해서 [논을] 내놓아 버렸어. 논 서너 필지 되었지. 놉 얻으면 인부 밥을 해 주어야 하는데 [밥을 못 해 주니까].

다 좋아하니까 살았지. 죽어서 만날려나 안 만날려나.그런데 꿈에도 안 뵈야.

징용 피해 고향 만경 대동리로 이주하다

이제 12살 먹어서 백산 수룡리로, 수룡리가 우리 선산인디, 선산을 따라서 갔어. 거그 가서 살다가, 거그서 살다가 24살 먹어서 징용쟁이 나왔어. 이장허고, 그때는 이장이지, 이장허고 배짱이 안 맞어. 그 부락의 이장 되는 사람이 나보다 19살 더 먹었어. 19살. 말을 허자면 참 창창 허고만. 이장이 딸 하나가 있었는디, 나를 사우(사위)를 삼을라고 내우(내외)간에 서로 우리를 쫓아다니고 그랬어. 뭐 중신애비 넣을 것도 없이, 막 혼사하자고. 내가 장개가기 전에 자기 사위로 삼을라고 애를 썼당게. 내내 쫓아댕김서 졸랐는디, 마다고. 울 어머니가 동네 혼사를 하면 말썽거리가 많다고, 사둔네 집과 치간 집은 멀어야 헌다고 안 혔어? 거기서 미움을 받아 가지고서.

"스물니 살 먹어서
징용쟁이 나왔어.
그때는 이장이지, 이장허고
배짱이 안 맞어.
이장이 나를 사오를 삼을라고
애를 썼거든.
내내 쫓아댕김서 졸랐는디,
마다고, 울 어머니가
동네 혼사를 하면
말썽거리가 많다고…"

내가 장개가서 아들까장, 아들허고 딸허고 둘 났는디, 동네를 제금을, 그 동네서 제금을 났어. 그전으는 고가 아녀, 고가, 묵은 집. 5칸짜리 하나 사고, 넘의 세토 논 7마지기허고 밭 2마지기허고 그렇게 타 가지고 동네로 났는디, 너그가 사는가 보자 허고서 징용장을 내보냈어. 그리서 징용을 안 갈라고 이리 [만경 대동리로] 왔어. 그때는 몇 살까장이고 이장이, 이장 맘대로 헌게. 여그서 인제, 우리 사촌들이 그대로 살은게, 저쪽으 거그서 이장이 이리 잡으러 보낼 수는 없지. [분가하고] 1년도 못 살아서. 걍 말하자믄 [대동리 내죽마을로] 쫓겨난 편이지.

내가 여기 오기를 24살에 왔는가? 24살에 왔응게, 벌써 60년이 넘었어, 60년이. [분가해서] 한 해 농사도 못 짓고

이기돌 님의 이주 과정

12세 당시 약 40세쯤 되었던 형님이 노름에 빠지자 아버지가 형님만 남겨 두고 가족을 이끌고 선산이 있는 백산 수룡리로 이주

17세 혼인 후 가족과 함께 지냄

23세 아버지의 사망 이후에도 형님의 노름은 계속되었고, 이에 어머님이 형님만 남겨 두고 이기돌 님 가족과 함께 분가

24세 징용을 피해 고향인 만경 대동리로 이주, 이후 줄곧 같은 곳에 거주

걍, 작파했당게. 징용 안 갈라고.

노름에 빠진 형님 때문에 고생하다

"우리 형님이 그전에 노름을 혔어. 분수없이 허는 노름혔어. 같이 짓다가 형님게다 맽겨 놓고 걍, 어떻게 거그 살림을 다 조져 버렸지."

우리 형님이 그전에 노름을 혔어. 분수없이 허는 노름혔어. [형님이] 노름을 해서 살림을 망해 먹응께. [어머니께서] 그냥 집을 뺐길가 무서워서 나 막둥이 하나 데리고 수록리로 이사를 갔어. 우리 아버지는 일찍 돌아가시고. 늙어서 막둥이로, 만득으로 두었응께. 형제간에 살다가 제금 났지. 오래 있다가 분가했어. 17살에 장가가서 23살에 제금 났어. 수록리에서 그 동네로. [본가에서] 한 5백 메타 [떨어진 곳]. 묵은 집, 고가 사 가지고. 방 3칸에 부엌 1칸, 헛간 1칸짜리. 남의 땅 7마지기하고 밭 두어 마지기하고 갖고 나왔어. [형하고] 한 데서 짓던 것 갖고 나왔지. [분가하니까] 좋기는 뭐가 좋아. [형님이] 오라고 하면 가야지.

같이 짓다가 형님게다 맽겨 놓고 걍, 어떻게 거그 살림을 다 조져 버렸지. 내 집서, 여그서 살다가 형님이 여그 살림을 다 조지고는 객지 나가서 객지생활을 했어. 근디 저 군산 가서 내가 또 모셔 왔지. 군산서 뭣혀, 일허지, 뭐. 막일. 그때 얘기는 뭐, 형편이 없지, 뭐. 형수는 남편이 속 못 챙긴 게 나가 번지고. 아, 우리는 다 괜찮게 지냈는디, 넘 부럽지 않게 지내는 집인디. 우리 아버지가 5형제 분이여. 5형제 분인디, 우리 아버지가 둘째 양반여, 둘째 양반. 자식을, 아들을 잘 둬야지, 아들을 잘 못 둔 게 살림을 다 망하고, 세상 거지같이 살았지, 뭐.

조카들은 인제 걍 우리가 키기도 허고, 걍 넘 주기도, 애기 보러 주기도 허고. 긍게 큰아들을 잘 둬야지. [형님 때문에] 고생 안 혔다고 볼 수는 없지. 그치만 어쩌, 아, 동기간 복을 잘 타야지, 복을 못 타서, 부모 고상시키고, 나까장 고상허고. 이 큰딸은, 둘 다 시방 인천 가서 사는디, 인천, 인천 살어. 이 큰딸은 시방 부자여, 인천서 부잔디. 작은딸은 시방 회사 댕기고.

성실한 일꾼으로 소문나다

내가 어려서부터 싸가지가 있었는가 없었는가 몰라. 긍게 사우를 삼을라고 애도 쓰고. 저 죽산 가서도 사촌형님이 사시는디, 그, 머심을 일곱 여덟을 뒀어. 그래 가지고 죽산면 내에서는 부자셨어. 나를 잡아댕길라고 애를 쓰고. 여 고향을, 이지익 씨가 사촌형님인디 그 양반도 잡아댕길라고 애를 쓰고. 그때 내 운이 터졌던개벼. 저 봉남 가서, 봉남 가서 오산리라고 있어. 송씬디, 그분도 판단력이 옳은 분인디, 나보고 자기 부락으로 이사를 오라고 혀. 그리서 거그도 안 가고 빙신이 고향으로 와 가지고 오늘날까장 이 고생을 한당께.

"사우를 삼을라고 애도 쓰고. 사촌형님이 나를 잡아 댕길라고 애를 쓰고. 송씬디, 그분도 판단력이 옳은 분인디, 나보고 자기 부락으로 이사를 오라고 혀."

68살에 논을 비로소 장만하다

68살에 논 장만했지. 그때가 젤 기뻤지. 논도 장만하고 헌게, 기뻤지. [예전엔] 저, 백산면 노른자는 못하고 그런디 가서 쪼맨씩 샀었지. [만경 내죽에서] 논 샀을 때 가장 기뻤지, 68살에. 수확할 때, 저 뜰아래 헛간 거기가 꽉 차게 실어다 놓고, 그때가 기뻤지. 나락 한 백 가마니 넘겨서 거기다 쟁여 놓고 찧어 먹고 그랬지.

"논 샀을 때 가장 기뻤지, 68살에. 수확할 때, 저 뜰아래 헛간 거기가 꽉 차게 실어다 놓고, 그때가 기뻤지. 나락 한 백 가마니 넘겨서 거기다 쟁여 놓고 찧어 먹고 그랬지."

쌀 계를 조직혀 가지고. 쌀 10짝이고 20짝이고 그렇게 몇이 어울려서. 그놈[쌀]을 계를 들은 왕주가 이용하거든, 처음 걸린 놈을. 10[명]이면 9[명]이 내는 것여. 왕주는 하나도 안 내고. 그 계를 다 태 줄 때까지, 왕주가 욕을 봐야 혀. 예를 들어서 논을 사야겠는디. 어떤 사람이 [논을] 팔거나 이답[8]을 허든지 하면은, 5마지기를 팔았으면 그놈을 가지고 10마지기나 8마지기 사는데 모자라게 생겼으면 계 왕주를 하나 혀 가지고 그놈으로 논을 사고 그러는 것이여. [쌀 계가] 7, 8년 걸렸지. 논 두어 필지 샀지.

처음 부부 여행가다

그리서 마누라랑 함께 저 제주도 가서 3박 4일로 한 번 갔다 온 적이 있어. 갈 적으는 목포 가서 배 타고 제주도 가고. 올 적으는 비행기 타고 경상남도 김해공항에서 내려 갖고 차로 왔지. 뭣이냐, 44명이나 갔는가. 여자 남자 섞어서 제주도 가서. 잘 적으 큰방에서 남자들끼리 자고, 여자는 여자들끼리 다른 방에서 자고. 해녀도 귀경허고 여러 가지 귀경도 하면서. 그냥 비행기로 와 가지고. 개인적으로 [놀러] 갔어. 그러고 봉게, 각 여러 간디에서 왔는디. 계에서 온 사람들도 있고, 그냥 개인이 온 사람도 있고. 40명 이상 모집돼야 제주도 가더만. 만경에서 대서 보는 임웅이라고 있어, 읍사무소 앞의. 그 사람 소개를 받아서

8 移畓. 논이나 밭의 권리를 옮기는 것.

▲ 부인 환갑잔치

그렇게 모집을 혔는디. 모집허면은 좀 먹는개벼, 관광회사에서. [임웅이] "모집했으니까 가자" 고 해서. "그럼 가자" 고. 내죽에서는 남자 4명 여자 4명, 그렇게 해서 구경하고 왔지. 가다가 만경 옥산에서 오고, 저 봉남 평사리 가서 한 20명 태웠어. 거기서는 계에서 가더만.

제주도 간 지가 한 20년 되었나. 둘이 가는데, 돈 12만 원을 관광회사에다 걸어서 주고 갔는디. 막 갔다 와서 봉게, 돈이 한 20만 원 남았더라고, 아이들이 준게. 제주도 가기 전까지 부부가 한 번도 놀러 간 적도 없어. 소풍도 안 갔어. 장에도 안 갔어. (부인의 사진을 가리키며) 저 얼굴 쳐다봐. 순하디 순해서. 내가 하자는 대로 혀. 아들 딸 여워도 장에 가서 장보기 하자고 하면은 제 아버지가 알아서 허는디, 내가 뭣하러 가냐고. 아들 딸 여워도 내 혼자 댕김서

"제주도 가기 전까지 부부가 한 번도 놀러 간 적도 없어. 소풍도 안 갔어."

다 허지… [아내가] 제일 보고 싶어. 항상 마음에 맺히지. (부인의 환갑을 기념하며 찍은 사진을 가리키며) 여기에 있는 디 시방. 아내가 김순녀여. 내죽 출신이여.

[부인과 사별한 후로는] 일도 안 다니고, 농사도 안 지었어. 몸이 괴롭고. 누가 와서 밥 해 줄 사람도 없고 해서 [논을] 내놓아 버렸어. [지금은] 땅이 없어. 큰아들 다 주어 버렸어. 작년 시한에 다 주어 버렸어. "네가 용돈 조맨씩 줄라면 주고, 말라면 말고." 그냥. 인제 아이들한테 용돈 조맨씩 타서 쓰지 뭐. 큰아들이 7시 20분이나 25분이면 꼭 전화해서 "아버님 식사는 어떻게 하셨나요?" 그렇게 전화를 혀. 긍게 큰아들 생각해서 큰아들 따라가야 하겄는디. 신통혔어.

아들 둘, 딸 둘을 가난에 잃다

[아이들은 지금] 3남 4녀여. 낳기는 11명이나 낳았지. 일찍 죽었지. 시방은 병원이 가찹고, 의료보험증이 생겨 가지고 웬만하면 가잖어. 그런디, 그전에는 그런 것도 없고, 병원도 드물고, 그렇게. 뭣이냐, 감기가 쇄야서, 그놈이 비통해 가지고 홍역허다가 죽는 사람이 있고, 손님허다가 죽는 사람도 있고 그랬어. 긍게 조금 낳아 가지고 쭉 크기가 어려워. 손님 오다가 빡빡 얽기도 허고 곰보도 되고. 뇌염 땜에 죽기도 허고. 9살 먹어 죽은 놈은 뇌염으로 죽었어. 그전에 원잠마리[9] 있잖어? 큰잠마리. 왔다갔다 이렇게 놀거든. 글면 원잠마리 낚어. 애들들이 그러고 대니다가, 더운디 더우(더위) 먹고 허면 뇌염 걸려서 죽더랑게. [병으

9 표준어는 큰잠자리. 원잠마리는 보통 잠자리보다 두세 배 정도 크다.

로] 아들 둘, 딸 둘 그렇게 날렸으니께.

[자식이 죽으면] 아무데다가 갖다가 묻지. 뭐, 그냥. 그전에는 오쟁이 있잖아, 오쟁이. 엮어 가지고 오쟁이 속에 넣어서 아무데라도 [묻어]. 그전에는 일본 사람의 땅이 많이 있잖어. 불하가 안 됭게. 일본 사람으로 명의는 있었지. 나중에 불하를 맡아 가지고 다 제 것 되었잖어. [자식 잃었다고 가슴이] 아픈지 어쩐지도 모르지. 그때는 옹색하니까. 고생이 막심헌게. 호강스런게 이러고저러고 허지. [그래서] 아들 셋, 딸 넷여.

"더운디 더우 먹고 허면 뇌염 걸려서 죽더랑게. 아들 둘, 딸 둘 그렇게 날렸으니께. 아무데다가 갖다가 묻지. 뭐, 그냥. 그전에는 오쟁이 있잖아, 오쟁이. 엮어 가지고 오쟁이 속에 넣어서 아무데라도."

큰아들을 형님의 양자로 입적시키다

[큰아들을] 나 20살 먹어서 낳은게. 큰아들허고 나허고 19년 차이여. 형님이 돌아가신 후에 군산 우리 큰아들이 그쪽으로 입적을 해서 양자로 갔지. 양자로 보내고 싶어서 보냈가디? 대를 이어야지. 형님이 아들이 없는디 그러면 어떻게 혀. 딸만 있고 없어. 그저 직접 참관으로는 나하고 부자간인디 [호적에는] 시방 조카로 되어 있지.

[형님이] 쉰여섯에 갑자기 돌아가셨어. 낮에 횟집에 가서 복을 먹고. 결국은 술집이서 세상을 뜨니라시피 했어. 56살에 돌아가셨는디, 나보다 19살 덜 자셨어. 근디 그때 술집이서 술 먹고 거시기허다가, 복쟁이 생선국을 잘 끓이는 집이서 끓이야 허는디, 촌 술집이서 뭣이 잘 끓이가디? 그냥 암치케나 끓이서 준게, 그날 저녁으서 술 먹고, 너이 먹었는디, 다섯이 먹었는디, 그날 저녁으 셋이 죽어 번졌어. 둘은 수대로 살고. 잠 못 자게 해야지, 잠 자면 죽

호적등본을 보면 큰아들 이단오가 1956년 6월 2일 큰아버지 이판돌의 아들로 입양되었음을 알 수 있다.

어. 복쟁이 먹고 체헌 디는 잠 자먼 죽어. 살아 계시면 105살 정도 되는디.

아들, 우리 큰아들 예순여섯 먹었는디, 한문서당 한 3년 가르치고, 핵교는 중학교밖에 못 갈쳤어. 공부랑 잘 했지. 잘 했는디, 내가 가르칠 힘이 없응게 그냥, 만경초등학교 나와 가지고 중학교 3년 졸업하고 거시기, 한문 서당에 댕기고 그랬지. 만경이 본 고향인게 자식들은 다 만경초등학교 나왔지.

"대를 이어야지. 형님이 아들이 없는디 그러면 어떻게 혀. 딸만 있고 없어. 그저 직접 참관으로는 나하고 부자간인디 시방 조카로 되어 있지."

[큰아들은] 만경중학교 졸업하고 지금 생선 공판장에서 일하지. 약간(공판장)에서 번호가 8번이거든. 8번 중매인이라고 하면 다 알어. 생선이라는 것은 정부서 생선 공판을 혀. 정부서, 개인조합이 아니라 정부서 그걸 팔아서 해 준당게. 예를 들어서 생선 공판하면 중매인이 한 40명이 늘어서서 손가락으로 얼마 주마고 얼마 주마고 허면, 어업조합에서 직원들이 다 나와서 적고 장대 잡고 돌리고 그려. 예를 들어서 오죽이면 오죽이다 조구면 조구다 꼬리비는 꼬리비다.

▼ 큰아들이 다닌 만경초등학교 전경

장손이라, 제사지낼 때 지방 같은 거 허고, 읽고 그려. [큰아들 집에 가면] 나왔다고, 나는 맥주밖에 안 먹는다고, 맥주 12병짜리 1상자씩 2상자씩 넣어 놔. [나에게] 열심히 잘 혀.

환갑잔치를 못하게 하다

우리 아버지가 53살에 나를 막둥이로 뒀어. 막둥이로 낳아 가지고. 우리 형님이 하나 있었는디. 12살 먹어서부텀 노름을 혔어. 그리서 집안이 조용허들 못 혀. 밤낮 불퉁불퉁 허지. 우리 형님허고 우리 아버지허고 만나도 서로 불퉁거리고. 어머님을 만나도 불퉁거리고. 아들이 잘하는 일이 있어야 집안이 조용허지. 긍게 집안이 잘못 돼지.

내가 9살 먹던 해에 우리 아버지가 환갑이여. 환갑이 다 돌아왔는디. 환갑날 밥도 못 해 드렸다고. 어리서 그래 가지고, 내가 환갭이 돌아와서 우리 자식 며느리들이 내 생일을 채려 주려고 허는디. 당최 못 쇠게 했어. 내가 왜 못 시켰냐 허면은, 내가 우리 아버지 생일도 못 쇠 줬는디, 내 생일을 내가 어떻게 쇠겄냐.

"내가 9살 먹던 해에
우리 아버지가 환갑이여.
환갑이 다 돌아왔는디.
환갑날 밥도 못 해 드렸다고.
어리서 그래 가지고,
내가 환갭이 돌아와서
우리 자식 며느리들이
내 생일을 채려 주려고 허는디.
당최 못 쇠게 했어."

긍게, 우리 큰 며느리가 지금 64살인디, 한 번은 와서, "아버지, 제 소원 좀 풀어 주쇼?", 6월 초에 생일인디 봄의 날을 잡아서 내 환갑잔치를 해 준다는 얘기여. 그리서 못 허겄다. 아무리 생각혀도 내가 생일을 쇠지 말아야겄다. [큰며느리가] 불쌍해서 내가 그냥 하는 소리가 아녀. [아버지] 환갑인디 그날 밥 한 그릇도 못해 드리고. 그래서 환갑잔치 않는다고 했어. 우리 어머님 아버지같이 고생한 양반 없응게. 세상에 고생고생하면서 산 양반들 없어. 오죽해야 내가 환갑잔치를 않는다고.

우리 마누래가 나하고 동갭이여. 근디 나는 생일이 6월 달이고 우리 마누래는 시월 스무날이여. 그래서 6월 달이 환갑 치르라고 해쌌는디, 야, 나 안 헐란다, 그랬고만. 우리 큰며느리가 한 번 와서 눈물바람 함서 저 소원 좀 풀어 주쇼, 풀어 주소 해싸. 너그 어머니허고 동갭인게 너그 어머니 생일 때 해라, 허면 되지 뭐.

돌아가신 부모님 덕에 산 일생이다

나 죽을 고비 치렀을 적에도 그 양반들이 다 도와주셔서 내가 살아났다고 생각했는디. 꿈에도 뵈고 그러더라고. 어머니가 많이 뵈더라고. 안 좋은 꼴 볼라면은 발을 동동거리고 그렇게 허시고. 좋은 때는 그냥 나를 반갑게 맞아들이고. 저녁으, 꿈으서 나타나고 그러고 했는디. 어머님이 발을 동동 구르실 때는 조심해야지. 별스럽게 좋은 줄도 모르고 그렇게 꿈을 꾸지. 어머님이 많이 보고 싶지. [하지만] 보면 뭣 혀.

"나 죽을 고비 치렀을 적에도 그 양반들이 다 도와주셔서 내가 살아났다고 생각했는디. 꿈에도 뵈고 그러더라고. 어머니가 많이 뵈더라고. 안 좋은 꼴 볼라면은 발을 동동거리고 그렇게 허시고."

[아버지가 돌아가셨을 때] 형제가 다 상주지. 형님하고 나하고. [시신을 모신 방에서] 나도 자고 덤벙덤벙 그렇게 잤지. 6월 24일에 돌아가셨어. 한참 뜨거울 적으. 이질이 되어 가지고 탈이 나서, 그냥 그 길로 돌아가셨어. 흔히 탈 나서 설사하고 그러잖어. 인제 말허자면 음식을 잡숴야 하는디. 근디 드시지 못허고 긍게, 그리지. 그때는 병원도 별스럽게 없고, 입원허는 병원도 없고. 살기가 다들 곤란헌게. 일본 놈들이 뭐, 한국 사람 살게 만들었가디? 시방마냥 의료보험증이 있어, 뭣여? 만경서 병원 하나 있어야 뭐, 입원실이 없었어. 그냥 탈나면 가서 진찰허고. 뭣이여, 약이나 타 가지고 오는 병원이여. 인제의원이라고. 의원이 한국 사람여. [지금] 태능갈비집 자리.

[아버지께서] 일정 때 돌아가셨어. 음력 6월 26일에. [시신을] 방으다가 모셔 놓고 그냥. 거기서 베 떠다가 비어서 상복 해 입고 그랬어. 상복 입고, 제복 입고. 상복은 소매가 이렇게(소매가 넓다는 동작을 취하시며) 생겼고. 제복은 그렇게 안 생기고 너털너털하게. 사방한데가 이렇게 붙이고. 그때에는 수절, 요절 다했지. 머리에다 동아바(동아줄) 틀어서 허는 것이 수절이고, 허리에다 두르는 것은 요절. 풍속이 그렇게 허는 풍속이라. 사람들이 누구나 없이 다 혀. 자기 부모님 [돌아가시면] 다 그렇게 혀. 상복 입고는, 상인 제사는 안 지내지. 상당했을 때는 제복 입었지. 상인이 만경장을 가야겄다, 김제장을 가야겄다 혔으면은 인제 상복을 입고 방립을 쓰고 그렇게 나가고. 제복은 부모 돌아가시고 제사 모실 때 입어야 허고.

[선산이] 수룡리인디. 그때는 묘적이 있어야 자기 선산이 있어서 가. 묘적이 없으면 못 가. 그래서 공동묘지로 가야 혀. 공동묘지에 썼다가 바로 그날 저녁에 파서 선산으로 옮겼는디. [묘지를] 선산에다 썼다고 주재소에 밀고해서, 벌금 물었어. 그때 인심이 어찌 사난가 어떤 놈이 주재소다가 먹어댔어.[10] 먹어대서 벌금 물고 결국으, 그랬지. 우리 형님 잡으러 댕기고. 순사들이 칼을 이만헌 놈을 댈룽댈룽 달고 댕기거든. 한 주재소에 순사가 둘도 있고 셋도 있고. 그때 주재소 순사라면 다 무서워했지. 왜정 때 일본 사람들이 미운 것이 아니라 한국 사람이 저희끼리 얽어매고 밀고허고. 그 야단들 혔어.

"공동묘지에 썼다가 바로 그날 저녁에 파서 선산으로 옮겼는디. 선산에다 썼다고 주재소에 밀고해서, 벌금 물었어. 그때 인심이 어찌 사난가 어떤 놈이 주재소다가 먹어댔어. 먹어대서 벌금 물고 결국으, 그랬지."

그때 주재소 주임이 다 일본 놈여, 일본 놈. 일본 놈이 잡으러 댕기고 히서. 순사들이 월급이 적잖여. 적고 그런게 우리 주민들한티 돈도 벌고 그렇게, 새로 벌어서 먹고

10 밀고를 했어.

살고 그랬지. 그래서 순사한티 돈 조매 줬어. 그때 얼매 준지 알어, 모르지. 그래서 결국은 선산에 모셨어. [공동묘지에만 매장하도록] 규정이 그렇게 되야 있어. 법이 그렇게 되야 있어. 시방은 다 지금 멋대로 자유로 공동산[11]으로 갈라믄 가고, 공동산, 땅 한 평도 없으믄 공동산으로 가지만, 글않으믄 자기 밭뙈기라도 있으면 밭뙈기 그런 디다가도 갖다가 모시고 그러잖어. 그때는 규정이.

돌아가시면은 만 2년을 지청을 맨들어서 놓아 두잖어. 놓아 두고 거기다가 만 2년 동안을 삼시 세 때 지청에다 밥 챙겨 놓고 그러는디. 1년 지나면 초고 제사를 모시고 2년 지내면. 2년차는 인제 3년상을 모시고. 섣달 열흘이 되면 그 양반, 돌아가신 양반을 극진히 모시지.

초정, 중정, 하정[12] 그러지. 정자(丁字)라는 것이. 초정(初丁) 들은 정자를 부모 제사를 모시려면 벼슬집에서 허는 것이고. 우리 평민은 보통 중정(中丁)을 모시거든. 그리고 백정, 하인들은 하정(下丁)을 모셔. 저 거시기, 단골아비 같은 사람들, 백정들 그런 사람들은 하정(下丁)을 모셔. 비를 세워도 직책이 있어야 갓을 올리지. 돌아가신 양반이 벼슬이 없으면 갓을 못 올리고 그냥. 갓이라는 것이 그 묘에 가서 비석이 있다고 하면, 비석은 그냥 비석만 세운 데가 있고. 그 우으다가 갓을 얹어서 세운 데가 있고 그러지. 갓이라고 하는 것은 돌아가신 양반이 벼슬을 해야 갓을 얹이지, 벼슬을 못 허면 갓 못 올리는 것이여. 시방 사람들은 지가 허고 싶은 대로 그냥. 재인도 갓 얹고, 백정도 갓 얹고, 다 갓 얹어. [우리는] 중정에 했지, 우리 평민들은. 벼슬집은 나라에서 뭔 일을 한다고 하면은 초정을 잡아서 [제사를] 모신당께, 초정을. 우리는 벼슬을 못 헌게 갓은 안

11 공동묘지.
12 음력으로 매달을 초순, 중순, 하순으로 나누어 그 시기에 드는 정일(丁日). 정일(丁日)은 일진(日辰)의 천간(天干)이 '정(丁)'으로 된 날. 정미(丁未), 정사(丁巳), 정유(丁酉), 정축(丁丑) 등.

씌었지.

상여계는 형님이 들었어. [초상 때] 대략 돈 봉투를 갖고 와. 팥죽은 돌아가시면 철야를 허는디, 잠 안 자고 마당으다 모닥불 피고 거그서 철야헐 때 팥죽이고. 초상이 끝나면 팥죽은 멀어져. 팥죽 안 끓여. 초상은 보통 3일인디, 3일 초상이 제일 많어. 지금 제사는 모두 큰아들이 모시지. 할아버지, 할머니, 어머니 제사를 큰아들이 모셔. [큰아들이] 열심히 잘 혀. 근디 큰아들보다는 큰며느리가 제사 모시는 데 열심히 혀. 제사 때 가 보면 무엇이고 맛있게 [음식] 혀서, 제사 모실려고 혀. 그것 보면 신통혀.

우리 아버지가 쉰셋에 막뒹이로 나를 나서, 생전에 어린 새끼를 쟁개를 보냈어. 열일곱에 보내 놓고, 19살 때 세상을 뜨셨는디. 이 양반이 뭐라고 허시는고니, 다른 새끼들은 다 새끼를 낳는디, 이놈의 새끼는 새끼를 못 낳는다고. (멋쩍어 하시면서) 허허허. 손주를 못 보고 돌아가셨당게. 우리 66살 먹은 아들이, 이름이 단오여, 단오. 5월 단옷날에 났기 땜에. 쪼금만 더 살아계셨으면 손자를 보셨을 판인디. 그냥 손자를 못 보고 돌아가셨어.

우리 어머니는 70살에 돌아가셨어. 음력 12월 26일에. 내가 스물아홉 때. 어머니는 형님하고 사시다가 수록리에서 돌아가셨지. 아무래도 막둥이로 컸으니까 [어머니께서] 예뻐했지. 어머님이 보고 싶을 때가 많어. 좌우간 우리 어머님이 나를 좋아했으니께. 어렸을 적의 그냥, 어머니 물팍(무릎)에 누워서 머리 두르고. 어머니 냄새가 구스름 허니 좋아. 그 냄새가 지금도 맡아져. 구스름 허니 좋아.

'농업박사' 라는 별호를 얻다

박정희가 한 20년 정권 잡았는가? 그때가 좋았지. 농사도 잘 되고, 나 운이 틔어서. 농사짓는 주위에서 농업박사라고 호도 타 보고. 농사를 잘 지었지. 우연히 잘 되더라고. 잘 된 게 농업박사라고 허지. 토탄 캐기 전에, 토탄 캐서 판 뒤에도 연신 한 15년 동안 농사를 잘 지었을 것이여. 잘 지은 게. 어디서든 잘 되는데, 나보고 농사 잘 짓는 사람이라고 그렇게 호를 탔어. [그러나] 비료는 그렇게 많이 안 썼어. 비료를 허기는 허는디, 넘들처럼 짝 깔리게 그렇게 농사는 안 지어.

"박정희가 한 20년 정권 잡았는가? 그때가 좋았지. 농사도 잘 되고, 나 운이 틔어서. 농사짓는 주위에서 농업박사라고 호도 타 보고. 농사를 잘 지었지. 우연히 잘 되더라고. 잘 된 게 농업박사라고 허지."

비료 욕심 부리면 농사 베리는 것이여. 너무 되어서 씰려서 쓰간디. 너무 되야서 나락이 싹 씰려. 아, 사람도 체허면은 욕보잖여. 아, 거름도 적댕히 줘야지, 너무 많이 주면은 씰려서, 못 먹어. 퇴비 맨들기도 허지만, 퇴비 넣고 짓간디? 비료나 넣고 짓지. 퇴비 쪼메 받으면 그것 갖다가 논에다 쪼맨씩 넣고. 타조허면은, 타조 받아서 나오면은 갖다가 논에다 조금씩 넣고.

[사람들이] 어떻게 짓간디 농사를 잘 지었느냐고들 많이 나한테 와서 물어도 보고. [나는] 운이 돌아왔다고 생각해. 운이 돌아왔으니까 그 많은 빚을 다 갚고 내가 논 장만하고 살았지. 생각하기에 돌아가신 아버님 어머님이 봐 주시는가.

칠월 달으 가서 칠월 칠석날으가 칠월 백중날은 보름날이거든. 그날 술멕이라고 허는디. 말하자면 마을 잔치라고 볼 수 있지. 술멕이는 보통 한 칠월 칠석께나 백중께나

〈농부들의 명절 쇠기〉
정월 초하루: 세배하기, 차례 모시기
칠월 칠석~백중: 술멕이
추석: 산소에서 성묘하기

많이 허지. 칠월 백중이는 칠월 보름날, 칠월 칠석날은 초이렛날. 술멕이는 농부들 명절이여, 명절. 쉬는 것이. 농부들, 쉬라고 이제, 모종에다 술 갖다 놓고. 장원주가 있지. 농사 잘 지었다고 장원주를 내는 것이여. 거기서 술멕이 가서 동에서 아무아무개가 농사 잘 지었으니까 술 한동의 내라, 그래서 술 먹고 거기서 풍장을 치고 먹기도 하고, 풍장 안 치고 먹기도 하고. 동동주. 하루 술멕이 할 때도 있고 이틀 술멕이 할 때도 있어. 많이 허는 사람이 한 이틀 허지. 풍장이라는 것은 농부들이 하도 기뻐서 하는 짓이여. 기쁜 게. 깽멕이(꽹과리) 치고, 징 치고, 장구 치고 다. [나는] 아무것도 못 쳐. 장구도 깽멕이도 못 쳐.

정월 초하루 때는 제사를 지내지. 그때는 세배하는 거여. 어른들 인제, 새로 1살 더 먹었응게. 명일을 샜으니께 어른들을 찾아 뵈는 것이여. 시방은 세배꾼들이 없지만 그전에는 세배꾼들이 많이 있었어. 아, 어른들 찾아 뵈야지? 1살 더 먹었으니께. 세배를 하면, 그전에는 돈도 없고. 그냥, 술상 챙겨서 술도 주고 그러지. 추석 때는 성묘지. 묘에 가서 성묘하는 것이여. 뭣 쪼매 챙겨 가지고 가서, 자기 어머니 아버지 산소에다가 놓고. 거기서 술 따라 놓고 인제, 성묘 드리고 그러고 거기서 먹고 오는 것이여.

우리 부모님 산소는 수록리에 있는디, 지금 아버님이 살아 계셨으면, 나하고 52살 차이여. 52살 차인게, 138센가. 어머님은 나를 42살에 막둥이로 두었으니까, 127살인가. 기억이 가물가물허네.

6 · 25 전쟁을 피난도 가지 않고 견뎌내다

[일제 강점기에] 징용 안 가고 해방되었지. [그렇다고] 생활이 바뀌지지 않았어. 좋은지 어쩐지도 몰랐어. 해방돼도. 오래 전에 해방되었는디. 58년 되었는가? 전쟁 때도 나 암데도 안 갔어. 피난도 안 가고. 인공 때도 피난 간 적 없고. 피난은, 멍텅구리가 뭔 피난 갈 중이나 알가니, 암 디나 조매 살다가. 나 같은 놈이 뭔 죄가 있간디? 아버지가 여그서도 주목 안 받고 저그서도 주목 안 받고 법 없어도 살 사람인디.

"전쟁 때도 나 암 데도 안 갔어. 피난도 안 가고. 인공 때도 피난 간 적 없고. 피난은, 멍텅구리가 뭔 피난 갈 중이나 알가니, 암 디나 조매 살다가. 나 같은 놈이 뭔 죄가 있간디?"

나는 누가 미워히서 죽일라고 헐 사람이 누가 있어? 저그 집안찌리도 죽이고, 조카 놈이 작은아버지도 갖다가 죽이고, 모다 그랬어. [그래도] 아, 저런 콩밭으로 가서 숨기도 허고, 맥없이 죄도 없이, 그 짓도 많이 히 봤지 뭐. 내 모자[13] 잡으려 다니고 별짓 다 힜지, 뭐. 군인 뒷모도,[14] 군인 뒷모도로 보내니라고. 군인들 쌈 허는디, 뒷모도가 있어야 할 거 아녀? 피허다 잽히면 돈 조매 주고 어찌고 허고, 그렇게 힜지. 지서 대원들이 힜어, 저들 군인 안 갈라고. 돈이 들어도 인제 빽 있어야지. 빽 없는 사람은 돈 줘도 기양 또 가는 수도 있고. 나는 암디도 안 갔어. 군인도 안 가고 군인 뒷모도도 안 가고, 집이서 벌어 먹니라고 죽을 똥을 쌌지.

맥없이 집안끼리 그렇지 뭐. 지방 사람들이 유감이 있어서. 일가들끼리도 그렇고 그냥. 만경사고, 그때 6 · 25 때, 만경사고가 컸어. 만경서 사램이 젤 많이 죽어. 전라북도 내에서 저 옥구 미면이 많이 죽고, 그 담으 만경이 둘

13 부역자를 의미하는 듯함.
14 후방부대를 의미하는 듯함.

째. 맥없이 공산당이 들어온 게 공산당들이 댕김서 사람을 잡아다가 죽이고. 만경, 그전에는 주재소 샘(우물)이 이렇게 컸어. 근디, 거그다 젖 담어 버렸어, 젖 담어. 한 번씩 때려서 거그다 넣으면 죽어 번지고, 죽어 번지고. 한 백 명도 더 되겄어. 인공 때. 우익자. 우익이라는 것은 지방 사람들이 대한민국이 복권되었을 때는 대한민국 사람들이 우익이고, 인공할려는 사람은 좌익이고. 그래서 우익 좌익이 있어. 대한민국이 복권되었어도 피난가도 않고, 여기서 그냥 쭉 살았어. 농사 계속 지었지. 피해 없었어.

▲ 주재소 샘이 있던 자리

아들, 딸 결혼시키고 경로당을 오가다

[둘째딸 결혼식은] 집이서 힜지. 그때는 신혼여행도 안 가는 때고. 결혼식 허고 그냥 신행해서 갔지. 가 가지고 이제 재행 오지. 처갓집 인사 닦으러 와. 삼오날 지내먼 와. 저 집서 이틀 저녁 자고는. 하루 저녁 자고 갈라면 가고, 이틀 저녁 잘라면 자고, 그러지 그때는. 그때는 초례청으다가 닭이랑 놓고 그렇게, 술잔 건네고. 가가 을유생인게 시방 59살인게, 25살에 갔는가?

"집에서, 구식 결혼. 그때는 초례청으다가 닭이랑 놓고 그렇게, 술잔 건네고."

이게 큰딸여. 시방 64살이네. 중신헌 양반의 딸이, 딸이 [같은] 동리서 살어. 그렇게 딸네 집 왔다갔다 함서 중신힜

▲ 큰딸 결혼식

지. 내동 동네 사는디, 이 딸네 집이 가서, 이 딸이 이 사오 사는 데 살어. 긍게 딸네 집이 왔다갔다 험서 중신혔어. [중신한 양반은 나하고] 한 동네 살어. 그때는 무신 자유결혼이 있간디. 큰사위가 잘 히여, 시방. 지금까장도 잘 헝게 맘에 들지. 야가 전부 다 살림을 허니라시피 혔는디. 그때는, 야는 21살 먹어서 갔어. 그때 당시는 20살 넘어지면 노큰애기라고 그랬지.

큰아들은 27살에 장개갔지. 며느리는 24살 먹고. 큰딸 보내고, 큰딸이 니바꿨지.[15] 이 아들, 큰아들 군인 가서 군대생활 헐 적으 딸 여웠응게. 2살 샌게, 남매가 2살 샌게. 27살에 장개가고, 큰딸은 25살이지, 21살에 갔응게.

딸 4형제가, 딸들이 도와주고, 혼자 살으믄 도와주고 허는디, 아들네 집도, 아들이, 큰아들도 오라고 오라고 허다

15 순서를 바꿨다는 의미.

가, 시방 올 시한이 가기로 혔는디, 군산 아파트로 가기로 혔는디 안 가고.

막둥이가 광활 사는디, 가가, 막둥이가 시방 논 서너 배미 지어. 짓고, 광활면 면내에 가스 장사 혀 또. 가스를, 밥히 먹는 가스장사, 그거. 광활면 내에 그걸 허는디. 몰라, 하루 한 5만 원씩이나 버는가. 범서 농사 조깨씩 짓고. 도시로 나간다고 허더니 도시로 못 나가고, 안 나가고 여그서 살어. 도시 나가야, 예를 들어서 일년에 3천만 원을 번다고 히도 자식들 가르치고 뭣 허고 형편이 없디야. 못 살아. 근게 여그 사는 게 낫디야.

[지금은] 아침에 밥이나 해 먹고 놀다가 집안의 풀포기라도 뽑고 있다가 나오는 것이지, 뭐. 경로당에 11시 넘어서 와 가지고. 만경에서 1시간 동안 놀다가 12시나 되면 경로당에 오는 것이여.

[경로당에] 와 가지고 라면 삶아 먹고 있으면 하나씩 둘씩 오면은. 2시 넘어서 인자 화투도 치고 그냥 앉아서 놀기도 하고 그러지. 저녁 5시 되면은 집에 돌아오지. 자전거 타고 집에 들어오면, 놀다가 저녁쫌 해서 먹어. 6시나 되면 밥해서 먹고 8시나 되면 자고. 평소 그것이지 다른 거 있가디? 날마다 그렇게 지내지 뭐. 그러다가 죽는 날만 기다리고 있는 것이지. [그치만] 한평생을 열심히 살았어. [앞으로] 허고 싶은 것이 뭐 있어, 늙어서 수족을 못 쓰는디. 내가 뭣을, 인제 돈도 벌기도 싫고, 뭣을 히 먹고 살라고 허들 않고. 자식들이 주는 것이나 바래고 살지, 뭐. 아, 몸만 안 아프믄 괜찮아. 허고 싶은 얘기는 뭐, 허고 싶은 얘기가 뭐 있어. 내가 돈을 번다고, 나를 부자를 만들어 달라고 혀, 뭣 혀. (웃음)

"허고 싶은 것이 뭐 있어,
늙어서 수족을 못 쓰는디.
내가 뭣을, 인제
돈도 벌기도 싫고,
뭣을 히 먹고 살라고
허들 않고.
자식들이 주는 것이나
바래고 살지, 뭐."

박현수
영남대학교 문화인류학과 교수, 20세기민중생활사연구단장
서울대학교 문리과대학 인류학 박사
저서: 『소도시의 생성과 구조』
『조선총독부 중추원의 사회문화조사』
『산체스네 아이들』(번역)

이태우
영남대학교 인문과학연구소 연구교수
영남대학교 철학 박사
저서: 『화해의 철학자 하버마스』
논문: "하버마스와 의사소통의 패러다임"
"유가철학과 비교를 통한 하버마스의 화해이념에 대한 비판적 고찰"

이양호
영남대학교 인문과학연구소 연구교수
영남대학교 철학 박사
저서: 『초월의 행보』, 『막스 셸러의 철학』,
『방법으로서의 종교』, 『중세철학입문』,
『논술세대를 위한 철학, 윤리강의』

정은숙
중앙대학교 인문컨텐츠연구소 연구교수
중앙대학교 영문학 박사
저서: 『현대 미국소설의 이해』(공저)
번역: 『미국 문화의 이해』(공역)

변화영
전북대학교 국어국문학과 강사
전북대학교 문학 박사
논문: "한국 전후소설의 이야기 담론 연구"
"소설 『탁류』에 나타난 군산의 식민지 근대성"

20세기 한국민중의 구술자서전 2. 농민편 **흙과 사람**

역은이 박현수
지은이 이태우 · 이양호 · 정은숙 · 변화영
펴낸이 고화숙
펴낸곳 도서출판 소화

초판인쇄 2005년 6월 10일
초판발행 2005년 6월 20일

출판등록 제13-412호
150-037 서울시 영등포구 영등포동 94-97
Tel: 2677-5890(代) Fax: 2636-6393
www.sowha.com

ISBN 89-8410-275-X
ISBN 89-8410-273-3(세트)

값 9,000 원

☆ 잘못된 책은 언제나 바꾸어 드립니다.